LES VÉHICULES ALLIÉS DU D-DAY

LES VÉHICULES ALLIÉS DU D-DAY

Francis Dreer

E-T-A-I

PREFACE

Le débarquement de Normandie reste à ce jour la plus grande opération militaire jamais menée dans l'histoire. Il s'agit de la plus grande opération non seulement par les effectifs et les moyens engagés, mais aussi par l'intensité et la mise en œuvre de ces moyens. On ne le dira jamais assez, mais, si les Alliés ont réussi à amener à pied d'œuvre leurs troupes et leurs véhicules, c'est aussi parce que la logistique militaire a réussi son pari. D'ailleurs, l'image même du GI véhiculée depuis soixante-cinq ans est le symbole de la réussite de cette logistique : le Français libéré est surtout impressionné par le suréquipement du soldat allié : le GI et le tommy se déplacent peu à pied. Il y a en effet des vélos, des motos, des fourgonnettes, des camions, des véhicules spéciaux, des semi-chenillés, des blindés, des tracteurs, etc. Rien ne manque ! Et cette armée sur roues fascine et fait des envieux, car, après des années d'occupation et de privations, les Français découvrent dans le paquetage des fils de l'Oncle Sam des fruits en conserve, des rations qui pullulent, du chewing-gum à la menthe, des tablettes de chocolat, une boisson gazeuse nommée Coca-Cola, des cigarettes blondes et des pâtes de fruits qui ravissent les plus jeunes… On l'oublie aussi, mais le soldat anglais est quand même moins bien loti. Sa solde est maigre comparée à celle d'un GI, ce qui ne va pas sans provoquer quelques tensions… Qu'importe ! Une fois débarquées, les troupes anglo-canadiennes et américaines peuvent compter sur leur matériel de guerre. Tous les camions et les Jeep frappés de l'étoile blanche alliée qui traversent la France durant cet été 1944 transportent une incroyable variété d'équipements, car l'armée alliée est faite de spécialistes. Le camion de la victoire américain, c'est bien sûr le GMC. Mais il en existe des dizaines de variantes : du simple cargo bâché à tout faire au GMC doté d'une caisse pour soins dentaires ; de la citerne de ravitaillement à la benne de chantier. Le camion standard de l'armée américaine est le reflet de cette spécialisation à outrance des armées alliées. Celles-ci ne se contentent pas de partir en guerre, elles se déplacent avec tous leurs impedimenta. Quant à l'armement, là aussi le tommy et le GI peuvent compter sur un très grand nombre de blindés ou de véhicules de soutien. Certes, les chars de combat, qu'ils soient britanniques ou américains, sont sur le papier inférieurs aux derniers-nés des usines allemandes. Le fait est indiscutable, le Tigre et le Panther sont mieux armés et mieux blindés que les Sherman et autres Churchill. Mais, sur le terrain, les Alliés auront presque toujours le dernier mot grâce à la supériorité numérique et une couverture aérienne quasi quotidienne. La quantité va vite rattraper la qualité. Et puis, lorsque les pertes sont lourdes, il sera aisé de remplacer les véhicules détruits, ce qui est beaucoup plus difficile pour la machine de guerre nazie. Cet ouvrage n'est nullement une encyclopédie exhaustive de tous les véhicules alliés qui ont pris part à la libération de l'Europe. Il existe en effet une nuée de sous-variantes, mais nous avons tenté de rassembler les engins les plus représentatifs des armées alliées qui ont débarqué sur le sol normand par ce matin gris du 6 juin1944.

SOMMAIRE

CHAPITRE 1

L'ONCLE SAM S'EN VA T'EN GUERRE

Les États-Unis d Amérique se décident à entrer en guerre tardivement, plus de deux ans après qu une grosse partie de l Europe se soit embrasée. Il faut dire qu une grosse partie de l opinion publique est peu intéressée par les affaires de la vieille Europe et c est d ailleurs une agression japonaise et non pas allemande qui va réveiller les fils de l Oncle Sam. Le réarmement américain ne s est toutefois pas fait en quelques semaines à partir de la fin de l année 1941 et une bonne partie du matériel de guerre a déjà été testée par les Britanniques qui depuis 1939, ont passé d importantes commandes en camions, blindés et autres avions.

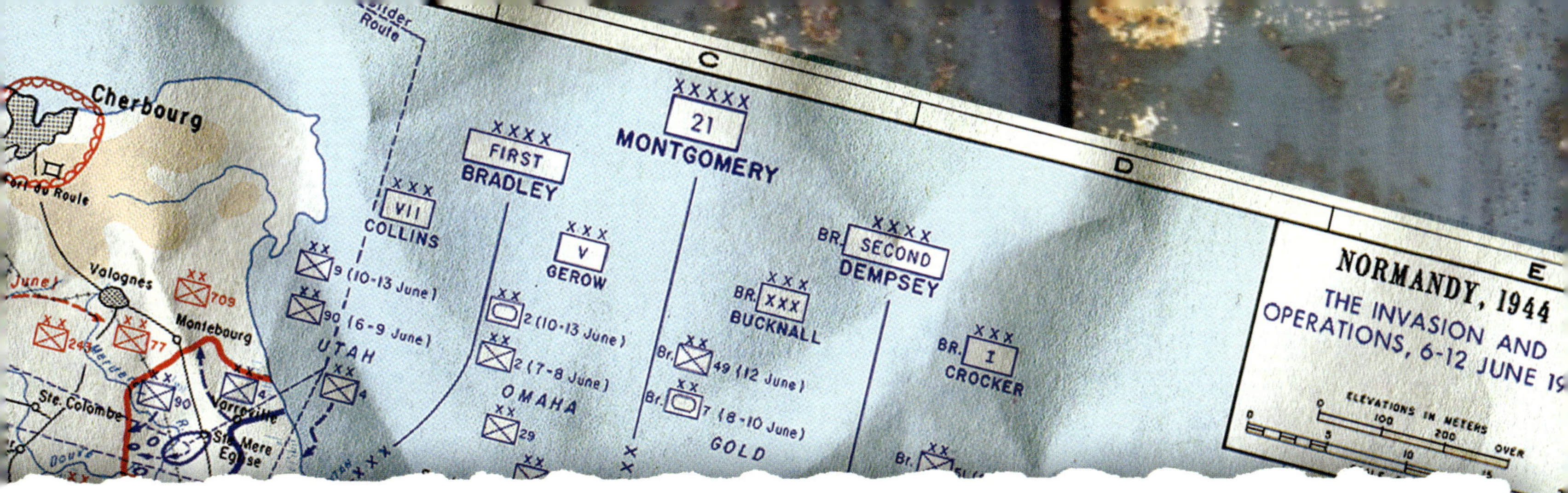
NORMANDY, 1944
THE INVASION AND
OPERATIONS, 6-12 JUNE 19
ELEVATIONS IN METERS
Cherbourg
Valognes
Montebourg
Ste. Colombe
21
MONTGOMERY
FIRST
BRADLEY
VII
COLLINS
V
GEROW
SECOND
DEMPSEY
XXX
BUCKNALL
I
CROCKER
UTAH
OMAHA
GOLD

DR B3

Lorsque les États-Unis entrent en guerre le 7 décembre 1941, la situation en Europe est déjà plus que préoccupante. La guerre a déferlé sur l'Europe depuis septembre 1939. La France a été défaite en quelques semaines et la machine de guerre nazie s'est installée dans presque toute l'Europe de l'Ouest : des côtes de Norvège à la frontière espagnole, l'occupant nazi est partout. Seule la Grande-Bretagne résiste. Sa force aérienne a même sévèrement étrillé la Luftwaffe allemande lors de la bataille d'Angleterre, mais sur les mers, même si la Royal Navy demeure une force de première importance, la situation est dramatique. Les sous-marins allemands sont une menace permanente et ils coulent quotidiennement des cargos venus des colonies ou des États-Unis. La Grande-Bretagne, lentement mais sûrement, commence à être asphyxiée par ce blocus naval. Les Anglais apprennent à vivre avec le Blitz, le rationnement et les mauvaises nouvelles... En Méditerranée, l'Italie qui veut sa part du gâteau est à son tour entrée dans le conflit, mais elle est bien incapable de faire face à la Royal Navy qui règne en maître. Elle n'est pas non plus capable de mettre au pas la Grèce et il faudra l'intervention des forces allemandes pour temporairement assurer la suprématie des forces de l'Axe dans la région. En juin 1941, Hitler se tourne vers l'Est. Les forces allemandes se ruent à l'assaut de la Russie, rompant de fait le pacte germano-soviétique de 1939. En quelques semaines, la Blitzkrieg fait à nouveau des ravages. Les pertes russes sont colossales, mais le front est immense, difficile à tenir, et l'hiver arrive vite. Écartelées entre trois fronts (à l'ouest, en Méditerranée et à l'est), les forces allemandes n'arrivent à se maintenir qu'en pratiquant une politique de terreur.

"Il donne 100 % de lui-même, vous pouvez prêter 10 %", appelle cette affiche pour l'achat de timbres de bons de guerre. Ces timbres permettaient avant tout au gouvernement de disposer d'espèces sonnantes et trébuchantes et de juguler l'inflation. (Library of Congress)

La destruction d'une partie de la flotte américaine à Pearl Harbor dans les îles Hawaï, le 7 décembre 1941, provoque l'entrée en guerre des États-Unis contre les forces de l'Axe. L'attaque est japonaise, mais le pays déclare aussi la guerre à l'Allemagne et à l'Italie. Dans la stratégie américaine, c'est bien l'Allemagne qu'il faut tout d'abord annihiler. (NARA)

C'est par voies maritimes que les convois de navires britanniques vont s'approvisionner en matériels et munitions. Ils sont certes à la merci des sous-marins allemands, qui seront particulièrement agressifs jusqu'en 1942. À partir de cette date, les convois ne se contentent plus de ravitailler l'Angleterre, ils assurent aussi le transport des troupes américaines jusque vers la Grande-Bretagne, en vue d'un futur débarquement. Les convois seront escortés par des navires de combat et des avions à long rayon d'action américains, qui mèneront la vie dure aux U-Boote. (Library of Congress, FSA-OWI)

Le 7 décembre 1941, date de l'attaque de Pearl Harbor, est dénoncé dès le lendemain par Roosevelt comme étant un "jour d'infamie", devant le Congrès américain. L'entrée en guerre des États-Unis est inévitable, et c'est d'une main assurée que le président des États-Unis signe le document. La machine de guerre américaine va désormais se mettre en marche. (NARA)

L'ami anglais

La Grande-Bretagne dispose en 1939 d'une force armée finalement assez réduite. Seule la Royal Navy peut véritablement impressionner. Quant à la composante aérienne, la Royal Air Force, après une période de vaches maigres, elle vient juste de se rééquiper avec des chasseurs modernes (le Hurricane et le Spitfire), mais ses unités de bombardement sont encore mal organisées. Au niveau des forces terrestres, la situation n'est pas non plus très bonne, mais on note tout de même que, depuis les années 1920, de réels efforts ont été réalisés pour moderniser l'armée de terre. À la veille de la déclaration de la guerre, la mécanisation des forces équivaut à celle de la Wehrmacht, que l'on a trop tendance à surestimer. De fait, une grosse partie des troupes allemandes se déplaceront à pied et les convois hippomobiles ne seront pas rares en 1939. Quant aux mythiques panzers déferlant sur l'Europe de l'Ouest en mai 1940, ils sont loin d'être les redoutables blindés affrontés par les Alliés à partir de 1942. Mais, lors des revers du printemps 1940 et surtout durant la pénible évacuation de Dunkerque, le corps expéditionnaire britannique va abandonner des milliers de véhicules sur le sol français. Ceux-ci seront d'ailleurs largement réutilisés par les Allemands. En attendant, il n'y a plus beaucoup d'engins disponibles sur le sol britannique à l'été 1940 ! Beaucoup de blindés ont aussi été perdus et, pire, leur capacité offensive et défensive s'est avérée très insuffisante. Une fois repliés dans leur île, les Anglais continuent de se battre en Méditerranée : en Grèce, puis en Crète, mais aussi en Libye. Il faut donc rapidement produire de nouveaux véhicules et tenter de standardiser la production.

Studebaker a produit près de deux cent mille camions de 2 1/2 tons en configuration 6 x 6 et 6 x 4. Presque l'intégralité de ces véhicules a été fournie aux alliés britanniques, australiens et surtout soviétiques. L'armée américaine en utilisa très peu, non pas parce qu'il s'agissait d'un mauvais châssis, mais parce qu'elle avait déjà porté son choix sur le GMC. (Collection Big-Block)

Le pays dispose d'un allié de choix, membre du Commonwealth, et qui est entré en guerre à ses côtés pour sauver la Couronne. Il s'agit du Canada. Le pays est toutefois très éloigné. C'est à la fois un avantage et un inconvénient. Un avantage, car les usines de production canadiennes sont à l'abri des destructions liées à la guerre. Un inconvénient, car le matériel ne peut être acheminé que par voie maritime, et les navires sont constamment à la merci des meutes de U-Boote allemands. Mais, dès la fin de l'année 1942, après une période faste, les sous-marins allemands sont de plus en plus sur la défensive, d'autant que, depuis décembre 1941, les États-Unis sont en guerre contre les forces de l'Axe et peuvent donc directement participer à la défense des convois.

L'arsenal des démocraties

Malgré l'héroïque résistance des Anglais, puis des Russes, il faut avouer que le renversement du cours des événements est directement lié à l'entrée en guerre des États-Unis. Lorsque ce quasi-continent va se mobiliser, son industrie va littéralement nourrir les armées alliées en armements, munitions, carburant, alimentation et autres équipements. Les chiffres parlent d'eux-mêmes. Si l'on s'en tient aux véhicules motorisés, les États-Unis auront produit de juillet 1940 (date où le réarmement s'accélère) à juillet 1945 près de 86333 chars d'assaut, 16018 châssis pour des canons autopropulsés, 16438 autres véhicules blindés, 88433 engins de reconnaissance ou

La loi du prêt-bail (Lend-Lease Act) permit d'équiper massivement et presque gratuitement les armées anglaise et soviétique pendant toute la durée de la guerre. Cette loi a permis la fourniture d'armes, de munitions et de milliers de véhicules, mais aussi, et on l'oublie trop souvent, de millions de litres de carburant. On voit ici le remplissage de fûts de carburant à destination de l'Angleterre. (Library of Congress, FSA-OWI)

La Grande-Bretagne a, elle aussi, participé activement à l'effort de guerre. Il en allait directement de sa survie. Avant juin 1941 et l'invasion de l'URSS par les Allemands, elle est la seule grande nation européenne à ne pas avoir été envahie, malgré les intenses bombardements de l'été 1940. L'Angleterre est une île qui tient bon ! Mais à quel prix… Sans l'aide américaine, il est indubitable que les Britanniques n'auraient pas pu reprendre l'initiative en Afrique du Nord. Pendant la guerre, le pays a produit à peu près autant de chars que les usines allemandes et il en a même produit un grand nombre pour l'Armée rouge. Ces chars Crusader tout neufs sont acheminés par trains jusqu'à un port d'embarquement. (Library of Congress, FSA-OWI)

Certains véhicules fabriqués par des constructeurs américains répondaient à l'origine à un cahier des charges britannique. C'était le cas du Mack NR, conçu à l'origine comme camion porte-char pour le Stuart. Dans les zones désertiques d'Afrique du Nord, les Britanniques ressentirent très vite le besoin de disposer de camions lourds de dépannage ou de transport afin de rapatrier les chars endommagés ou en panne vers les lignes arrière. (Collection Big-Block)

de transport, sans oublier 2 455 964 camions et Jeep ! Et ceci ne concerne naturellement que les véhicules terrestres ! Lorsqu'on sait que les Allemands ont pu assembler au total 24 050 tanks, le déséquilibre des forces apparaît d'autant plus flagrant. Les Britanniques eux-mêmes n'ont pu produire "que" 24 800 chars d'assaut pendant toute la durée de la guerre, ce qui explique qu'ils ont largement puisé dans l'arsenal américain pour s'équiper. Les chars M4 Sherman, mais aussi les half-tracks ou la Jeep équiperont largement l'armée anglaise lors de la campagne d'Europe. Rappelons aussi que c'est à l'initiative de ces mêmes Britanniques que l'industrie américaine a commencé à s'activer. Dès 1939, devant les tensions internationales de plus en plus nettes, les Anglais et les Français cherchent à se rééquiper de matériel militaire. Ils se tournent donc vers les États-Unis dont l'industrie automobile est si puissante qu'elle semble la seule capable de fournir rapidement l'indispensable matériel de guerre. La France avait ainsi passé commande en 1940 de mille cinq cents Dodge T203 de 1 1/2 ton à quatre roues motrices avec un empattement rallongé par rapport au modèle d'origine et quelques différences au niveau de l'équipement et du freinage. Idem pour les mille cinq cents GMC ACK 353 (4 x 4) de 1 1/2 ton prévus initialement pour équiper les forces françaises, mais qui terminèrent eux aussi leur carrière aux mains des troupes britanniques. Les États-Unis sont neutres et ont même voté des lois sur la neutralité à trois reprises en 1937, 1938 et 1939. Ils ne veulent pas se mêler des affaires européennes et souhaitent avant tout en finir avec les effets de la grande crise de 1929. Le président Roosevelt, élu en 1933 sur un programme anticrise, est d'un avis différent. Il n'est certes pas belliciste, mais il est tout de même pragmatique. Il sait qu'à un moment ou à un autre, devant la poussée expansionniste des Allemands en Europe et des Japonais en Asie, son pays devra s'engager dans une guerre. Bien avant la journée du 7 décembre 1941, les États-Unis ont déjà largement augmenté les budgets de l'armée. Le 4 novembre 1939, les lois sur la neutralité sont quelque peu contournées par Roosevelt lui-même, qui permet aux Français et aux Britanniques de bénéficier d'une aide économique. Il s'agit du principe du *cash and carry* (payez et emportez). Les États-Unis acceptaient de ravitailler la France et la Grande-Bretagne si les navires de ces pays se rendaient directement dans les ports américains et si le paiement des marchandises était réglé cash, et non pas à crédit. Dans un premier temps, l'industrie automobile américaine va donc produire non pas pour les besoins de sa propre armée (ou du moins très

Une vue inhabituelle, mais en couleur, des tout premiers Sherman testés aux États-Unis. On note les deux mitrailleuses fixes de calibre 0,30 qui dépassent de la caisse. Elles seront supprimées par la suite. Sous cet angle, on voit très bien la structure avant boulonnée et la caisse moulée de ce M4A1. (Library of Congress, FSA-OWI)

Les usines White Motor de Cleveland, dans l'Ohio, assemblèrent des milliers de semi-chenillés. Ces ouvriers finalisent les blocs six cylindres White 160AX de ces véhicules. Comme dans de nombreuses usines vouées à l'effort de guerre, la bannière étoilée, le "Stars and Stripes", a été fièrement tendue au-dessus des chaînes de montage. (Library of Congress, FSA-OWI)

Cette publicité pour la firme Baldwin, qui a construit bon nombre de chars moyens M4 Sherman, nous montre un ouvrier allant œuvrer pour la bonne cause, sourire aux lèvres : "Bien sûr que ma carte de pointage est sale, je l'utilise tous les jours !" Il fallait motiver un monde ouvrier pas toujours très enclin à faire des heures supplémentaires… (Collection Big-Block)

peu), mais pour celles de ses alliés, tout en continuant naturellement sa production civile. Seule à résister à l'Allemagne, la Grande-Bretagne ne fait désormais plus la fine bouche et, au lieu de demander la fabrication des véhicules ou des armes selon ses propres normes, elle prend ce qu'on veut bien lui fournir. C'est ainsi qu'elle s'équipera massivement de chars M3 légèrement revus et corrigés pour mener ses combats en Afrique du Nord. Finalement, le Congrès américain vote le 11 mars 1941 le Lend-Lease Act (la loi du prêt-bail) qui permet aux États-Unis de fournir gracieusement à la Grande-Bretagne, à la France, à l'Union soviétique et à la Chine "tout matériel de défense à tout gouvernement dont le président estime la défense vitale à la défense des États-Unis". Cela a le mérite d'être clair. Sans entrer directement dans le conflit, l'Amérique s'autorise donc à armer les puissances démocrates amies ou en lutte contre l'Allemagne d'Hitler. En échange de ce prêt, les États-Unis demandent de pouvoir utiliser certaines bases navales ou aériennes entre les mains des Britanniques ou des Soviétiques. Dans le même temps, la livraison des matériels de guerre les plus récents permet aux observateurs de l'armée américaine de connaître les performances réelles de leurs camions et autres tanks. Ce sont en effet les Britanniques qui les premiers testent en condition réelle le char M4 Sherman ou l'obusier automoteur Priest lors des batailles d'El Alamein. Les rapports des combats sont naturellement transmis aux Américains, qui en apprennent à chaque fois un peu plus sur le comportement de leurs propres engins de combat. Après l'engagement des troupes américaines en Afrique du Nord et en Italie, la reconquête de l'Europe commence. Cette fois, la pompe est amorcée, et les blindés, les munitions et les avions vont sortir des usines américaines à des cadences infernales.

Une vision globale de la guerre

La stratégie américaine repose essentiellement sur l'offensive, mais, contrairement aux généraux allemands, les Américains ont misé sur une guerre longue. Ils ont donc mobilisé une grosse partie de leur industrie pour l'effort de guerre. Mais il ne s'agit nullement d'une "guerre totale", comme la mène le Reich allemand. Certes, l'industrie automobile cesse (quel symbole !) toute production de voitures civiles dès février 1942, mais le pays vit quand même dans un climat de paix. "John Doe" ("monsieur Dupond") ne se sent pas vraiment concerné par la guerre qui fait rage en Europe. Ce détachement a des répercussions sur l'état

d'esprit de l'homme de la rue. Ainsi, la productivité de l'ouvrier moyen américain n'est pas meilleure que celle d'un ouvrier allemand, y compris au plus fort de la guerre. De même, la main-d'œuvre féminine est nettement moins mobilisée dans l'industrie qu'on veut bien le croire, malgré la propagande de "Rosie the Riveter". N'oublions pas que le territoire américain n'est nullement touché par le conflit, même si les restrictions sont bien là. Mister John Doe peste bien souvent contre cette guerre qui l'empêche d'utiliser sa voiture, tant l'essence et le caoutchouc des pneumatiques sont rationnés. Un comble au pays où l'automobile est reine ! Mais les États-Unis ont un indéniable avantage : les usines peuvent tourner à plein régime, vingt-quatre heures sur vingt-quatre, sans crainte des bombardements, et surtout les Américains ont avant tout misé sur l'outil de production. En clair, ils ont construit d'abord les usines capables de faire face à une mobilisation industrielle plutôt que de confier la production de ses engins militaires à quelques arsenaux militaires. Les nazis et les Japonais ont échoué essentiellement parce qu'ils ont utilisé toutes leurs matières premières afin de fabriquer des munitions et des engins de guerre. Les États-Unis ont vaincu parce qu'ils ont d'abord utilisé leurs ressources pour fabriquer des usines ! Ce sont donc des entreprises privées qui vont être mises à contribution, au premier rang desquelles figurent les constructeurs automobiles. Ce sont eux qui constituent la plus grosse force industrielle du pays. Ils ont en effet la capacité d'absorber la grande série, ils savent gérer un parc d'outillages spécialisés et, surtout, ils disposent d'une main-d'œuvre qui peut facilement s'adapter à de nouveaux produits. Car les constructeurs automobiles ne vont pas se contenter d'assembler des véhicules terrestres : Ford va ainsi fabriquer une grosse partie des bombardiers lourds quadrimoteurs Consolidated B-24 Liberator dans l'usine de Willow Run près de Detroit, un des plus grands complexes industriels jamais construits, sorti de terre en quelques semaines. Goodyear assemblera des chasseurs Chance-Vought Corsair, Pontiac va être un des principaux producteurs de canons de 20 mm et 40 mm, et la General Motors, qui a déjà fort à faire avec ses chaînes d'assemblage de camions, sera elle aussi mise à contribution pour réaliser des moteurs en étoile sous licence ou des munitions de tous types.

Presque tout le secteur privé américain va travailler sous contrat avec l'armée. Une aubaine après les années de Grande Dépression. Des milliers d'usines vont alors sortir de terre, parfois en quelques semaines. Les véhicules visibles au premier plan portent l'inscription "Defense Plant Corporation", une administration créée pour faire le pont entre l'État fédéral et les besoins des usines. (Library of Congress, FSA-OWI)

En haut à gauche : tout au long des années 1940 et 1941, l'armée américaine teste de nombreux matériels. La Jeep n'en est encore qu'à ses essais et elle subit maintes tortures entre les mains des GI. (Library of Congress, FSA-OWI)

Sur le front occidental, les Américains débutent leurs opérations de débarquement en Afrique du Nord lors de l'opération Torch de novembre 1942. C'est un succès, mais l'opposition est légère. On voit ici un GMC CCKW 352 châssis court tractant un canon Howitzer. L'ensemble vient juste de débarquer. (NARA)

Après les débarquements en Algérie et au Maroc, les GI connaissent leur baptême du feu contre les forces allemandes en Tunisie. Et c'est loin d'être une partie de plaisir pour les fils de l'Oncle Sam... Alors que les Britanniques sont engagés contre l'Afrikakorps depuis de longs mois, les Américains sont peu expérimentés et les pertes seront lourdes autour de Kasserine. Cet équipage de char M3 exhibe des obus antichars de 75 mm qui arment la pièce en casemate. Il s'agit d'un canon type M2 avec un imposant contrepoids très visible. À cette époque, le char M3 est largement dépassé par les blindés allemands. (Library of Congress, FSA-OWI)

À partir du milieu de l'année 1942, des milliers de soldats américains sont envoyés en Grande-Bretagne en vue d'un éventuel débarquement. Ils ne sont pas les seuls puisque les Canadiens font aussi partie des troupes stationnant sur le sol anglais. Beaucoup de ces jeunes soldats devront attendre deux ans avant de voir les combats. Une partie sera toutefois transférée vers la Méditerranée, surtout en Italie, où les combats seront très meurtriers. En attendant, il faut vivre avec l'hôte anglais qui a parfois un peu de mal avec ces jeunes soldats "overpaid, oversex and over here" (surpayés, surexcités et surtout très présents !), ce à quoi les Gi ne manquent pas de répliquer que leurs amis britanniques sont "underpaid, undersex and... under Eisenhower" (sous-payés, asexués et... sous l'autorité d'Eisenhower !). (Library of Congress, FSA-OWI)

L'art d'apprendre...

La guerre débute pour les Américains sur le front du Pacifique. Il s'agit d'un territoire maritime immense, saupoudré d'îles ou de chapelets d'îles qui constituent autant de bases avancées. Dans un premier temps, les unités militaires américaines sont peu expérimentées face à des Japonais très aguerris et qui combattent déjà depuis plusieurs années en Chine. Cette guerre est surtout navale et aéronavale. On va se battre à coups de porte-avions, mais, au fil des mois, les marines devront reprendre un à un ces îlots perdus. Les Américains mettent au point des opérations de débarquement qu'ils sauront mettre à profit plus tard en Europe. Mais, en attendant, l'opinion publique américaine comprend que cette guerre de reconquête est longue, pénible et coûteuse en vies humaines. Pendant que le marine se bat dans le Pacifique, à l'autre bout de la planète, on se prépare aussi à passer à l'offensive, car l'ennemi numéro 1, c'est bel et bien l'Allemagne nazie. Lors de la conférence Arcadia (de décembre 1941 à janvier 1942) qui se déroule à Washington, le Premier ministre britannique Winston Churchill et le président américain Roosevelt s'accordent sur la priorité au front européen. Quelques mois plus tard, en juin 1942, une seconde conférence de Washington entérine cet état de fait en prévoyant un débarquement en Afrique du Nord afin d'ouvrir un second front et soulager à l'Est les Soviétiques. Sur le front de l'Ouest, en novembre 1942, c'est donc en Méditerranée que les troupes américaines vont pour la première fois connaître leur baptême du feu sur le front européen. L'opération Torch est un succès malgré quelques cafouillages et l'absence de forces de l'Axe. La suite des opérations sera beaucoup plus difficile pour les jeunes GI et la reconquête de l'Italie sera tout sauf une partie de plaisir.

Des moteurs White sont fixés sur le châssis d'un half track en 1940. (Library of Congress, FSA-OWI)

Prélude à Overlord

L'opération Overlord, la reconquête de l'Europe, définit la zone de débarquement en Normandie après la conférence de Québec en août 1943. À cette époque, la Grande-Bretagne est depuis plus d'un an devenue un immense porte-avions, la pointe d'un fer de lance dirigée vers le reste de l'Europe occupée. Des milliers de soldats américains et canadiens sont envoyés outre-Atlantique en Grande-Bretagne. Ils sont près de deux millions au début de l'année 1944, mais, là encore, les effectifs ont grossi presque au dernier moment. En effet, fin 1943, la plupart des troupes américaines avaient pris le chemin du front méditerranéen. En quelques semaines, les effectifs vont doubler! La menace de débarquement allemand étant écartée, les Alliés peuvent reprendre l'offensive. Elle sera essentiellement aérienne de 1942 jusqu'au printemps 1944. Les troupes peuvent alors s'entraîner sur les côtes anglaises en vue d'un débarquement. Des milliers de navires sont rapatriés, cela ne va d'ailleurs pas sans problèmes, car un grand nombre de navires de débarquement sont réservés tout d'abord au front Pacifique. Mais pour les troupes d'assaut, débarquer sur les plages reste extrêmement périlleux. Il faut mettre au point des véhicules capables de détruire les nids de mitrailleuses ou les block-haus, de soutenir l'infanterie, de dégager les plages ou de progresser dans des champs de mines. Depuis le désastreux raid de Dieppe en août 1942, l'état-major a admis la nécessité de disposer d'engins et d'équipements spéciaux. De plus, les plages choisies ne sont certes pas très pentues, mais elles seront essentiellement sablonneuses, ce qui peut inévitablement provoquer des enlisements: des unités de quelques hommes-grenouilles aborderont les zones des futurs débarquements pour ramener de précieux échantillons de sable afin de vérifier si les patins des chenilles ou les pneumatiques pourront correctement "mordre"! Parallèlement, il semble évident que bon nombre de véhicules ne toucheront pas immédiatement la terre ferme et que l'eau de mer risque de les inonder. Il faut donc rendre étanches tous les véhicules et leur adjoindre une prise d'air haute et un échappement modifié. Lors de cette première phase du débarquement, les unités de génie seront très sollicitées puisque ce sont elles qui sont chargées de détruire les obstacles ou de déblayer les plages afin de faciliter la progression des soldats et des véhicules. Dans la zone britannique, les hommes pourront compter sur les "Funnies" de Hobart, mais le génie a aussi ses propres engins spéciaux comme le Sherman BARV (*Beach Armoured Recovery Vehicle*), un blindé détourellé mais étanche, capable de remorquer des véhicules endommagés sur la plage ou dans l'eau. Les bulldozers blindés furent eux aussi de très précieux auxiliaires. Ces derniers étaient soit des chars Sherman M4 munis d'une lame hydraulique, soit des bulldozers civils type International ou Caterpillar blindés.

Une stratégie au point

Nous ne rentrerons pas dans tous les détails de l'opération Overlord, ceux-ci excédant le champ de cet ouvrage, mais il faut résumer les grandes lignes de la stratégie alliée. Le général Eisenhower commande la totalité des forces alliées depuis le 6 décembre 1943. À cette date, le COSSAC (*Chief of Staff to Supreme Allied Commander*) chargé de mettre au point l'invasion cède sa place au *Supreme Headquarters Allied Expeditionary Force*, le SHAEF. Ike est secondé par un Britannique issu de l'arme aérienne, sir Arthur Tedder, qui commandait les troupes alliées sur le front méditerranéen. Chaque arme est ensuite représentée. Les forces terrestres américaines de la 1re armée du général Bradley et celles, britanniques, de la 2e armée du général Dempsey sont sous le commandement du légendaire général Montgomery. Les forces aériennes tactiques (et non pas stratégiques) dépendent de l'Anglais Leigh Mallory, épaulé par l'Américain Bedel Smith. Enfin, les forces navales sont sous l'autorité de sir Ramsay. Le choix de la Basse-Normandie comme zone d'invasion a suscité peu de remous. La logique voulait en effet que le Pas-de-Calais soit la zone la plus propice, car la moins éloignée de l'Angleterre, mais

Eisenhower est le chef suprême des forces alliées, qu'elles soient américaines, britanniques ou canadiennes. Il est certainement plus un politique qu'un fin tacticien, mais son rôle fut essentiel. Il sut en effet régler diplomatiquement les contentieux entre les états-majors anglo-américains, mais aussi ceux surgissant inévitablement entre chaque composante des armées. Grâce à lui, chaque neurone du cerveau du D-day a parfaitement fonctionné. (Library of Congress, FSA-OWI)

Sur cette photographie prise le 1er juin 1944, on assiste aux préparatifs de l'embarquement des véhicules et des troupes en Angleterre. Plusieurs LST sont prêts à charger des engins. Le LST 382 visible à l'extrême gauche sera vendu à la marine française en 1949. Le LST 499 qui est à ses côtés sera perdu le 8 juin après avoir sauté sur une mine. On note l'intense activité sur le quai. Il y a là des dépanneuses lourdes, des camionnettes Dodge, des bulldozers, et même un GMC qui transporte un avion léger d'observation type Piper Cub, dont les ailes repliées dépassent de la caisse! (NARA)

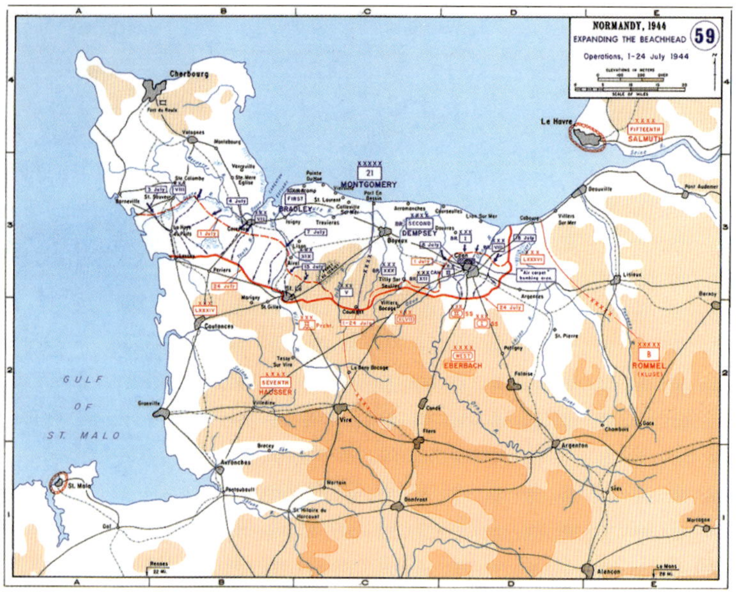

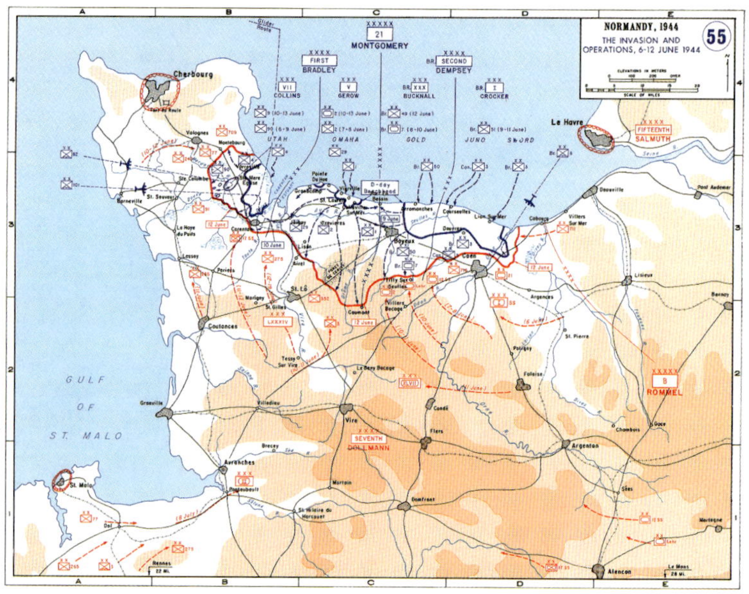

Carte de l'évolution de la progression des troupes alliées entre le 6 juin et le 12 juin 1944. La limite de la progression des troupes alliées au soir du 6 juin est visible en trait bleu. Caen devait tomber le jour même, mais il faudra attendre encore de longues semaines avant que la ville soit libérée. (Library of Congress, FSA-OWI)

elle est la mieux défendue et, surtout, il n'y a pas de ports proches. Il est évident que, pour ravitailler des milliers d'hommes, la capture d'un port est primordiale. La baie de Seine avait davantage d'intérêt : protégée de la houle à l'ouest par la presqu'île du Cotentin et à l'est par la Haute-Normandie, cette baie est relativement calme. Les plages sont étendues, ce qui permet de déployer rapidement un grand nombre d'hommes et une importante quantité de matériel. Le mur de l'Atlantique est constitué d'un maillage moins serré que dans le Pas-de-Calais. Enfin, il est possible de foncer vers Cherbourg, véritable cœur portuaire avancé dans la mer, puis, pourquoi pas, d'aller plus à l'ouest vers Brest. Dans un premier temps, afin d'alimenter en continu les troupes débarquées, les Alliés décident de traverser la Manche avec leur propre port artificiel ! Des éléments bétonnés préfabriqués (les Phoenix), remorqués depuis l'Angleterre, arriveront le 9 juin et seront coulés au large d'Arromanches et d'Omaha Beach pour former une digue en compagnie de blockships, de vieux navires coulés pour servir de brise-lames. Ces jetées étaient complétées par des quais métalliques et des voies flottantes qui pouvaient suivre les mouvements de la marée. Dans le secteur américain, le port artificiel ne fut d'aucune utilité puisqu'il fut presque entièrement détruit lors d'une violente tempête du 19 au 21 juin 1944, avant même de pouvoir entrer en service. Celui d'Arromanches resta actif plus de dix mois après le D-day, ayant permis le débarquement de près de deux millions et demi d'hommes et cinq cent mille véhicules. À partir de janvier 1944, il est décidé que cinq divisions feront partie des vagues d'assaut (au lieu de trois au préalable), renforcées par deux divisions supplémentaires. Cela impliqua un élargissement de la zone de débarquement jusqu'à la base est du Cotentin (Utah Beach). La zone de front originale, trop étroite, inquiéta en effet Montgomery et Eisenhower, alarmés par le risque d'un immense embouteillage, risquant fort d'empêcher la bataille décisive à l'intérieur des terres. On en profita pour porter à deux le nombre de divisions aéroportées. En quarante-huit heures, il fallait mettre à terre cent soixante-seize mille cinq cents hommes, mille cinq cents chars, cinq mille véhicules blindés et onze mille cinq cents camions, Jeep et motos ! Bénéficiant d'une nette suprématie aérienne (celle-ci attaquant sans relâche les ponts, les gares, les carrefours du nord et de l'ouest de la France depuis début 1944), la confiance régnait au sein des Alliés, même si, il faut le reconnaître, la production de navires de débarquement ne pouvait faire face à la demande. Il fallut

Cette image saisissante est connue, elle fut prise par un marin des Coast Guards chargé de la manœuvre du LCVP qui débarque des hommes de la 1re Division vers 7 h 30 du matin. On note la présence au second plan d'un char Sherman avec ses hottes de franchissement qui lui permettent d'avancer dans l'eau. Des dizaines de GI sont allongés sur le sable, morts ou bien tentant de se mettre à l'abri derrière le repli du moindre terre-plein. (NARA)

d'ailleurs réaffecter un certain nombre de navires prévus pour les opérations dans le Pacifique et retarder le débarquement dans le sud de la France, faute de moyens suffisamment disponibles.

Le jour J

Sans entrer dans tous les détails des opérations liées au débarquement et à la bataille de Normandie, qui se poursuivit jusqu'à la fin du mois d'août 1944, il est bon de rappeler l'ordre chronologique des événements militaires. Les opérations débutent par un largage de deux divisions de parachutistes américains de la 82e et de la 101e Airborne à la base du Cotentin pour prendre la nationale 13 et sécuriser les arrières d'Utah Beach. Les Anglais de la 6e Airborne étaient quant à eux chargés de prendre un pont sur l'Orne (l'actuel Pegasus Bridge), de détruire ceux enjambant la Dives, et de neutraliser la batterie de Merville. Malgré des pertes assez élevées et un largage approximatif, la plupart des objectifs furent atteints. Les plages étaient divisées en deux zones et cinq plages : la zone américaine comprenait, d'ouest en est, le secteur d'Utah Beach (4e division) et celui d'Omaha Beach (1re division et 29e division). La zone britannique s'étalait sur trois plages : Gold (50e division britannique), Juno (3e division canadienne) et Sword (3e division britannique). Autant la plage d'Utah Beach fut rapidement sécurisée, autant celle d'Omaha Beach se transforma très vite en déroute. À Utah Beach, la zone était plate, sans relief et les chars amphibies Duplex Drive furent déployés avec succès pour couvrir l'infanterie. Il se passa l'inverse à Omaha Beach, longue plage découverte se terminant par une colline truffée de défenses prenant le secteur en enfilade. Les chars Duplex Drive furent mis à l'eau beaucoup trop tôt et coulèrent en quelques secondes. Ils ne purent appuyer l'infanterie clouée sur place. Les secteurs sous contrôle britannique connurent des fortunes diverses. Gold fut conquis assez rapidement. À Juno, la première vague canadienne fut malmenée, mais elle put compter sur les blindés qui arrivèrent très vite, soit parce qu'ils furent largués plus proche que prévu du rivage, soit parce que les navires de débarquement les acheminèrent directement sur la plage. Enfin, à Sword, les combats firent rage, mais là encore les chars AVRE et les Duplex Drive apportèrent un secours inestimable aux fantassins. À la fin de la journée, presque cent cinquante-six mille hommes avaient été débarqués, les pertes totales étaient quant à elles deux fois et demie inférieures aux prévisions.

Devant Omaha Beach, ce LCT (Landing Craft Tank) a été détruit après avoir été immobilisé par une voie d'eau. Le feu s'est propagé à bord et presque tous les véhicules qu'il transportait ont brûlé, dont le half-track M16 avec affût quadruple antiaérien que l'on peut voir ici. (NARA)

La bataille de Normandie

La phase du débarquement, aussi primordiale fût-elle, n'était que la première phase de la bataille de Normandie et de la libération de l'Europe. Une fois les plages sécurisées, la guerre n'est pas encore terminée, loin de là. L'imagerie a retenu qu'Omaha Beach fut la plage la plus meurtrière, ce qui est vrai. Mais on oublie un peu trop souvent que les pertes sur Omaha la Sanglante ("Bloody Omaha") ont été inférieures aux prévisions (environ 8,8 % des forces engagées, alors que les tableaux prévisionnels tablaient sur 12,5 %). On compta environ trois mille pertes (morts, blessés et disparus), ce qui est élevé, mais le

À Utah Beach, le débarquement fut beaucoup plus calme que dans le secteur d'Omaha Beach. On voit ici la plage le 8 juin. Les panneaux blancs (dont un de forme triangulaire) ont été "blanchis" par la censure de l'époque. Il s'agit en fait de panneaux indiquant les ères de regroupement des unités. Plusieurs navires se sont échoués pour débarquer leurs véhicules et ils attendent la marée haute pour repartir en "culant". La plage est très peu embouteillée. (NARA)

total des pertes au 1er juillet atteint trente-six mille deux cent vingt-neuf GI ! La bataille de Normandie fut donc très meurtrière pour les Alliés, les renforts n'arrivant parfois pas à combler les pertes. Le haut commandement allié souhaitait s'emparer de Caen au soir du jour J. La prise de la ville était dévolue aux Britanniques, mais ils se heurtèrent à la XXIe Panzer et à la redoutable XIIe Panzer SS. Montgomery mit sur pied l'opération Epsom le 25 juin. Epsom dura jusqu'au 30 juin. Caen ne tomba pas entre les mains des Alliés, mais la bataille permit tout de même d'user les forces allemandes et de les cantonner à des opérations défensives. À l'ouest, les Américains commencèrent leur

Dans le secteur canadien de Juno Beach, la tête de pont se consolide. Les plages sont moins larges que dans le secteur américain, ce qui ne va pas sans poser des problèmes de circulation. Sur cette image, on remarque à droite un Caterpillar D8 blindé (ainsi qu'un second, de face, en arrière-plan) et un Sherman III qui semble attendre qu'on lui ouvre la voie. Lors du convoyage par navire, le masque du canon du tank est protégé des embruns par une bâche souple qui est normalement enlevée rapidement une fois débarqué. Des fascines avec un treillis métallique sont posées sur le sol. Les poutres servent à combler les trous les plus importants et des hommes s'activent, armés de pelles. (Archives du Canada)

La tempête qui souffla du 19 au 22 juin 1944 endommagea si gravement le port artificiel devant Omaha Beach que celui-ci ne fut même pas terminé et ne servit jamais. Ses éléments furent toutefois réutilisés sur le port artificiel d'Arromanches. D'une façon générale, ces coûteux ports amenés depuis l'Angleterre jouèrent un rôle limité. (NARA)

Si les Britanniques firent du sur-place autour de Caen, sans réussir à prendre la ville normande, mais, en usant les forces blindées allemandes, les Américains commencèrent à avancer vers le nord du Cotentin afin de prendre rapidement Cherbourg, dont le port était indispensable pour ravitailler les troupes et les milliers de véhicules. La progression sera longue et coûteuse à cause d'un élément auquel personne n'avait pensé : le bocage normand ! Celui-ci ne facilite pas le déploiement des chars de combat, mais il est propice aux embuscades. Les Allemands sauront mettre à profit ce relief végétal. Pour franchir les haies, le sergent Culin eut l'idée de souder sur l'avant des chars des dents en acier. Le char pouvait ainsi défoncer les haies. Ce bricolage simple et efficace fut repris par la suite par de nombreuses unités. On voit d'ailleurs ici des mécanos en train de souder ces accessoires sur ces Sherman à canon de 76 mm. (NARA)

progression vers le nord de la péninsule du Cotentin afin de prendre Cherbourg, la capture d'un port étant vitale pour la poursuite de la guerre. Le bocage normand fut pourtant une mauvaise surprise tout au long de la route. Les étroites routes bordées de haies ralentissaient la progression des chars, peu manœuvrants, mais elles facilitaient les embuscades. Les GI se trouvaient confrontés à une guerre à laquelle ils n'avaient pas été formés… Cherbourg tomba finalement le 26 juin, bien plus tard que prévu, et le port était inutilisable avant le mois d'août. À cette époque, le port artificiel d'Arromanches et les échouages volontaires des LST dans le secteur américain (le port artificiel face à Omaha Beach étant devenu inutilisable après la tempête du 19 au 22 juin) permettaient de débarquer en moyenne sept mille véhicules par jour et quarante mille hommes. Lorsque les Anglo-Canadiens lancent l'opération Goodwood pour prendre Caen le 18 juillet, appuyés par sept cent cinquante chars et sept mille huit cents véhicules de tous tonnages, sans oublier un intense bombardement aérien, la confiance est de mise. Hélas, une fois de plus, les portes de la ville de Caen ne veulent pas s'ouvrir, et ce sont des centaines de blindés britanniques qui jonchent la plaine caennaise ! Mais ces offensives "ratées" permirent de raboter continuellement les forces allemandes et de laisser les mains libres aux Américains. Car la vraie percée va venir de l'ouest. L'opération Cobra va en effet déverrouiller la Normandie. L'offensive américaine se porte vers le sud de Carentan, sur une ligne Lessay-Saint-Lô jusqu'à Granville et Avranches, aux portes de la baie du Mont-Saint-Michel et de la Bretagne. Ils réalisent ensuite un vaste mouvement tournant vers le sud-est, tandis qu'une partie des troupes s'enfonce vers la Bretagne. Pour les rejoindre et boucler la nasse dans laquelle les troupes allemandes risquaient de s'enfermer, les Anglo-Canadiens se tournèrent vers Falaise (opération Totalize). Le 19 août, l'encerclement était réussi. La grande chevauchée peut alors commencer. Paris tombe le 25 août, Amiens le 31 août, Lille le 4 septembre, etc. Le débarquement de Provence, le 15 août 1944, permit aux armées alliées (essentiellement franco-américaines) de remonter le long de la vallée du Rhône après avoir libéré Marseille. Après Overlord, l'opération Dragoon marqua réellement le début de la fin pour les armées allemandes. Mais la guerre n'était pas finie, et il faudra encore de longs mois avant de célébrer le V-day, le jour de la victoire.

Saint-Lô, "capitale des ruines", est l'une des villes martyres de la Normandie. La préfecture de la Manche a presque totalement été rasée par les bombardements et par les combats qui s'y déroulèrent en juillet 1944.(NARA)

Une scène qui s'est répétée mille fois. La Jeep, élément de tête des unités, arrive dans un village, annonçant ainsi aux Normands la libération. Bien évidemment, on fête dignement les vainqueurs à grand renfort de cidre, de calvados et autres plats locaux qui changent des rations de combat ! (NARA)

Dans la poussière soulevée par les véhicules, un policier à moto escorte un convoi de prisonniers allemands. (Big-Block)

CHAPITRE 2
LES MOTOCYCLETTES

Engin léger et maniable, la motocyclette est le véhicule privilégié pour assurer les liaisons ou des missions de police et d'escorte. L'armée britannique sera une grosse consommatrice de ces deux-roues motorisés. Quant aux forces américaines, un seul véritable modèle sera utilisé, la mythique Harley-Davidson WLA. Mais cette moto américaine se trouve concurrencée par la Jeep, plus polyvalente.

LES MOTOCYCLETTES AMÉRICAINES

Contrairement aux autres armées continentales, les Alliés n'ont pas développé de véritables unités montées dotées de side-cars tout terrain et armés. Une seule et notable exception chez les Britanniques, la Norton Big Four munie d'un panier avec roue motrice. Toutefois, ce type de side est déclaré obsolète en 1942 avec la mise en service en grande série de la Jeep. Cela n'empêche pas les Alliés d'utiliser un nombre incroyable de machines de tous types, mais essentiellement pour des missions de servitude ou de police de la route. Quelques rares motos ultralégères ont aussi été en dotation sur des bases navales ou aériennes ou pour les troupes aéroportées, mais elles ont finalement été peu utilisées. On notera toutefois que les Britanniques et leurs alliés du Commonwealth ont une nette préférence pour les montures "made in England", à l'exception des Canadiens qui ont opté pour une Harley-Davidson très proche du modèle américain, baptisée WLC.

Les Anglais s'équiperont toutefois de quelques versions militarisées de l'Indian Scout (la 741B), mais leur poids élevé et leurs faibles capacités de franchissement les relégueront à des tâches subalternes. Chez les GI, la Harley-Davidson WLA est devenue l'emblème de la libération sur deux roues, à tel point qu'elle est même baptisée "Liberator", mais cette machine est bien moins fréquente dans l'armée américaine qu'on ne pense. D'une part, une grosse partie des quatre-vingt-dix mille exemplaires assemblés ont été fournis aux Canadiens ou aux Soviétiques et, d'autre part, la moto se révèle finalement moins efficace qu'un petit 4 x 4 léger et mobile, la Jeep ! Les Britanniques font appel essentiellement à deux types de machines : la BSA M20 et la Norton 16H. À eux seuls, ces deux increvables engins seront produits à près de deux cent vingt-six mille exemplaires, soit bien plus que la Liberator qui pourtant fait toujours figure de symbole...

CUSHMAN 39 PACKAGE KAR
SCOOTER, MOTOR, W/PACKAGE CARRIER

Moteur : monocylindre quatre temps de 240 cm³ et 4 ch
Transmission : embrayage centrifuge avec boîte de vitesses à deux rapports + chaîne
Freinage : mécanique sur les trois roues
Poids à vide : 185 kg
Poids total : 360 kg

La firme Cushman Motor se lança dans la conception de deux-roues légers type scooter en 1937 sous le nom d'Auto-Glide. Lorsque la guerre est déclarée, Cushman participe à l'effort de guerre en réalisant de petits deux ou trois roues dont la série des Kar, des scooters triporteurs avec une caisse spécifique (fermée dans le cas du Package Car, à ridelles sur le Stake Car, etc.). Ces engins assez rares (six cents exemplaires) étaient surtout utilisés sur des bases de l'Air Corps.

Big-Block

SIMPLEX G-A-1 SERVI-CYCLE
BICYCLE, MOTOR DRIVEN, AIRBORNE

Moteur : monocylindre deux temps de 1,6 ch
Transmission : double poulie, transmission par courroie débrayable
Freinage : mécanique sur la roue arrière
Poids à vide : 75 kg
Vitesse maximale : 30 km/h

Ce vélomoteur léger nommé "Servi-Cycle" est directement dérivé d'un modèle civil remontant à 1935. L'un des seuls changements notables fut l'adoption d'une poignée tournante commandant les gaz au guidon gauche. Il était destiné aux troupes aéroportées, mais sa production ne dépassa pas six cent cinquante-quatre exemplaires.

coll. Big-Block

CUSHMAN 32 AUTOGLIDE SCOOTER, MOTOR, SOLO

Moteur : monocylindre quatre temps de 4 ch
Transmission : embrayage centrifuge avec boîte
de vitesses à deux rapports + chaîne
Freinage : mécanique sur la roue arrière
Poids à vide : 130 kg
Poids total : 220 kg
Vitesse maximale : 60 km/h

La série des "30" de Cushman se singularise par une carrosserie arrière qui reçoit en même temps la selle. Ce modèle était utilisé sur les bases de la Navy.

Big-Block

Un parachutiste de la 101e Airborne fait une pause sur son Auto Glide en Normandie. (NARA)

CUSHMAN 53 AUTOGLIDE SCOOTER, MOTOR, AIRBORNE

Moteur : monocylindre quatre temps de 240 cm³ et 4,6 ch
Transmission : embrayage centrifuge avec boîte de vitesses à deux rapports + chaîne
Freinage : mécanique sur la roue arrière
Poids à vide : 115 kg
Poids total : 225 kg
Vitesse maximale : 65 km/h

Ce scooter était destiné aux troupes aéroportées, d'où une conception simplifiée, mais robuste, puisqu'il peut supporter son propre poids ! Il était même possible d'atteler une petite remorque M3A4 permettant de tracter par exemple une arme collective (mortier de 81 mm, mitrailleuse de 30...). Apparu en mars 1944, un peu plus de quatre mille sept cents exemplaires ont été produits.

Big-Block

HARLEY-DAVIDSON WLA

La Liberator de Milwaukee

Ce n'est peut-être pas la moto militaire la plus construite, mais c'est la plus connue. En 1944, la Harley-Davidson WLA est indissociable de la libération de la France et de l'Europe. Elle a aussi largement contribué à faire connaître la marque américaine dans nos frontières.

Voici deux Harley premier modèle I ou II (avec le phare haut, au-dessus de l'avertisseur sonore et sans phare black-out). Ces machines sont aussi dépourvues du tablier et du pare-brise, mais elles arborent fièrement l'étui en cuir de l'arme individuelle. (Big-Block)

HARLEY-DAVIDSON 42 WLA MOTORCYCLE, SOLO

Moteur : bicylindre en V quatre temps de 740 cm^3 et 23 ch
Transmission : embrayage multidisque avec boîte de vitesses à trois rapports, transmission finale par chaîne
Suspensions : à l'avant, fourche à parallélogramme ; à l'arrière, cadre rigide
Freinage : tambour avant et arrière à commande par câble
Poids à vide : 243 kg
Poids total : 330 kg
Vitesse maximale : 90 km/h

Big-Block

Des motards de l'armée à l'entraînement aux États-Unis avant 1941. Ces hommes sont armés de pistolets-mitrailleurs Thomson (sans chargeur !) qu'ils doivent pouvoir utiliser de la main droite en roulant… Ils sont habillés d'un simple serre-tête en cuir et de longues bottes à lacets. Les machines ont encore le phare au-dessus du Klaxon, un emplacement qui sera changé par la suite. (Harley-Davidson)

Le repos des guerriers. Des hommes d'une unité de reconnaissance font une pause dans un village français en 1944. Une WLA attend sagement de reprendre la route. (NARA)

La Harley-Davidson WLA est issue d'un modèle civil développé avant la guerre, la WL 45, qui cube 750 cm³ (45 cid, ou *cubic inches displacement*). Il s'agit d'un V-twin très classique de conception, avec deux cylindres en fonte dotés de soupapes latérales, lui-même dérivé des anciennes séries D de cylindrée identique et datant de 1929, mais qui a droit en 1937 à une lubrification sous pression. La firme américaine Harley-Davidson est depuis longtemps un fournisseur attitré des administrations et des militaires américains, mais elle

Une WLC type 1942 (premier modèle). Elle est reconnaissable à sa deuxième selle, le phare monté haut, et la boîte à outils sur le garde-boue avant. Les modèles 1943 destinés à l'export, c'est-à-dire tous ceux qui étaient envoyés hors du territoire canadien, recevaient un porte-bagages à la place de la selle, comme sur les WLA américaines, mais conservaient souvent les repose-pieds passager… (Archives of Canada)

La WLC (avec un "C" pour Canada) ne diffère de la WLA américaine que par quelques accessoires : une béquille supplémentaire en tôle s'articule autour de la roue avant, les roues avant et arrière sont interchangeables, le frein avant à tambour est plus gros, emprunté à une Harley-Davidson Big Twin, la commande des gaz par poignée tournante passe à gauche (l'avance à l'allumage migre à droite), l'embrayage au pied est complété par un levier, etc. D'origine, une WLC n'a pas non plus de porte-fusil et de boîte à munitions. (Big-Block)

n'est pas la seule. Indian est un important constructeur qui a lui aussi fourni un grand nombre de motos pendant la Grande Guerre de 1914-1918. À l'origine, les militaires penchent plutôt pour un 500 cm^3, cylindrée jugée suffisante. C'est d'ailleurs pour répondre à cette demande que la firme Indian développe la "30-50" de 500 cm^3 (30,5 cid), dite Model 741, mais William Davidson tient à faire savoir qu'il n'a pas l'intention de se convertir au demi-litre et qu'il pense qu'une 750 serait bien plus efficace. Dès 1939, Harley-Davidson présente aux militaires deux WL 45 peintes en kaki et pourvues de garde-boue plus larges, afin qu'ils testent ces nouvelles montures. Le Mechanised Cavalry Board de Fort Knox se chargea de faire subir à la moto un véritable parcours du combattant. Satisfaits, les militaires passent commande de quatre cent dix WLA modèle 1940 (le A signifiant "Army").

Peinture de guerre

Outre la fameuse livrée "Olive Drab" ou kaki, la moto reçoit un certain nombre d'accessoires militaires tout en étant débarrassée de ses chromes. Dans la nomenclature du constructeur américain, le W de la WL s'applique au nouveau modèle introduit en 1937 et le L définit un modèle basse compression pour pouvoir s'accommoder sur le terrain de carburants de moins bonne qualité. Outre une peinture kaki, la moto est simplifiée au niveau de la fourche, dont la taille augmente de 2 pouces afin d'offrir une garde au sol supérieure. Une tôle de protection est montée sous le moteur et la partie arrière est équipée d'un porte-bagages sur lequel peuvent venir se fixer des sacoches. Pour opérer dans des zones poussiéreuses, un filtre à air a été monté. Les pneumatiques sont de taille identique. Le pilote est protégé par un pare-brise et par des protège-jambes, et un étui lui permet d'y glisser une arme, le plus souvent une mitraillette Thomson ou une carabine M1, plus rarement un fusil Garand. En outre, une boîte à munitions prend place à la droite du garde-boue avant. Les garde-boue ne sont d'ailleurs plus enveloppants pour éviter le "bourrage" en tout terrain. Le phare est pourvu du système black-out qui évite de fournir trop de lumière et permet de rester discret lors des déplacements.

Sept séries pour un modèle

La 42 WLA sera produite en plusieurs séries (sept au total) qui diffèrent par quelques détails. Les toutes premières se singularisent ainsi par un couvercle de filtre à air rond qui devient rectangulaire à partir de la série III, celle qui a été le plus diffusée à partir de mai 1942 (plus de vingt mille trois cent treize exemplaires). L'optique principale est tout d'abord positionnée en haut, avec un avertisseur sonore en dessous. À partir de 1942, les emplacements sont inversés. Le rabat du pare-brise est en cuir, puis en grosse toile kaki. On remarque aussi l'apparition d'un phare black-out. En 1941, avant l'attaque de Pearl Harbor, les modèles 1941 (dits 41 WLA) sont assez courants, mais la production en très grande série débute réellement avec la 42 WLA. À l'issue des épreuves, une première série de machines fut produite d'abord pour la Grande-Bretagne et pour la Russie (qui demanda de son côté des attelages et utilisa la WLA sous le nom de WSR), dans le cadre du Lease-Lend. Les Britanniques reçurent à des fins d'évaluation plusieurs WLC canadiennes en septembre 1941, mais la moto ne fut pas utilisée en première ligne, car elle ne répondait pas aux cahiers des charges du War Office (le ministère de la Guerre) : trop lourde, trop gourmande en carburant, elle était aussi totalement différente à manier, avec des commandes peu usuelles (embrayage au pied, boîte de vitesses manuelle, etc.). De fait, on ne sait toujours pas combien de ces machines furent réceptionnées par l'armée de Sa Gracieuse Majesté (la RAF en reçut un certain nombre d'exemplaires). En revanche, elle allait devenir la monture prédestinée des GI. L'armée

La plaque d'identification nous apprend que ce réservoir appartient à une WLC. Ce gros réservoir comporte à droite un espace pour l'huile (remarquez la pastille en tôle emboutie avec l'indication "oil"). À gauche, le bouchon de remplissage de l'essence (fonctionnant dans l'armée à 70 d'indice d'octane). Au centre, la console avec le compteur de vitesse et ses totalisateurs, encadré par les voyants de phare (à gauche) et de pression d'huile (à droite). Le bouton noir au centre actionne le démarreur. (Big-Block)

Prise quelques jours avant l'embarquement des troupes en route pour le D-day, cette photo nous montre deux Harley d'une compagnie de la Military Police. Les deux motards dorment à même leur monture. Le leather rifle scabbard, l'étui à fusil, est monté comme il se doit à droite. L'arme emportée est ici l'excellent fusil semi-automatique Garand M-1. (NARA)

Ce motocycliste du 33rd Armoured Regiment de la 3rd Armoured Division pose fièrement sur sa Liberator. La moto est lourdement équipée. Outre ses effets personnels et une carabine M1 munie d'une pochette à deux chargeurs, ce soldat emporte des munitions dans la caisse à l'avant gauche, une paire de jumelles et une pelle. Le sac à l'avant est normalement le M6 du masque à gaz. (NARA)

américaine passa d'abord commande de sept cent quarante-cinq exemplaires, suivis de cent quatre-vingt-cinq autres. Mais Harley n'avait pas que la "45" sur son catalogue. La Navy opta pour de plus grosses machines de 1 210 cm^3 (74 cid). Si elle est réellement lourde et d'un emploi assez limité (sa faible garde au sol ne lui donne aucune vraie capacité en tout-terrain), la WLA a tout de même des avantages : elle est d'une robustesse à toute épreuve et elle délivre un couple toujours utile pour rouler dans des zones difficiles. Et son confort (relatif certes, puisqu'il n'y a pas de suspension arrière) permet à son pilote de parcourir de longues distances. Près de quatre-vingt-dix mille Harley-Davidson sortiront des chaînes de fabrication de la firme de Milwaukee (dont deux mille WLC) et l'usine a assuré la fabrication de pièces nécessaires à l'assemblage de trente mille autres motos. Fabriquées en (trop) grand nombre, on retrouvera ces engins dans toute l'Europe de l'après-guerre.

De l'arrière au front

Chaque division comptait environ deux cents machines. Les pilotes étaient avant tout des soldats, mais chacun d'eux était formé à la fois à la conduite et à la maintenance de sa machine. À l'école de mécanique de Harley-Davidson, ils apprenaient le maniement de la moto, le tir en roulant ou à pied et tout l'entretien de la WLA. Un des entraînements consistait à poser la machine au sol sur le flanc pour s'en servir comme d'une protection avant de faire feu. C'est d'ailleurs lors de ce type d'exercice que les ingénieurs de Harley-Davidson se rendirent compte que le phare en position haute avait tendance à se briser. À la suite de cette expérience, les WLA furent dotées d'une optique basse, montée juste au-dessus du garde-boue.

LES MOTOCYCLETTES BRITANNIQUES

EXCELSIOR WELBIKE MK II MOTORCYCLE, SOLO, 98 CM³, FOLDING

Moteur : monocylindre deux temps de 98 cm³ et 1,5 ch
Transmission : embrayage à sec + transmission directe par chaîne
Freinage : tambour sur la roue arrière uniquement
Poids à vide : 32 kg
Vitesse maximale : 45 km/h

D.R.

D.R.

Cette mini-moto pliante appelée aussi "Parascooter" était initialement destinée aux troupes spéciales. Elle est d'ailleurs une des rares motocyclettes à ne pas dériver d'un modèle civil. Prévue pour tenir dans un conteneur largable, elle dispose d'un réservoir de 3,7 litres en deux pièces, monté à l'avant, et d'un petit moteur deux temps Villiers dépourvu de tout graissage. Peu gourmand, ce moteur autorise une autonomie de près de 150 kilomètres. Le guidon se replie le long du cadre et la selle peut être ôtée grâce à une simple goupille. Près de trois mille huit cent quarante de ces engins ont été fabriqués. Ils ont été suivis après la guerre par une série de mini-scooters civils de la marque Brockhouse, les Corgi, parfois repeints en kaki et présentés comme des "para-scooters", ce qui semble être faux, aucun Corgi n'ayant jamais revêtu l'uniforme.

ROYAL ENFIELD WD RE MOTORCYCLE, SOLO, 125 CM³, LIGHTWEIGHT

Moteur : monocylindre deux temps de 125 cm³ et 2,6 ch
Transmission : embrayage à sec, boîte de vitesses à trois rapports et transmission finale par chaîne
Freinage : tambours à commande mécanique
Poids à vide : 64 kg
Vitesse maximale : 65 km/h

Dérivée d'un modèle civil bon marché, la Royal Enfield WD RE était elle aussi un modèle pour parachutistes. Tout comme la James, elle reçut son lot de modifications (guidon et repose-pied repliable, échappement moins bruyant, boîte à outils, etc.). Elle pouvait être acheminée par planeur ou larguée par parachute. Dans ce cas, un bâti spécial protégeait la machine. On vit aussi quelques WD RE directement acheminées sur les plages de Normandie dans des barges.

D.R.

D.R.

JAMES ML
MOTORCYCLE, SOLO, 125 CM³, LIGHTWEIGHT

Moteur : monocylindre deux temps de 122 cm³ et 3,2 ch
Transmission : embrayage à sec, boîte de vitesses à trois rapports et transmission finale par chaîne
Freinage : tambours à commande mécanique
Poids à vide : 64 kg
Vitesse maximale : 65 km/h

À la veille de la Seconde Guerre mondiale, la firme James était presque à l'agonie, durement frappée par les suites de la crise de 1929. La marque dut patienter jusqu'à l'année 1942 pour satisfaire les exigences des parachutistes. Elle put alors enfin produire la Military Lightweight, une petite moto à monocylindre Villiers partiellement repliable. Un peu plus de six mille exemplaires furent produits.

D.R.

ARIEL MODEL W NG
MOTORCYCLE, SOLO, 350 CM³

D.R.

Moteur : monocylindre quatre temps culbuté de 348 cm³ et 12,8 ch
Transmission : embrayage à sec avec boîte de vitesses séparée à quatre rapports, transmission finale par chaîne
Freinage : tambours à commande mécanique
Poids à vide : 170 kg
Vitesse maximale : 105 km/h

Cette machine fut la seule moto produite par Ariel durant la guerre. Près de quarante mille exemplaires furent fabriqués et elle ne connut presque pas de modification de 1940 à 1945. Comme les motos homologues, elle abandonna tous ses éléments en caoutchouc, puis ceux en aluminium pour cause de pénurie. En 1943, la machine reçut les habituels accessoires militaires (porte-bagages, sacoches et une deuxième selle). Son moteur culbuté, issu d'une machine de compétition, était particulièrement apprécié, tout comme sa garde au sol jugée satisfaisante.

Coll. Big-Block

TRIUMPH 3HW
MOTORCYCLE, SOLO, 350 CM³

Moteur : monocylindre quatre temps culbuté de 343 cm³ et 10 ch
Transmission : embrayage à sec avec boîte de vitesses séparée à quatre rapports, transmission finale par chaîne
Freinage : tambours à commande mécanique
Poids à vide : 160 kg
Vitesse maximale : 90 km/h

L'usine Triumph de Coventry a souffert en 1940 du bombardement de la ville par la Luftwaffe. En dépit de ces difficultés, la marque va produire plusieurs machines : une 350 à soupapes latérales, la 3SW, puis une version allégée animée par un twin parallèle culbuté, la 3TW, qui ne pourra être produite en grande série à cause des dommages subis en 1940. Des modèles de 500 cm³ à soupapes latérales (5SW) ont aussi été produits jusqu'en 1941. Mais c'est finalement la 3HW, une monocylindre à soupapes en tête, qui sera le fer de lance de Triumph à partir de 1942.

NORTON 16H

L'increvable Norton

La Norton 16H est en 1944 une machine qui est de moins en moins en première ligne, mais elle reste présente au sein d'un grand nombre de services. Spartiate mais fiable, cette "latérale" est restée durant une décennie au service de l'armée.

L'armée canadienne utilisa aussi bien des Harley-Davidson WLC que des machines d'origine anglaise, y compris des Norton 16H. Machine fiable, quoique spartiate, la 16H vue sous cet angle ne donne pas l'impression d'être une "grosse" 500 cm³. (Big-Block)

Norton est le deuxième fournisseur de machines militaires anglaises, juste derrière BSA. Cette deuxième place en termes de production ne doit toutefois pas faire oublier que la marque a quand même fourni la moto qui a eu la plus longue carrière au sein de l'armée, la Norton 16H. Celle-ci a en effet été acceptée en 1935 et les commandes militaires cesseront dix ans plus tard. Jusqu'à la fin de l'année 1941, elle est d'ailleurs la machine la plus répandue au sein des forces militaires britanniques. La machine se présente sous la forme d'une monocylindre à soupapes latérales, à boîte de vitesses séparée et transmission finale par chaîne. Dès 1936, la Norton 16H se militarise avec l'adoption d'un changement de vitesses au pied (à droite, tradition anglaise oblige), et un filtre à air pour les zones désertiques est prévu en option (un autre modèle de type Vokes sera ensuite mis au point, mais il ne sera réellement proposé qu'à la fin de la guerre). Au début du conflit, le caoutchouc, matière première vitale, est enlevé des repose-pieds ou des poignées, qui

sont désormais en tissu. Un porte-bagages universel est prévu pour y fixer des sacoches en web, ce robuste coton filé qui entrait alors dans la fabrication de la plupart des équipements de l'armée britannique. On en profita aussi pour ajouter des boîtes à outils montées de part et d'autre du cadre, juste devant la roue arrière. Certaines machines furent munies d'un side-car, mais ces Norton ont essentiellement été adoptées par la Royal Air Force. La Norton 16H donne directement naissance à une machine plus imposante, prévue pour être attelée à un side-car susceptible d'être armé d'un fusil-mitrailleur Bren et capable de transporter ses munitions dans un caisson arrière. Ce sera la Big Four dont la cylindrée est portée à 633 cm³. Cette machine est capable d'emmener trois hommes et elle fait preuve de réelles qualités en tout-terrain grâce à sa roue de side entraînée et débrayable. Mais, dès la fin de l'année 1943, la Big Four ne fait plus partie des engins de première ligne, remplacée définitivement par la Jeep. La Norton 16H est assemblée en grandes quantités au gré de multiples contrats, mais elle est peu à peu éclipsée par la BSA M20, qui ne lui est pas

À gauche, des Canadiens du Highland Light Infantry of Canada se reposent pendant quelques minutes autour d'une Norton 16H. Même s'il s'agit là d'un moment de détente, les hommes gardent leur casque sur la tête et leur arme à portée de main. (Archives of Canada)

NORTON 16H
MOTORCYCLE, SOLO, 500 CM³

Moteur : monocylindre quatre temps de 490 cm³ et 12 ch
Transmission : embrayage multidisque à sec avec boîte de vitesses séparée à quatre rapports, transmission finale par chaîne
Suspensions : à l'avant, fourche à parallélogramme ; à l'arrière, cadre rigide
Freinage : tambour mécanique, commande par câble
Poids à vide : 170 kg
Poids total : 280 kg
Vitesse maximale : 100 km/h

Le monocylindre de la Norton 16H est un classique du genre. On note le petit carter démontable en aluminium sous le cylindre. Une fois ôté, il permet d'accéder aux soupapes latérales. Derrière le cylindre, sous la longue pipe d'admission et le carburateur, on trouve la magnéto entraînée par une chaîne depuis un pignon pris sur le vilebrequin. (Big-Block)

Big-Block

vraiment supérieure, mais qui est surtout plus facile à produire. La dernière grande tranche de production, répondant à un contrat de novembre 1943, portait sur six mille machines, mais le chiffre est finalement réduit à quatre mille neuf cents exemplaires. Durant cette même année 1943, BSA décroche des contrats portant successivement sur quinze mille, huit mille et douze mille exemplaires de sa M20. La Norton 16H se retrouve donc progressivement retirée du front et sert essentiellement pour l'instruction.

De haut en bas :
Une autre Norton 16H restaurée aux couleurs de la Royal Air Force. Sur cette machine, on peut remarquer le panier rack bag, cet ensemble de sacoches en toile avec son bâti qui s'adaptait à toutes les motos militaires, ainsi que le filtre à air Vokes de type universel, monté au-dessus du réservoir. (Big-Block)

Ce dispatch rider canadien chevauchant une Norton 16H appartient au régiment de la Chaudière, une unité francophone. Il porte le casque des motards britanniques, mais n'a pas ajusté la jugulaire. Dans sa botte, il a glissé une dague "Fairbairn Sykes" réservée normalement aux commandos, aux SAS et aux parachutistes. Le MP de la prévôté qui lui indique son chemin a chaussé quant à lui des lunettes de la RAF. (Archives of Canada)

La Norton Big Four est une imposante 633 cm³ à soupapes latérales conçue pour l'armée afin de recevoir un panier attelé à roue motrice non permanente. Malgré de réelles qualités en tout-terrain, cette moto est rapidement supplantée par la Jeep dès 1942. (Big-Block)

BSA M20

Le succès de BSA

La M20 du constructeur British Small Arms (BSA) est le cheval de bataille des unités motocyclistes britanniques engagées lors de la campagne d'Europe. Moins prestigieuse que la Harley-Davidson WLA, l'anonyme M20 fut pourtant présente sur toutes les routes de la Libération.

BSA WD M20 MOTORCYCLE, SOLO, 500 CM³

Moteur : monocylindre quatre temps de 496 cm³ et 12 ch
Transmission : embrayage multidisque à sec avec boîte de vitesses séparée à quatre rapports, transmission finale par chaîne
Suspensions : à l'avant, fourche à parallélogramme ; à l'arrière, cadre rigide
Freinage : tambour mécanique, commande par câble
Poids à vide : 175 kg
Poids total : 280 kg
Vitesse maximale : 95 km/h

Comme le dévoile la plaque d'identification, cette BSA M20 a été reconditionnée le 3 février 1944 par un atelier militaire. (Big-Block)

Big-Block

À gauche et page précédente :
La BSA M20 est la motocyclette la plus répandue en 1944. Sur ce modèle reconditionné en 1944, l'équipement standard des machines militaires britanniques est clairement visible : porte-bagages avec sacoche en toile, phare black-out et selle passager sont de mise. Pour économiser le caoutchouc, les poignées sont en coton filé, tout comme la selle. La longue béquille latérale est clairement visible. Elle remplace l'habituelle béquille depuis l'adoption du porte-bagages universel. Le petit drapeau canadien apposé sur le garde-boue avant est un anachronisme, cet emblème rouge avec une feuille d'érable n'est devenu le drapeau national canadien qu'après la guerre. (Big-Block)

Dans la journée du 6 juin 1944, dans le secteur canadien de Sword Beach près d'Hermanville, un Carrier fait une pause. Le motard au premier plan chevauche une BSA M20. Sur la roue avant a été adapté un porte-paquets pour y fixer des caisses de cartouches. Tout à l'arrière-plan, on aperçoit une moto légère de 125 cm³, probablement une Royal Enfield WD/RE. (IWM)

La carrière de la M20 au sein de l'armée ne débute pas sous les meilleurs auspices. BSA est pourtant en 1939 le plus grand fabricant de motocyclettes et la marque s'est déjà distinguée durant la Grande Guerre en fournissant un très grand nombre de machines. Durant l'entre-deux-guerres, le War Office émet de nouvelles directives et souhaite équiper ses forces avec des multicylindres jugés plus souples. BSA a alors à son catalogue un V-twin de 498 cm³ qui répond aux attentes des militaires. Le département de la guerre change complètement de politique au milieu des années 1930 et souhaite désormais des monocylindres de 350 ou 500 cm³. BSA vient juste de mettre au point sa nouvelle M20, une machine monocylindre à soupapes latérales de 498 cm³, mais qui est loin d'être fiable. D'abord rejetée, la M20 revient à la charge en 1937, mais, lors des essais, elle ne fait pas une grosse impression. Néanmoins, en 1940, l'armée ne fait plus la fine bouche. Elle vient de perdre des quantités astronomiques de matériel lors de la campagne de France et surtout l'évacuation de Dunkerque, aussi tout ce que BSA peut fournir est accepté. Et puis BSA est tout de même l'un des principaux fournisseurs d'armes et de munitions de l'Empire, aussi semble-t-il inopportun de bouder ses productions. La M20 connaît donc quelques évolutions jusqu'en 1942, date à laquelle elle est définitivement standardisée pour faciliter la

production. Ainsi, à l'instar de toutes les motocyclettes britanniques, elle perd tous ses équipements en caoutchouc et elle est équipée du porte-bagages avec supports pour sacoches souples de type universel que l'on retrouve sur toutes les machines anglaises. Sur la BSA, l'introduction de cet équipement obligea à revoir l'emplacement de la béquille centrale. Celle-ci se transforma en un simple tube d'acier fixé sur l'arrière du cadre, côté gauche. En 1945, la forme du réservoir est modifiée pour permettre de loger au-dessus le filtre à air Vokes, toujours utile en zones désertiques. Il est toutefois difficile de dater précisément un modèle, car la moto a été produite en un très grand nombre d'exemplaires (presque cent vingt-six mille) et beaucoup de modèles des années 1939 à 1943 ont été remis au standard de 1944. En dépit de certains problèmes (difficulté à démarrer moteur chaud, retour de flamme pouvant entraîner un incendie ou encore embrayage soumis à des surchauffes régulières), la BSA M20 fut une machine appréciée pour sa tenue de route et son confort. En 1944, elle constitue d'ailleurs une très grosse part du parc des motos en service dans les forces du Commonwealth.

Ces motards appartiennent aux Royal Welch Fusiliers engagés à la pointe de l'opération Goodwood à la mi-juillet 1944. Les machines sont des BSA M20. Pendant que le sergent, au premier plan, croque dans un biscuit, le deuxième dispatch rider (estafette) remplit son bidon d'eau à l'aide d'un jerrycan. (IWM)

Sur la place de l'église de Bernières-sur-Mer, endommagée par des obus et des éclats, un MP règle la circulation. Il a garé sa moto sur le trottoir. Il s'agit d'une petite James deux temps. Bien que plus lourde que sa rivale de WD/RE de chez Royal Enfield, la James ML était plus robuste et plus fiable. Elle équipa bon nombre d'unités d'assaut terrestres le 6 juin 1944, y compris les commandos. Parcourant sans relâche la tête de pont, la James ML fut à cette occasion surnommée "le chien de berger". (Archives of Canada)

A

CHAPITRE 3
LES VÉHICULES LÉGERS

Les armées alliées qui participent à la campagne d'Europe sont des armées extrêmenent mobiles et mécanisées. À cet égard, le nombre de voitures qui ont porté l uniforme est presque impossible à comptabiliser tant elles sont nombreuses. Toutefois, excepté la Jeep, seul un très petit nombre a réellement circulé au plus près du front.

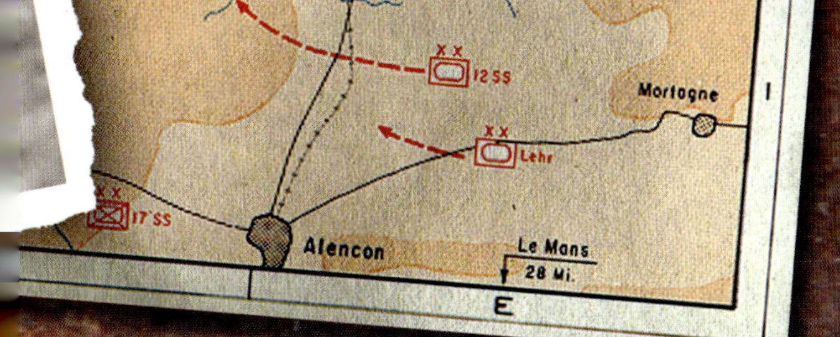

Pendant la Seconde Guerre mondiale, Chrysler va assembler des centaines de milliers de camionnettes 4 x 4 Dodge. Les premières séries sont limitées à 1/2 ton et elles ne remplissent pas tout à fait le cahier des charges de l'armée. Ces véhicules resteront donc aux États-Unis ou seront versés au corps des marines. Ces WC 15 (l'ancêtre du WC 56 Command Car) stationnent ainsi en Alaska. (Library of Congress, FSA-OWI)

L'armée américaine et l'armée britannique utilisent en fait presque tout le matériel civil à quatre roues disponible à des fins militaires, surtout après l'effondrement de la Pologne, puis d'une bonne partie de l'Europe de l'Ouest, où les armées réquisitionnent à tour de bras. Mais il est évident que les automobiles dérivées de modèles de grande production se cantonnent au transport de personnel ou d'officiers d'état-major. À cet égard, si l'on excepte une livrée le plus souvent proche du kaki (certaines étaient peintes en kaki brillant), avec toutefois quelques variantes : des Cadillac militaires entièrement noires ou des Plymouth de la Navy en "tenue civile", il n'y a pratiquement pas de différence notable avec la voiture de M. Tout-le-monde. Le problème qui va rapidement se poser concerne la multiplicité des marques et des modèles, qui ne facilite guère la gestion des parcs. Afin de rationaliser un tant soit peu les gammes, l'armée américaine va imposer une classification. Ainsi, dans la nomenclature américaine, les anciennes berlines civiles sont intégrées dans une classification spécifique : "Car, 5-seater, 4 x 2, Light Sedan" ou "Medium Sedan". Plusieurs modèles civils correspondent à cette classification. Chevrolet, Ford et Plymouth fournissent un grand nombre de ces Light Sedan, sans compter des milliers d'autres, préalablement réquisitionnés. Les Medium Sedan sont des berlines plus imposantes (à moteur huit cylindres en ligne) et plus luxueuses, fabriquées par Buick, Cadillac et Packard (pour ce dernier, il s'agit le plus souvent du modèle civil Clipper qui a été militarisé). D'un point de vue technique, on note sur ces huit-cylindres une adaptation aux carences liées à la guerre. En effet, ces "huit en ligne" sont particulièrement gloutons et, pour réduire leur consommation, ils sont alimentés par deux carburateurs. Le premier alimente le moteur à bas et moyen régime et, en cas d'accélération intempestive, un deuxième carburateur Stromberg prend le relais. Les véhicules réquisitionnés ont bien sûr des particularités dans la mesure où certains avaient reçu quelques options avant le déclenchement des hostilités. En fait, chaque marque conserve tout de même ses particularités techniques, ce qui ne facilite pas la logistique. Les Britanniques obéissent à la même logique, mais leurs voitures ont des dimensions plus "européennes" et leur classification couvre davantage de variantes. En effet, à la déclaration de la guerre, le manque de voitures d'état-major est tel qu'il oblige à réquisitionner tout ce qui roule. Les "Car, 4-seater, 4 x 2, Saloon" sont des berlines provenant des productions des marques Standard, Vauxhall ou Wolseley. Humber va se distinguer avec la Super Snipe, une berline civile de même classe, mais qui va être petit à petit adaptée à un rôle purement militaire avec la Snipe Mk II. À l'inverse des Américains, les Britanniques utiliseront aussi des voitures à seulement deux places, inventoriées "Car, 2-seater, 4 x 2" telle l'Austin 8 HP, et ils mettront au point des châssis légers utilitaires dérivés de berlines, qui se singularisent par une carrosserie arrière bâchée. Ces véhicules prennent alors la dénomination de "Car, Light Utility, 4 x 2" et ils seront fort nombreux tout au long du conflit. Austin, Morris, Standard et surtout Hillman fourniront un nombre considérable de ces "Tillies", surnom donné à ces pick-up bâchés très populaires, qui continueront à servir la Grande-Bretagne de l'après-guerre. Malgré leur motorisation très légère (aucun ne dépasse 30 ch), leur capacité de franchissement extrêmement limitée et la concurrence directe de la Jeep, ces véhicules anglais qui ne peuvent renier leur origine civile seront présents tout le temps et sur tous les fronts. Une autre catégorie de véhicules a aussi été réalisée pour couvrir les besoins de l'armée britannique. Elle est inventoriée sous la dénomination "Car, Heavy Utility, 4 x 2" (ou 4 x 4). Le parc des voitures 4 x 2 est essentiellement composé d'un modèle de Ford fabriqué en Grande-Bretagne, le WOA2A, et le second est le Humber FWB, un châssis militaire assez répandu. Avec ces véhicules tout-terrain, on se rapproche de plus en plus du camion, ce qui explique que les versions châssis-cabine avec carrosserie du FWD ne sont alors plus considérées comme des voitures, mais comme des camions. Ils entrent alors dans une nouvelle classification…

La Jeep universelle

Faute de grandes berlines adaptées (excepté la Humber Pullman), les Britanniques utiliseront aussi des berlines américaines à cinq places. À l'exception des Tillies et de quelques voitures de commandement 4 x 4, les anciennes berlines civiles ne sont pas amenées à opérer en première ligne. Dans les zones de combat, elles sont normalement remplacées dans l'armée américaine par le command-car de la gamme WC. Mais le véhicule a beau être confortable, il s'avère en définitive assez peu pratique, et c'est finalement la Jeep qui lui est préférée. Nous avons d'ailleurs volontairement intégré dans cette partie de l'ouvrage cette Jeep. Ce véhicule 4 x 4 est en effet considéré comme une voiture par les Britanniques lorsqu'elle est utilisée pour la première fois dans le désert vers 1942, mais chez les Américains la Jeep est une camionnette, sa désignation militaire exacte étant "Truck, 1/4-Ton, 4 x 4". En tout état de cause, étant donné sa nature et sa charge utile de 250 kg, nous la considérons comme une voiture… Il en va de même pour les véhicules tout-terrain de type command-car, qui s'apparentent davantage dans le langage civil à de grosses camionnettes plutôt qu'à des camions, le terme *truck* aux États-Unis désignant de toute façon aussi bien une camionnette qu'un poids lourd.

Quand la Jeep se transforme en une arme redoutable. Ce 4 x 4 léger est typique des Jeep utilisées par les SAS en Afrique du Nord pour semer le désordre chez l'ennemi. L'engin est particulièrement bien armé avec une mitrailleuse de 12,7 mm et un affût double de Vickers de 7,7 mm. Opérant par petits groupes semi-autonomes, ces engins emportaient des jerrycans de carburant et d'eau supplémentaires, deux roues de secours et des plaques de désensablage. On retrouvera des Jeep SAS en Europe jusqu'à la fin de la guerre. (Big-Block)

LES VÉHICULES LÉGERS AMÉRICAINS

Cette Chrysler Royal fait partie des "Light Sedan" produites pour le compte de l'armée. Ces véhicules servaient en arrière des lignes pour le transport d'officiers ou de personnels. Celui-ci porte la désignation "SHAF-HQ 7" sur le pare-chocs avant. Il s'agit donc du 7e véhicule de l'état-major du SHAEF, le Supreme Headquarter Allied Expeditionary Force, c'est-à-dire l'état-major du général Dwight Eisenhower qui commande l'ensemble des troupes débarquées en Normandie depuis juin 1944. (Big-Block)

CHRYSLER ROYAL
CAR, LIGHT SEDAN, 5-SEATER, 4 X 2

Moteur : six cylindres en ligne, à soupapes latérales, 3 957 cm^3 et 101 ch
Transmission : embrayage à sec avec boîte de vitesses à quatre rapports, transmission par arbre et pont
Freinage : tambours à commande hydraulique sur les quatre roues
Suspensions : à l'avant, indépendantes avec ressorts hélicoïdaux et amortisseurs hydrauliques ; à l'arrière, par lames semi-elliptiques et amortisseurs hydrauliques
Poids à vide : 1 520 kg
Poids total : 1 980 kg

Destinée au transport de personnel et d'officiers, la Chrysler Royal fait partie des voitures cinq places référencées par l'armée américaine au même titre que la Chevrolet, la Ford ou la Plymouth, mais elle ne fut pas la plus diffusée sous l'uniforme.

CHEVROLET BG ET BH
CAR, LIGHT SEDAN, 5-SEATER, 4 X 2

Moteur : six cylindres en ligne, à soupapes latérales, 3 550 cm^3 et 85 ch
Transmission : embrayage à sec avec boîte de vitesses à trois rapports, transmission par arbre et pont
Freinage : tambours à commande hydraulique sur les quatre roues
Suspensions : à l'avant, indépendantes avec ressorts hélicoïdaux et amortisseurs hydrauliques ; à l'arrière, lames semi-elliptiques et amortisseurs hydrauliques
Poids à vide : 1 485 kg
Poids total : 1 850 kg

Il s'agit d'une Light Sedan produite à des milliers d'exemplaires pour les besoins militaires, y compris les Britanniques qui en obtinrent environ huit cents exemplaires. Le modèle civil comportait deux séries, les BH Master DeLuxe et les BG Special DeLuxe à la finition supérieure.
Un grand nombre a aussi été reconverti en bus pour huit à dix passagers.

D.R.

PACKARD 2003
CAR, MEDIUM SEDAN, 5-SEATER, 4 X 2

Moteur : huit cylindres en ligne, à soupapes latérales, 5 836 cm^3 et 165 ch
Transmission : embrayage à sec avec boîte de vitesses à trois rapports, transmission par arbre et pont
Freinage : tambours à commande hydraulique sur les quatre roues
Suspensions : à l'avant, indépendantes avec ressorts hélicoïdaux et amortisseurs hydrauliques ; à l'arrière, par lames semi-elliptiques et amortisseurs hydrauliques
Poids à vide : 1 655 kg
Poids total : 2 150 kg
Vitesse maximale : 150 km/h

D.R.

Née en 1941, la Clipper de Packard eut tout juste le temps de séduire le grand public avant l'arrêt de fabrication de tous les modèles civils en février 1942. Version militaire de la Clipper Sedan, cette Packard entrait dans la catégorie des Medium. Le général Eisenhower utilisa une Clipper pour ses déplacements, très appréciée pour sa mécanique à huit cylindres en ligne incroyablement souple

La nouvelle Clipper de Packard est lancée en avril 1941… au plus mauvais moment puisque la guerre ne vas pas tarder à éclater quelques mois plus tard. Les modèles civils, très élégants, (ci-dessous une Custom Club Sedan à deux portes), ne purent donc pas être assemblés en très grande série (tout de même 20 000 exemplaires). Constructeur indépendant, Packard avait réussi le tour de force de produire une voiture très moderne (à 6 ou 8 cylindres) à un prix concurrentiel. La version militaire était la berline classique à 4 portes. (Collection Big-Block)

WILLYS MB "JEEP"

Un symbole et quatre roues motrices

Incontestablement, la Jeep est le véhicule militaire le plus populaire de la Libération. La Jeep symbolise à elle seule l'extrême mécanisation des armées anglo-américaines. Polyvalente, indémodable, indétrônable et indispensable, ce petit 4 x 4 est mis à toutes les sauces pour servir les troupes.

JEEP WILLYS MB
TRUCK, COMMAND RECONNAISSANCE, 1/4-TON, 4 X 4

Moteur : quatre cylindres, quatre temps, à soupapes latérales, 2 199 cm^3, développant 20 ch à 3 820 tr/min
Transmission : embrayage à sec avec boîte de vitesses à trois rapports, boîte de transfert à deux rapports
Freinage : tambours hydrauliques sur les quatre roues
Suspensions : lames semi-elliptiques avec amortisseurs hydrauliques
Poids à vide : 1 015 kg
Poids total : 1 400 kg
Autonomie : 380 km
Réservoir : 57 litres
Vitesse maximale : 105 km/h

On ne compte plus les Jeep commémoratives arborant une peinture américaine. La France a, elle aussi, produit un grand nombre de ces 4 x 4 chez Hotchkiss et Delahaye. Beaucoup de ces surplus ont été aujourd'hui repeints en "Olive Drab" avec des marquages américaines. (Big-Block)

La Jeep naît officiellement fin juin 1940 lorsqu'un cahier des charges est émis par l'Army's Ordnance Technical Committee pour un véhicule tout-terrain de reconnaissance de 1/4 de ton de charge utile, capable de transporter trois hommes, ayant un empattement de 1 905 mm (porté ensuite à 2 032 mm) et une voie maximale de 1 143 mm. Le moteur doit délivrer un couple de 115 N. M. au minimum, et surtout le poids à vide ne doit pas excéder 590 kg. Une firme alors presque inconnue, American Bantam Car Company, implantée en Pennsylvanie, répond la première à cette appel d'offres. L'ingénieur Karl K. Probst aurait dessiné le véhicule en cinq jours. En fait, l'histoire de la Jeep n'est pas aussi mythique. Depuis de nombreuses années, l'armée américaine a déjà expérimenté plusieurs engins légers 4 x 4, comme des Marmon-Herrington sur châssis Ford, et même, ce n'est peut-être pas une coïncidence, des versions tout-terrain de voitures Austin assemblées par… American Bantam. Mais, devant l'évolution de la situation internationale, l'Army's Ordnance Technical Committee décide d'accélérer les choses. Le pick-up d'American Bantam est loin d'être l'engin idéal et, dès cette époque, tout le monde sait que la petite société dispose de capacités de production très réduites. C'est la raison pour laquelle un cahier des charges est enfin établi ce 27 juin 1940 afin de lancer un appel à la concurrence. Plus d'une centaine de constructeurs sont approchés, mais seules deux firmes relèvent le défi : Bantam et la Willys-Overland Company. La première réussit à déposer ses liasses de plans le 22 juillet 1940, suivie de peu par Willys. Cette dernière société a beau faire la meilleure offre financière, c'est la Blitz Buggy de Bantam qui est choisie pour réaliser une série de soixante-dix prototypes, pour la simple raison qu'elle a été la seule à accepter de respecter les délais. La société présente donc, le 23 septembre 1940, un 4 x 4 très martial qui n'a rien à voir avec les habituelles voitures civiles qui sont généralement militarisées avec plus ou moins de bonheur. Les grandes lignes de la future Jeep sont déjà figées : absence de pavillon de toit, pare-brise rabattable, pas de portière, calandre avec grille et pare-chocs rectiligne caractérisent cet engin. Il va subir une impressionnante batterie de tests dans l'enceinte du camp militaire de Holabird. Les militaires sont très impressionnés par ce prototype. Pour Bantam, c'est là une véritable aubaine. La marque a en effet été durement secouée par les effets de la crise de 1929 et les contrats avec l'armée s'annoncent juteux. L'avenir allait en décider autrement…

"La Jeep les appelle Papa…", dixit cette publicité Willys. Ce dessin rappelle que le véhicule a été conçu en partenariat avec l'armée. Pas rancunier Willys ! En effet, une grosse partie du marché sera allouée à Ford, Willys n'ayant pas l'outil industriel nécessaire à une production en très grande série. (Collection Big-Block)

Ford et Willys entrent dans la danse

Bantam assemble soixante-dix prototypes Mk II (dont huit à quatre roues motrices et directrices), mais l'armée se rend rapidement compte que la société n'a toujours pas les moyens de produire en grande série la BRC. Comme l'appel d'offres émane des autorités militaires, c'est à l'armée qu'appartient le concept. Et c'est elle qui peut choisir qui va assembler le 4 x 4. Ford est alors approché, sa capacité à produire en très grande série un véhicule semblant un atout. Le ministère de la Guerre va même jusqu'à confier à Ford et à

Ces Bantam du 9 th Cavalry Regiment participent en mai 1941 à un exercice. Les hommes sont des colored, des Noirs, et appartiennent à une unité prestigieuse constituée en 1866. On remarque les curieux casques de footballeur portés par tous les hommes. (Library of Congress, FSA-OWI)

Même le Père Noël roule en Jeep ! Il s'agit ici d'une Willys MA à moteur de 54 ch et commande de boîte de vitesses au volant. Cette première série fut assemblée en 1941 à un peu plus de mille cinq cents exemplaires. Ce n'est encore qu'un prototype non encore définitif. La scène date de décembre 1941 et se déroule à Camp Lee en Virginie. (NARA)

Willys les liasses de la BRC. En clair, pour ne pas perdre de temps, tous les plans de la Bantam sont distribués à ses concurrents ! En novembre 1940, Willys présente son modèle Quad et, un mois plus tard, Ford dévoile la Ford Pigmy. Bien évidemment, ces deux modèles ressemblent comme deux gouttes d'eau à la Bantam (qui a évolué entre-temps et devient la BRC 60 avec des dimensions un peu plus grandes et un poids dépassant légèrement 900 kg, le poids maximal de 600 kg demandé par le cahier des charges étant de toute façon irréaliste). Seules grosses différences notables, la Willys dispose d'un levier de changement de vitesses au volant et d'un moteur puis puissant (54 ch contre 45 ch pour les deux autres concurrents), mais elle est plus lourde que la Bantam. La Ford est,

La Jeep sert aussi à l'entraînement de cette équipe militaire de footballeurs. Le capitaine peut rester au volant pour ses hommes ! Cette image illustre parfaitement la polyvalence du véhicule… (NARA)

quant à elle, beaucoup moins bien notée à cause d'un moteur de tracteur peu performant. En mars 1941, l'armée passe un contrat avec les trois marques pour une présérie de mille cinq cents véhicules. Bantam, bien que floué et plagié, répond à la demande avec la BRC 40, une version simplifiée de son modèle. Au final, deux mille cinq cent quatre-vingts exemplaires seront assemblés. Willys propose sa MA, une Quad allégée très semblable à la Bantam BRC 40, mais qui brille par son moteur de presque 60 ch, et enfin Ford produit quatre mille huit cents GP dont certaines à quatre roues directrices. Un grand nombre de ces véhicules non standardisés seront envoyés outre-Atlantique au nom de la politique du Lend-Lease. Les tests définitifs montrent clairement que c'est la Willys qui tire le mieux son épingle du jeu. Elle est moins chère que les deux autres productions et bénéficie d'un moteur nettement plus performant. L'armée envisage donc de commander seize mille puis dix-huit mille six cents exemplaires de la Willys MB (une MA standardisée avec les équipements militaires). Mais, une fois de plus, les capacités de production de la Willys-Overland semblent bien trop faibles. Sentant que le vent risque de tourner, et ne souhaitant pas connaître l'infortuné destin de Bantam, Willys contacte alors Ford. La firme accepte de céder la licence de fabrication de la Willys MB afin que les deux marques se partagent les contrats mili-

Ces Jeep viennent d'arriver partiellement démontées des États-Unis. Elles sont assemblées en quelques minutes dans un des nombreux dépôts militaires américains en Grande-Bretagne, en l'occurrence le dépôt 0-640 de Tidworth. On note à l'arrière-plan les piles de batteries qui vont prendre place sous les capots. Sur celui qui est ouvert au premier plan, le marquage d'immatriculation est encore en "Blue Drab", un bleu clair qui sera ensuite remplacé par un marquage blanc. (NARA)

Le tableau de bord est une simple tôle percée pour y loger les différents compteurs et cadrans. Le volant est assez haut et près du corps, car on conduit avec les genoux relevés, l'assise étant presque au ras du plancher. Perçue comme un engin sympathique, la Jeep était loin d'être parfaite au niveau de la tenue de route et les accidents de la route ont été très nombreux. Quant à la colonne de direction, droite comme un I, elle se transformait en un véritable pieu en cas de choc... (Big-Block)

taires. Pour Bantam, c'est un deuxième coup de poignard dans le dos, mais les militaires sont ravis de cette décision et passent immédiatement commande à Ford de quinze mille véhicules qui seront produits sous la dénomination Ford GPW (G pour Government, P désignant l'empattement de 80 inches (2 mètres) dans la nomenclature Ford, et W pour Willys). À la fin de la guerre, Willys aura assemblé 359 851 Jeep dans sa seule usine de Toledo et Ford 277 878 Jeep dans cinq sites différents. En guise de cadeau de consolation, Bantam assemblera... des remorques de Jeep !

La légende Jeep

La légende de la Jeep fait de la société American Bantam une victime, une sorte de David contre Goliath. Mais il faut relativiser cet état de fait. Lorsque les contrats quasi définitifs sont passés, à la fin de l'année 1941, les États-Unis viennent d'entrer en guerre et il est urgent de produire en masse le plus rapidement possible du matériel de guerre. Bantam était réellement dans l'incapacité de produire plusieurs dizaines de milliers de Jeep. Il faut aussi signaler qu'un grand nombre de sociétés subirent le même sort. Ainsi, la firme aéronautique Consolidated, peu développée avant guerre, avait réalisé un bombardier quadrimoteur, le B-24 Liberator, qui fut le bombardier lourd le plus produit par

La libération de la France permet à Willys de promouvoir son véhicule. On notera la traduction : "Vive LE Jeep !"... (Collection Big-Block)

Quelques jours avant le D-day, une Jeep du service médical embarque à bord d'un LST (Landing Ship Tank). (NARA)

Ce beau document en couleur met en scène un MP de la 1re division américaine "Big Red One" lors de son embarquement à bord d'un navire quelques jours avant le D-day. On note à droite, le long du montant du pare-brise, un petit tube en aluminium. Il s'agit de la mise à l'air du reniflard d'huile de transmission. À gauche, un tube coudé façon tuyau de poêle est aussi visible. Ces deux accessoires permettent à la Jeep de rouler dans l'eau. Le moteur a été isolé à l'aide d'une pâte spéciale à base d'amiante. Le drapeau américain collé à même la vitre comporte en son verso une notice expliquant rapidement comment déposer ce kit une fois sur le sol sec. À côté du tube de mise à l'air, ce MP a glissé son fusil Garand préalablement protégé par une housse étanche dans un étui en cuir. (NARA)

Cette Jeep est une Jeep de transmission des troupes aéroportées britanniques. Elle a subi un grand nombre de transformations afin de pouvoir être transportée par planeur. Le volant est ainsi démontable, ce qui a nécessité au passage de modifier l'emplacement du Klaxon. Le jerrycan d'essence est placé entre les sièges avant au lieu d'être à l'arrière pour faciliter l'embarquement dans un planeur Horsa.
Le pare-chocs avant est coupé à ses extrémités et il comporte en son centre un crochet d'attelage pour éventuellement accoupler une autre Jeep (à l'arrière, un bâti en V inversé avec un œil permet de relier plusieurs Jeep entre elles). Les boîtes de munitions peuvent être fixées sur le capot grâce à un rack en acier et, tout à l'avant, on note aussi les dérouleurs de fils de téléphone. Sur les Jeep para dépourvues de dérouleur, la roue de secours est fixée à l'avant. Ces Jeep pouvaient aussi tirer une remorque spécialement conçue pour les troupes aéroportées. Il s'agissait d'une remorque allégée pouvant aussi accueillir deux ou trois hommes et qui était équipée d'un crochet d'attelage supplémentaire à l'arrière afin de former un véritable convoi. (Big-Block)

Une Jeep est chargée avec précaution dans un planeur Horsa. Il va falloir ensuite braquer à fond et faire pivoter le véhicule pour le rentrer "au chausse-pied" dans le fuselage. À l'atterrissage, la manœuvre est beaucoup plus simple, car, pour ne pas perdre de temps, c'est tout le cockpit qui peut pivoter, telle une portière, ou la section arrière qui se détache grâce à des boulons explosifs. (Photo IWM)

"Dam Yankee" débarque le 12 juin 1944 sur une plage normande. Elle a visiblement quelques difficultés à s'extirper de l'eau et doit être tractée. On distingue très nettement le tuyau souple apportant l'air au carburateur pour éviter qu'il ne s'engorge d'eau de mer. (NARA)

WIRE-TEAM
454120
US
H-Q-19

2
1C1

Une Jeep déboule dans la rue principale d'un bourg normand. Les badauds viennent accueillir leurs libérateurs. Une scène qui fait désormais partie de la mémoire collective des Français tout au long de cet été 1944. (NARA)

La Jeep du caporal Paul F. Janesk a été photographiée en Italie. Sur la caisse ont été dessinés des portraits caricaturés des dirigeants des forces de l'Axe. Celui de Mussolini a été barré, ce dernier ayant quitté le pouvoir en juillet 1943. Les dessins et autres pin-up étaient normalement interdits, tout comme les surnoms. Dans la réalité des faits, les autorités militaires fermaient les yeux... (NARA)

les États-Unis pendant le conflit. Installée à San Diego, l'usine Consolidated était bien trop petite pour faire face à la demande. Elle tripla la surface de ses installations, fit sortir de terre une autre usine au Texas, mais il fallut répartir la production chez d'autres constructeurs d'avions comme North-American, Douglas, et surtout chez Ford qui construisit dans une toute nouvelle usine à Willow Run, près de Detroit, jusqu'à quatre cent trente avions par mois. La General Motors fabriqua des milliers de canons, d'obus ou de torpilles, Goodyear assembla des centaines de chasseurs Chance-Vought, Corsair, etc. Les Jeep produites par Willys et Ford diffèrent sur quelques menus détails. C'est surtout Ford qui va apporter quelques modifications afin de faciliter la production et réduire les coûts. Ces modifications vont concerner essentiellement la grille de calandre en tôle emboutie qui remplace celle qui est en fer forgé. Par la suite, afin de standardiser complètement le véhicule, Willys adoptera aussi la grille en tôle emboutie. Standardisée, la Jeep ? Pas tout à fait, Ford mettait un point d'honneur à ce que pratiquement toutes les pièces, jusqu'à la visserie, soit estampillées d'un petit "F"...

Au combat !

Les premières Jeep à être utilisées en unités sont... soviétiques ! En effet, Bantam avait fourni des modèles BRC à l'Armée rouge dès 1941 dans le cadre de la loi prêt-bail, et ce sont ces Jeep qui connurent le baptême du feu. Dès le printemps 1942, la Jeep devint un véhicule légendaire lorsqu'elle fut utilisée pour d'audacieux raids des forces du Special Air Service (SAS). Mobile, rapide et agile, elle pouvait se transformer en ce pourquoi elle n'avait pas été conçue : une arme à quatre roues motrices ! Les SAS français et britanniques continueront leurs raids en France et en Europe jusqu'à la fin de la guerre avec de telles Jeep surarmées, parfois blindées et toujours redoutées. Car la Jeep, c'est tout d'abord la polyvalence. Elle sert originellement de véhicule de commandement et de reconnaissance et, dès sa mise en service, elle démode d'autres engins, comme le Dodge WC 56 Command Car. Ce dernier est certes un

Le pare-brise de cette Jeep a été rabattu, cachant ainsi l'étoile de reconnaissance sur le capot, ce qui est normalement interdit. Pour que la nationalité du véhicule soit clairement identifiable par les aviateurs, une bâche kaki avec une étoile peinte devait être fixée sur le pare-brise, ce qu'ont scrupuleusement respecté ces GI de la 6th Armored Division quelque part en Normandie vers juillet 1944. (Photo Collection Normandie Mémoire)

confortable 4 x 4, mais sa silhouette massive le rend peu discret. Il est aussi moins véloce et beaucoup plus lourd que la Jeep (2,5 tonnes contre un peu plus d'une tonne) et, très vite, les officiers délaissent ce gros et gourmand véhicule pour le petit 4 x 4 bondissant. Grâce à ses capacités de franchissement étonnantes, la Jeep peut même flotter sur l'eau en se transformant en version GPA, une Jeep amphibie produite par Ford capable de se mouvoir sur l'eau grâce à une petite hélice entraînée par la boîte de vitesses. Avec sa coque étanche, la GPA était finalement beaucoup plus lourde et son utilité restait limitée, aussi ne fut-elle produite qu'à douze mille sept cents exemplaires, et la plupart furent envoyées sur le front de l'Est pour servir aux côtés des Soviétiques. La Jeep sert aussi de véhicule ambulance au plus près des zones de combat. Selon les armées alliées dans lesquelles elles opéraient, ces Jeep sanitaires pouvaient transporter deux à trois brancards dans des conditions certes rudimentaires, mais la rapidité de l'évacuation permit incontestablement de sauver des hommes. Standardisée à outrance, la Jeep a profondément marqué l'histoire militaire du XXe siècle. Elle sera d'ailleurs largement copiée par les Soviétiques dans un premier temps, puis par la France qui les assemblera, pour les besoins de son armée renaissante, sous licence Hotchkiss et Delahaye. Quant aux Britanniques, ils conserveront eux aussi longtemps ce 4 x 4 avant de le remplacer par un autre véhicule mythique, la Land-Rover.

Les Jeep de l'Air Force étaient souvent plus colorées pour être plus visibles sur les aérodromes. (Big-Block)

Sur les photos ci-contre et ci-dessous, on remarque la barre de protection montée sur le pare-choc. Il en a existé plusieurs types. Ces barres en métal préservaient les occupants des éventuels fils en métal placés par l'ennemi en travers des routes. Lorsque les Jeep circulaient pare-brise rabattu, ces fils pouvaient décapiter les équipages. (NARA et Big-Block)

Deux exemples de Jeep sanitaire prévue pour le transport de blessés sur de courtes distances. Les brancards, quatre au total, pouvaient être placés sur le capot et sur la partie arrière de la caisse grâce à des racks fixés au châssis. Sur la photo du bas, ces Canadiens du Royal Canadian Army Medical Corps disposent d'un autre système comprenant un cadre tubulaire sur lequel peuvent glisser les civières. Cela reste toutefois très peu confortable pour les blessés… (Photo Collection Normandie Mémoire et Archives of Canada)

Pratique et indémodable, la Jeep séduisait aussi les officiers, même les plus grands ! À l'avant se trouve le commandant en chef des forces engagées dans la bataille de Normandie, le général et futur président des États-Unis "Ike" Eisenhower. À l'arrière, l'officier casqué n'est autre qu'Omar Bradley, le commandant en chef des forces américaines. (NARA)

Big Block

FORD GPA
TRUCK, COMMAND RECONNAISSANCE, AMPHIBIAN, 1/4-TON, 4 X 4

Moteur : quatre cylindres, quatre temps, à soupapes latérales, 2 199 cm^3, développant 20 ch à 3 820 tr/min
Transmission : embrayage à sec avec boîte de vitesses à trois rapports, boîte de transfert à deux rapports, prise de force pour entraînement de deux hélices
Freinage : tambours hydrauliques sur les quatre roues
Suspensions : lames semi-elliptiques renforcées avec amortisseurs hydrauliques
Poids à vide : 1 630 kg
Poids total : 2 030 kg
Autonomie : 200 km
Réservoir : 57 litres
Vitesse maximale : 70 km/h

Construite uniquement par Ford, la GPA (G pour Gouvernement, P pour la longueur de l'empattement de 80 inches, A pour Amphibian) est la version amphibie de la Jeep. Contrairement au prototype élaboré par Marmon-Herrington, dont la coque est autoporteuse, la GPA de Ford retient un classique châssis greffé sur une coque, ce qui alourdit considérablement l'engin. Afin de conserver le maximum de pièces existantes avec la Jeep terrestre, la GPA a exactement la même mécanique et, sur terre, celle-ci s'essouffle vite. Très peu appréciée des GI (en plus, son comportement en mer est médiocre), la production est arrêtée dès le milieu de l'année 1943, la plupart finissant leur carrière sous les couleurs soviétiques, qui réalisent d'ailleurs leur copie de la Jeep amphibie, la GAZ 46.

L'immatriculation des véhicules américains :

Tout comme les britanniques, chaque véhicule américain possédait son propre *registration number*. Cette immatriculation comprenait un ou deux chiffres préfixe, suivi d'un numéro d'ordre de production apposé directement en usine. Les lettres "USA" étaient placées avant le *registration number* ou au-dessus. Dans le cas d'un véhicule de la Navy, les lettres étaient changées au profit de "USN". Les véhicules de l'Air Force portaient, quant à eux, les lettres "USA" puisque l'Air Force dépendait de l'armée de terre, et ce jusqu'en 1947 (contrairement à la Royal Air force, indépendante depuis les années 1920).

Voici la liste des préfixes :

0 : remorques
1 : voitures
2 : camions jusqu'à 1 ton
3 : camions jusqu'à 1 1/2 ton
4 : camions de 2 1/2 tons à 4-5 tons
5 : camions de plus de 5 tons
6 : motocyclettes
7 : ambulances
8 : tracteurs
9 : tracteurs chenillés
00 : engins de dépannage et ateliers
10 : cuisines roulantes
20 : véhicules de reconnaissance et command-car
30 : chars
40 : véhicules semi-chenillés et chenillés
50 : véhicules d'incendie et d'intervention
60 : voitures blindées et engins spéciaux
70 : véhicules amphibies
80 : camions-citernes

Un convoi de Jeep et de tanks Sherman traverse un village normand. La Jeep au premier plan est une Jeep radio. (NARA)

DODGE WC 51-52

Une grande famille !

Les châssis Dodge WC constituent une robuste famille de 4 x 4 conçus par Chrysler à partir de 1940. Les plus diffusés de ces weapons carriers sont les WC 51 et 52, mais le groupe a aussi réalisé des ambulances (WC 54) ou encore des voitures d'officier (le WC 56 et ses dérivés), sans oublier une version 6 x 6 (WC 62 et 63). Bref, il s'agit là d'une grande famille qui sera très appréciée pendant et bien après la guerre.

DODGE T214 TYPE WC 52
TRUCK, WEAPONS CARRIER, 3/4-TON, 4 X 4

Moteur : six cylindres en ligne, essence, à soupapes latérales, 3,76 litres, développant 92 ch à 3 200 tr/min
Transmission : embrayage à sec, boîte de vitesses à quatre rapports avec marche arrière, boîte de transfert à deux rapports avec pont avant décrabotable
Freinage : freins à tambours hydrauliques sur les quatre roues
Suspensions : lames semi-elliptiques avec amortisseurs hydrauliques
Poids à vide : 2 380 kg
Poids total : 3 380 kg
Autonomie : 440 km
Réservoir : 113 litres
Vitesse maximale : 85 km/h

Avec Ford et Chevrolet, le groupe Chrysler est en 1940 l'un des trois grands constructeurs automobiles américains (qui comprend en 1940 diverses marques, comme Dodge, mais aussi à l'époque Plymouth ou encore les camions Fargo). Avec l'entrée en guerre du pays, la production d'automobiles civiles s'effondre et Dodge va essentiellement se consacrer à la production d'utilitaires purement militaires. Le premier véhicule est un engin de 1/2 ton à quatre roues motrices. Il se distingue par des éléments en tôle simplifiés, un capot légèrement plongeant avec des grilles

Big-Block

latérales verticales. Les pneumatiques étaient de type militaire, mais de dimensions assez réduites (16 pouces), et le propulseur est un placide six-cylindres à soupapes latérales de 85 ch. Produit en version *weapons carrier* type WC 3 (ou WC 4 avec un treuil à l'avant), ce 4 x 4 dispose d'un châssis de 116 inches d'empattement (soit 2 946 mm). Mais, très vite, l'armée se heurte à quelques problèmes : d'une part la charge utile de 1/2 ton est jugée un peu faible. D'autre part, le véhicule a tendance à verser en tout-terrain, à cause d'un centre de gravité trop haut et d'une voie avant et arrière un peu faible qui limite ses capacités de franchissement. De plus, sa silhouette assez élevée en fait une cible trop visible, ce qui est assez gênant pour un véhicule destiné à amener à pied d'œuvre des hommes ou des munitions près du front.

Un nouveau véhicule

En avril 1942, le modèle est revu et corrigé. Sa charge utile passe à 3/4 de ton. L'empattement est raccourci à 98 inches (2 489 mm) sauf sur l'ambulance WC 54, et les voies sont élargies. Le centre de gravité est abaissé et de gros pneus tout-terrain apparaissent. Le capot droit est simplifié, il présente des ouïes horizontales et le moteur six-cylindres T214 est porté à 92 ch par augmentation de la cylindrée. La transmission est assurée par une boîte de vitesses à quatre rapports avec une boîte de transfert indépendante qui permettait de craboter l'unique pont arrière ou les deux ponts en cas de besoin. La vocation première du WC était le transport de munitions, mais des banquettes en bois latérales permettaient à un groupe d'infanterie d'y prendre place. En fait, le T214

Le précurseur du WC 51 est le WC 4 à moteur T207 un peu moins puissant. Ces véhicules ont des roues plus petites et un capot pentu. Moins à l'aise en tout-terrain que le WC 51, ils seront utilisés essentiellement aux États-Unis ou au sein du corps des marines. (Photo Library of Congress, FSA-OWI)

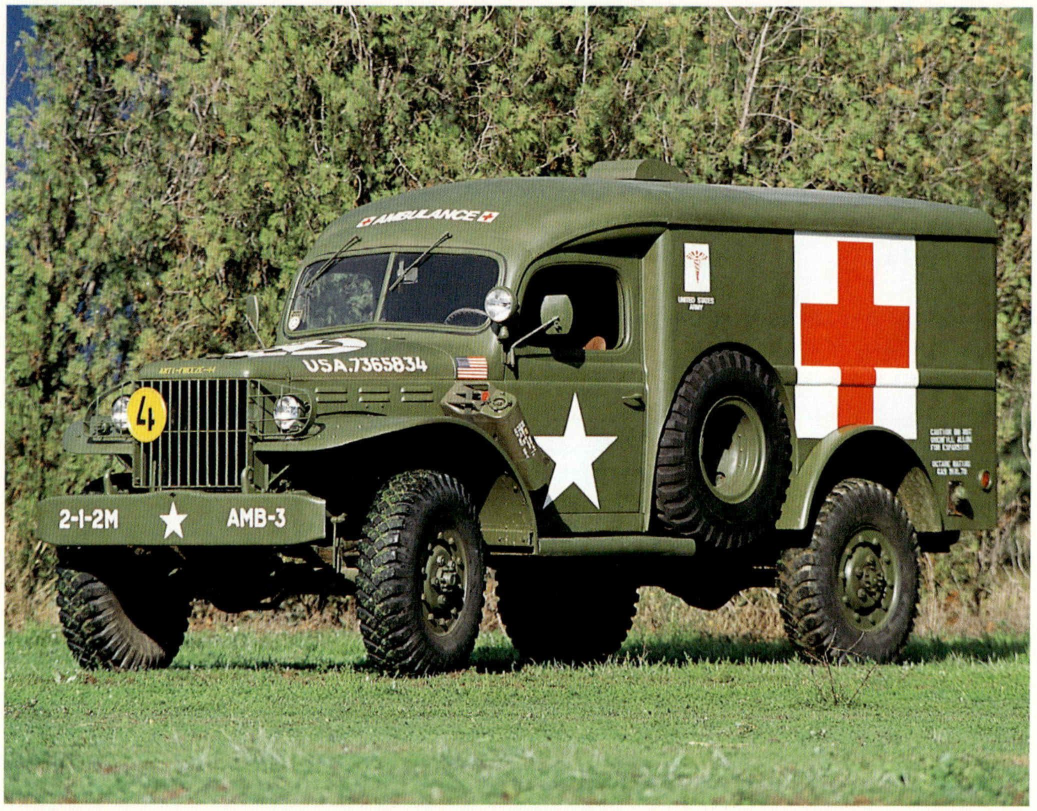

Comme sur tous les véhicules sanitaires, la grande croix rouge est apposée sur les flancs de la carrosserie. Le 4 x 4 arbore aussi le caducée qui est l'emblème du Medical Corps. (NARA et Big-Block)

Ci-dessous, des Dodge Ambulance WC 54 débarquent du LCT 550. Le véhicule en tête est équipé du système d'étanchéification dit "fording kit" permettant de rouler dans près de 1,40 mètre d'eau durant environ huit minutes. Pour faciliter le passage du tuyau d'alimentation en air du moteur, les volets du capot ont été démontés. (NARA)

WC 51 est le véhicule standard pour le transport des huit hommes qui composaient le groupe de combat d'infanterie (*Rifle Squad*), la plus petite unité de l'armée américaine. Ce n'est qu'en 1943 que l'effectif est porté à douze hommes, obligeant à modifier le WC 51 en le rallongeant et en lui adjoignant un troisième pont moteur, donnant naissance au WC 62. Le "six roues" offre naturellement une charge utile beaucoup plus importante puisqu'il est intégré à la classe des 1 1/2-Ton, soit une charge utile proche de 2 000 kg. Outre l'allongement de la caisse et l'implantation d'un second pont moteur, le WC 63 (WC 63 avec treuil) est animé par un six-cylindres identique, mais qui prend le nom de T223. Cela ne signifie nullement que le WC 51 est retiré de la production, car sa taille réduite en fait un véhicule particulièrement mobile. Les GI le surnommeront d'ailleurs "Beep", pour "Big Jeep", car il s'avère aussi endurant et passe les obstacles aussi facilement que la petite Willys, même s'il est moins

Le WC 55 était équipé d'un canon antichar de 37 mm. Mais, pour assurer sa défense rapprochée antiaérienne, une mitrailleuse de 12,7 mm fixée sur un mât tripode à l'avant fut ajoutée. La formule ne fut guère réussie… (NARA)

Le poste de conduite du WC 54 était relativement confortable pour un véhicule militaire. Le boîtier en bas à droite, côté passager, est le chauffage de bord, un plus indispensable pour le confort des blessés. (Big-Block)

Près de Saint-Malo, en août 1944, des soldats de la 3rd Mobile Radio Broadcasting tentent de convaincre des Allemands de se rendre. Le Dodge est le fourgon type WC 54 équipé de haut-parleurs. Sur la calandre est accroché un trophée pris à l'ennemi, un casque allemand. (NARA)

La roue de secours est montée à gauche sur le marchepied qui comporte un renfoncement pour la maintenir. (Big-Block)

véloce. De plus, il peut remorquer jusqu'à 3 tonnes de charge. Le WC 51 offre évidemment une charge utile considérable. Prévue pour 680 kg, celle-ci est dans le fait souvent dépassée, mais qu'importe, les ingénieurs avaient prévu large et le véhicule acceptait sans rechigner des kilos supplémentaires.

Un Dodge pour chaque mission

Bien entendu, le WC 51 et le WC 52 (version identique, mais dotée d'un treuil Braden de 2,27 tonnes) débarquent en grand nombre sur les plages normandes. Ces camionnettes sont épaulées par l'ambulance WC 54 à empattement rallongé et dotée d'une carrosserie métallique capable d'emporter quatre blessés allongés (ou six hommes assis). Présente partout, cette WC 54 était bien plus confortable que la Jeep sanitaire, mais sa carrosserie métallique, réalisée par la société Wayne, fut remplacée tardivement par une autre caisse ambulance en bois simplifiée (modèle WC 54KD). Le même châssis servit à la réalisation d'un command-car pour le trans-

Lors de la progression vers Saint-Lô, un Dodge WC 52 a été touché par un obus et commence à brûler. (NARA)

port d'officiers. Ce WC 56 (ou WC 57 s'il était muni d'un treuil et WC 58 s'il emportait un poste de radio) était entièrement découvrable, mais plus confortable qu'une Jeep. Malgré ses qualités, il fut pourtant bien souvent délaissé au profit de la petite Ford-Willys, plus discrète. D'autres variantes moins nombreuses furent aussi assemblées, comme le WC 53 Carryall, un WC à carrosserie métallique comme l'ambulance, mais vitré, ou encore le peu diffusé "Carriage, Motor, 37-mm gun, M6" qui n'était autre qu'un WC 52 équipé sur la plate-forme arrière d'un canon antichar de 37 mm. Tous ces modèles sont construits en très grande série. Dodge atteint d'ailleurs en 1944 le chiffre de soixante-trois mille cent trente-trois châssis de 3/4-Ton assemblés (toutes versions confondues), mais la production tombe à trente-huit mille deux cent quatre-vingt-un exemplaires durant l'année 1945. Au total, presque deux cent cinquante-cinq mille deux cents de ces 4 x 4 sont sortis des chaînes de production. La carrière du véhicule va naturellement se poursuivre bien au-delà du 8 mai 1945 !

Deux officiers américains se serrent la main devant un command-car capoté et attelé à une remorque Cargo fabriquée par Willys, la "Trailer 1/4-Ton". (NARA)

Ce magnifique Dodge Command Car reprend les couleurs d'un général trois étoiles, celui du général Patton. Le véhicule est équipé d'un poste de radio (WC 58) et armé d'une mitrailleuse calibre 30. Il prend l a pose devant un autre Dodge type WC 52. (Big-Block)

Le général Marshall fut un des pivots du commandement américain pendant la Seconde Guerre mondiale. Chef d'état-major général, il est ici en visite sur le front de Normandie. On voit nettement que le command-car est un véhicule idéal pour les officiers. Il permet en effet de se tenir debout pour observer le terrain. (NARA)

Un Dodge WC 51 du Signal Corps, doté d'un dévidoir téléphonique, traverse une rue de Carentan. Les banquettes en bois sont clairement visibles. (NARA)

Le Dodge WC 62 est un WC 51 rallongé sur lequel un troisième pont moteur a été ajouté. Il est né après que le groupe standard de combat de l'armée américaine fut porté de huit à douze hommes. Par rapport au 4 x 4, le 6 x 6 peut recevoir l'arceau porte-mitrailleuse pour une arme de calibre 0,30 ou 0,50. (Big-Block)

Un Dodge WC 63 (avec treuil) tracte un canon antichar de 37 mm lors d'une reconstitution. Le véhicule est lourdement chargé. Il est armé d'une mitrailleuse de 0,50 (12,7 mm) montée sur un pied. Le rack d'outils est placé ici latéralement. (Big-Block)

Sur cette publicité Dodge, on voit clairement les douze hommes d'un groupe de combat répartis en deux rangées de six. Il s'agit de l'échelon de combat le plus petit d'une division. Cet effectif forme un "Rifle Squad". (Collection Big-Block)

Cette reconstitution fidèle d'un poste avancé du service cinématographique aux armées américain met en scène deux des plus importants véhicules légers américains : la Jeep et le Dodge WC 52. Les deux véhicules sont équipés des ceintures de portes et la Jeep est munie à l'avant de la barre de remorquage Tow-bar permettant d'accoupler plusieurs véhicules entre eux. (Big-Block)

LES VÉHICULES LÉGERS BRITANNIQUES ET CANADIENS

AUSTIN 10 HP SÉRIE G ET YG
CAR, LIGHT UTILITY, 4 X 2

Moteur : quatre cylindres, quatre temps, à soupapes latérales, 1 237 cm^3, développant 29 ch à 3 600 tr/min
Transmission : embrayage à sec avec boîte de vitesses à quatre rapports, transmission aux roues arrière
Freinage : mécanique Girling sur les quatre roues
Suspensions : lames semi-elliptiques avec amortisseurs hydrauliques
Poids à vide : 1 015 kg
Poids total : 1 515 kg
Autonomie : 370 km
Réservoir : 38 litres
Vitesse maximale : 80 km/h

Produite tout au long du conflit jusqu'en 1944, l'Austin type G est dérivée d'une berline d'avant guerre, la 10 HP. La première tranche (deux cent cinquante véhicules) conserve le petit moteur de 1 125 cm^3 de la voiture civile avant qu'un modèle de 1 237 cm^3 ne soit adopté. Cette Austin a été produite à trente mille exemplaires en version camionnette bâchée et en berline pour les besoins de l'armée. Les firmes Morris, Hillmann et Standard réaliseront des véhicules très semblables.

À gauche, cette Austin 10 HP est une berline rendue à la vie militaire par une mise en peinture camouflée et un simple phare black-out. Il s'agit d'un modèle du début de la guerre qui a juste perdu ses enjoliveurs de roue chromés. Sur les flancs du capot, on remarque le "M" qui est attribué pendant la guerre à toutes les voitures, y compris les utilitaires légers. (Big-Block)

HILLMAN 10 HP
CAR, LIGHT UTILITY, 4 X 2

Moteur : quatre cylindres, quatre temps, à soupapes latérales, 1 185 cm^3, développant 30 ch à 4 100 tr/min
Transmission : embrayage à sec avec boîte de vitesses à quatre rapports, transmission aux roues arrière
Freinage : mécanique Girling sur les quatre roues
Suspensions : lames semi-elliptiques avec amortisseurs hydrauliques
Poids à vide : 1 065 kg
Poids total : 1 475 kg
Autonomie : 355 km
Réservoir : 38 litres
Vitesse maximale : 80 km/h

Big-Block

Cet utilitaire léger est extrapolé de la voiture Hillman Minx, une petite voiture qui fut très populaire en Grande-Bretagne avant (et après) la guerre. La berline fut d'ailleurs aussi choisie par l'armée comme voiture d'état-major légère. La camionnette bâchée était toutefois moins simple à réaliser que les autres modèles de chez Austin, par exemple, à cause d'une carrosserie monocoque. Des versions fourgonnettes avec ou sans vitre ont aussi été produites pour la RAF. Les modèles plus tardifs (ci-contre) ont été simplifiés au niveau du capot, qui reçoit un simple grillage de calandre que complètent des ouïes latérales.

MORRIS 10 HP SÉRIE M
CAR, LIGHT UTILITY, 4 X 2

Moteur : quatre cylindres, quatre temps, à soupapes en tête, 1 140 cm³, développant 37,2 ch à 4 600 tr/min
Transmission : embrayage à sec avec boîte de vitesses à quatre rapports, transmission aux roues arrière
Freinage : tambours hydrauliques sur les quatre roues
Suspensions : lames semi-elliptiques avec amortisseurs hydrauliques
Poids à vide : 1 104 kg
Poids total : 1 600 kg
Autonomie : nc
Réservoir : nc
Vitesse maximale : 94 km/h

Pas moins de huit mille de ces versions pick-up militaires de la Morris 10 HP virent le jour. Comme toutes les autres Light Utilities, ce modèle adopte tout d'abord une bâche partiellement découvrable et des éléments de carrosserie civils. Par la suite, la toile bâchée sera d'une seule pièce et la calandre sera simplifiée avec une grille.

STANDARD 12 HP SÉRIE UV
CAR, LIGHT UTILITY, 4 X 2

Moteur : quatre cylindres, quatre temps, à soupapes latérales, de 1 609 cm³, développant 44 ch à 4 000 tr/min
Transmission : embrayage à sec avec boîte de vitesses à quatre rapports, transmission aux roues arrière
Freinage : mécanique Girling sur les quatre roues
Suspensions : lames semi-elliptiques avec amortisseurs hydrauliques
Poids à vide : 1 180 kg
Poids total : 1 710 kg
Autonomie : nc
Réservoir : nc
Vitesse maximale : 95 km/h

Archives of Canada

Version militaire de la Flying Twelve, cet utilitaire léger a été introduit plus tardivement que les Austin et autres Hillman. Si la version civile disposait d'une suspension avant indépendante, la 12 HP de l'armée opta pour un essieu avant rigide (excepté les versions destinées à la RAF). Par rapport aux autres Tillies, la Standard avait une cabine de type torpédo. En outre, elle se singularisait par son moteur nettement plus nerveux et puissant.

FORD F8
TRUCK, 8-CWT, 4 X 2 PERSONNEL

Moteur : huit cylindres en V, quatre temps, à soupapes latérales, 3 900 cm³, développant 95 ch à 3 600 tr/min
Transmission : embrayage à sec avec boîte de vitesses à quatre rapports, transmission aux roues arrière
Freinage : hydraulique sur les quatre roues
Suspensions : par lames semi-elliptiques avec amortisseurs hydrauliques
Poids à vide : 1 860 kg
Poids total : nc
Autonomie : 420 km
Réservoir : 110 litres
Vitesse maximale : 92 km/h

Le F8 (châssis C011DF) est à l'origine une camionnette issue des unités de production de Ford Canada. Il s'agit même de la plus petite camionnette de l'arsenal canadien, limitée à 8 cwt, soit environ 405 kg. Normalement, ce type de véhicule était prévu pour emporter cinq hommes (deux dans la cabine, les trois autres sur le plateau arrière, avec possibilité de bâcher la caisse). Très peu de ces véhicules ont été déployés sur le théâtre d'opérations européen en 1944, car à cette date le Chevrolet C8 lui a été préféré. Une variante 4 x 4 (C011DQ) a aussi été produite, mais elle était réservée à l'armée indienne.

Big-Block

HUMBER SNIPE
CAR, 4-SEATER, 4 X 2

Moteur : six cylindres, quatre temps, à soupapes latérales, 4 086 cm^3, développant 85 ch à 3 400 tr/min
Transmission : embrayage à sec avec boîte de vitesses à quatre rapports, transmission aux roues arrière
Freinage : hydraulique sur les quatre roues
Suspensions : à l'avant, indépendantes par lames transversales ; à l'arrière, par lames semi-elliptiques avec amortisseurs hydrauliques
Poids à vide : 1 680 kg
Poids total : 2 020 kg
Autonomie : 340 km
Réservoir : 66 litres
Vitesse maximale : 120 km/h

Cette voiture est connue pour avoir transporté le général puis maréchal Montgomery qui en usa deux, baptisées "Old Faithful" ("Vieux Fidèle") et "Victory Car" ("Voiture de la Victoire"). À l'origine, la Snipe est une grosse berline civile et les premiers exemplaires acquis par l'armée sont identiques à l'auto de grande série, mais, rapidement, un modèle spécifiquement militaire est présenté : la Snipe Mk II. La berline se distingue de la précédente par une galerie de toit, des ailes agrandies et une monte pneumatique plus importante. Une version Tourer torpédo vit aussi le jour. Elle était réalisée par les ateliers Thrupp & Maberly ltd. La torpédo utilisée par "Monty" disposait d'un pare-brise supplémentaire pour isoler les passagers arrière, mais, d'origine, une capote et des vitres latérales étaient prévues pour protéger les occupants. Deux autres modèles furent aussi produits : un station wagon avec carrosserie partiellement en bois et un assez rare modèle FFW (*Fitted for Wireless*), un pick-up deux places avec caisse en bois bâchée permettant l'emport d'un équipement radio sans fil (*wireless*) type n° 11.

D.R.

La version Saloon militaire se différenciait des productions civiles par de gros pneumatiques ballon et une galerie de toit. (Big-Block et collection Big-Block)

Big-Block

À droite, la version torpédo était un véhicule de commandement très apprécié.

HUMBER FWD
CAR, HEAVY UTILITY, 4 X 4

Moteur : six cylindres, quatre temps, à soupapes latérales, 4 086 cm^3, développant 85 ch à 3 400 tr/min
Transmission : embrayage à sec avec boîte de vitesses à quatre rapports avec boîte de transfert à deux rapports
Freinage : hydrauliques sur les quatre roues
Suspensions : à l'avant, indépendantes par lames transversales ; à l'arrière, par lames semi-elliptiques avec amortisseurs hydrauliques
Poids à vide : 2 000 kg
Poids total : 2 850 kg
Autonomie : 350 km
Réservoir : 73 litres
Vitesse maximale : 90 km/h

La Humber FWD fut essentiellement utilisée en tant que châssis ambulance, mais certains châssis furent convertis en plateau bâché (Truck, 8-cwt) ou en véhicule tout-terrain pour le transport d'officiers. Plusieurs ambulances furent modifiées par la BBC pour ses correspondants de guerre. Ce véhicule fut l'un des rares utilitaires légers britanniques à traction intégrale et doté, qui plus est, d'une suspension avant indépendante.

Big-Block

Big-Block

Big-Block

FORD V8 91A 01A
CAR, LIGHT SEDAN, 4 X 2

Moteur : huit cylindres en V, quatre temps, à soupapes latérales, 3 622 cm³, développant 85 ch à 3 400 tr/min
Transmission : embrayage à sec avec boîte de vitesses à trois rapports, transmission aux roues arrière
Freinage : hydraulique sur les quatre roues
Suspensions : à l'avant, indépendante par lames transversales ; à l'arrière, par lames semi-elliptiques
Poids à vide : 1 230 kg
Poids total : 1 700 kg
Autonomie : nc
Réservoir : nc
Vitesse maximale : 170 km/h

Il s'agit d'un modèle de Ford V8 91 d'origine britannique produit en version civile de décembre 1938 à janvier 1940. Moins de mille neuf cents exemplaires ont été assemblés et la plupart ont dû être réquisitionnés. Les forces canadiennes en utilisèrent aussi un certain nombre, mais les Buick américaines étaient plus nombreuses. Le véhicule ci-contre a reçu une peinture typique des camouflages britanniques adoptés lors des premiers mois de la guerre dans le désert avec une teinte "Light Blue" très étonnante.

Big-Block

CHEVROLET C8A
TRUCK, HEAVY UTILITY, 4 X 4

Moteur : six cylindres en ligne, quatre temps, à soupapes en tête, 3 548 cm³, développant 85 ch à 3 400 tr/min
Transmission : embrayage à sec avec boîte de vitesses à quatre rapports, boîte de transfert à simple rapport, pont avant décrabotable
Freinage : hydraulique sur les quatre roues
Suspensions : par lames semi-elliptiques avec amortisseurs hydrauliques
Poids à vide : 2 870 kg
Poids total : 3 365 kg
Autonomie : 440 km
Réservoir : 113 litres
Vitesse maximale : 85 km/h

Le C8A est une sorte de break à cabine avancée conçu entièrement (châssis et carrosserie) par la filiale canadienne de la General Motors située à Oshawa près du lac Ontario. Six personnes pouvaient prendre place à bord. On retrouve sur ce véhicule la face avant typique des productions GM Canada. Le C8A fut assemblé en une dizaine de variantes de carrosseries dont les plus courantes sont le HUP (*Heavy Utility Personnel*), l'ambulance HUA (*Heavy Utility Ambulance*) et le fourgon radio HUW (*Heavy Utility Wireless*, voir photo ci-dessus). Les premières séries étaient reconnaissables à leurs quatre portes, les séries ultérieures perdant la porte arrière latérale droite pour pouvoir loger la roue de secours. La production totale de ce véhicule a atteint treize mille unités.

BEDFORD MWD

La camionnette du tommy

Au sein du vaste inventaire des véhicules utilisés par l'armée britannique durant la Seconde Guerre mondiale, le Bedford MWD est le véhicule standard "tous usages" dont la production s'est étalée de 1939 à 1945. Moins populaire que le Dodge WC américain dont il se rapproche, dépourvu de quatre roues motrices, il n'en demeura pas moins la "bonne à tout faire" de l'armée anglaise.

L'origine de Bedford remonte à la société Vauxhall, une marque britannique rachetée par General Motors en 1925. Mais, pour ne pas heurter la susceptibilité des Anglais, General Motors diffuse finalement ses Chevrolet sous le nom de Bedford. Et c'est en 1931 que les premiers camions sortent des chaînes avec la série W dont la charge utile s'étale de 15 cwt (c'est-à-dire environ 760 kg) à 5 tons (un peu plus de cinq de nos tonnes métriques). Très populaires, les Bedford s'imposent au Royaume-Uni grâce à une politique de prix très agressive et vingt-mille véhicules sont produits jusqu'en 1937. La marque adopte d'ailleurs un slogan publicitaire qui fait mouche : *You see them everywhere* (vous pouvez les voir partout). Le moteur est généralement un six-cylindres à essence de 27 ch, aussi placide que robuste. Lorsque l'Angleterre entre dans le second conflit mondial, l'industrie automobile est naturellement mise à contribution. Bedford va ainsi assembler près de deux cent cinquante mille engins, sans oublier les fameux tanks Churchill conçus par la marque en un temps record (trois mois). L'armée anglaise a tardivement, mais finalement assez efficacement, opéré une profonde refonte de ses gammes, qui resteront néanmoins assez disparates. Plusieurs 15-cwt sont testés. Outre le Bedford MWD, on trouve aussi l'Austin BYD, le Commer Q2 (destiné à la Royal Air Force), le Q15 et le Beetle du même fabricant, mais aussi le Ford WOT2, le Guy Ant, le Morris-Commercial CS8 et le C4, sans oublier les deux 4 x 4 que furent le Guy Quand Ant et le Morris-Commercial C8 apparus à la fin du conflit. Et pour simplifier les choses, presque aucun de ces véhicules ne partageait le même moteur (on trouvait des quatre-cylindres ou des six-cylindres, et même des V8 Ford !). Dans de telles conditions, on imagine sans peine les difficultés des mécaniciens chargés de la maintenance et toutes les peines des services d'approvisionnement en pièces détachées !

Une carrière un peu dans l'ombre...

Le premier de ces 4 x 2 de petit tonnage à usage général (GS ou General service) est en fait le Morris-Commercial CS8 qui est présenté dès 1934. Le Bedford MWD se présente en 1939 comme un châssis 4 x 2 assez simplifié, avec une cabine torpédo et deux petits pare-brise rabattables. La caisse en bois est, à l'origine, dépourvue de bâche et le véhicule est conçu pour accomplir diverses tâches.

BEDFORD MWD GS TRUCK, 15-CWT, 4 X 2

Moteur : six cylindres en ligne, essence, à soupapes en tête, 3 519 cm^3, développant 72 ch à 3 000 tr/min
Transmission : embrayage à sec, boîte de vitesses à quatre rapports, transmission finale par arbre et pont
Freinage : freins à tambours hydrauliques sur les quatre roues
Suspensions : lames semi-elliptiques avec amortisseurs hydrauliques
Poids à vide : 2 800 kg
Charge utile : 800 kg
Poids total : 3 600 kg
Autonomie : 430 km
Réservoir : 91 litres
Vitesse maximale : 80 km/h

Ce Bedford a reçu le camouflage "en oreilles de Mickey" propre aux véhicules opérant sur le front ouest en 1944. La lettre Z peinte au pochoir sur les flancs du capot nous indique que le véhicule est de la classe des moins de 1 ton. Quant à l'insigne tactique sur l'aile, il est celui du Royal Corps of Signal. (Big-Block)

Big-Block

Environ soixante-cinq mille MWD seront assemblés de 1939 à 1945, la plupart dans cette version GS General Service. Ce chiffre est presque celui de la production du Dodge WC 51/52 américain pour la seule année 1944 ! Ceci explique aussi qu'aujourd'hui le Bedford est moins courant que son homologue américain. (Big-Block)

D.R.

Ci-contre et en bas : le Bedford MWD version, construit jusque vers 1943. On remarque de notables différences avec les modèles ultérieurs : le pare-brise se limite à deux petits saute-vent, il n'y a aucune portière, la caisse en bois est dépourvue d'arceaux et de bâches, et les ouïes d'aération du capot sont plus fines. La silhouette assez basse du véhicule est bien visible. (Big-Block)

Big-Block

Le prototype effectue ses premiers tours de roues en 1937, il est dérivé d'un camion Bedford de 2 tons, mais son châssis et ses roues plus grosses (pour augmenter la garde au sol) sont différentes, tout comme le câblage électrique qui passe en 12 volts au lieu de 6 volts. Ce véhicule est propulsé par un six-cylindres à soupapes en tête de 3 519 cm^3 développant 72 ch à 3 000 tr/min. Ce moteur est finalement assez puissant eu égard aux capacités de transport du véhicule, mais ce choix était dicté par une volonté de standardiser tous les moteurs Bedford. En effet, ce même moteur sera monté sur les gammes plus lourdes que sont les Bedford OXD (30 cwt, soit plus de 1,5 tonne de charge utile) et les OY (3 tons de charge utile). Un seul et unique moteur pour tous ! D'origine civile, ce moteur a toutefois troqué son carburateur Zenith pour un Solex. La chaîne cinématique sera aussi identique pour tout le monde. Le MWD reçoit donc une boîte de vitesses à quatre rapports et un freinage hydraulique. Le capot est assez incliné, pour dégager au maximum la vue vers l'avant et l'ensemble du véhicule fait appel à des sections en tôle emboutie droite. Malgré une motricité assez réduite, sa silhouette basse lui confère une bonne répartition des masses, d'autant que l'empattement de plus de 2,50 m (pour une longueur hors tout de 4,35 m) est assez important. La garde au sol frise 30 cm, ce qui est aussi appréciable. Le réservoir de 90 litres autorisait une autonomie d'environ 360 kilomètres. Commandé en série à partir de mai 1939, le MWD connaîtra le baptême du feu en France avec le corps expéditionnaire britannique envoyé sur le continent. Un grand nombre sera d'ailleurs abandonné sur les plages de Dunkerque en 1940 et récupéré par les Allemands qui en feront un bon usage sur presque tous les fronts en leur adaptant des carrosseries spécifiques… À partir de 1943, la cabine entièrement ouverte est modifiée. Elle reçoit un pare-brise rabattable, des demi-portières et des rideaux en guise de vitres latérales. Polyvalent par définition, le MWD était aussi assez puissant pour tracter un canon (version MWT). D'autres versions verront finalement le jour comme les MWG armés par un canon antiaérien, le van à caisse fermée MWV, le MWR avec une caisse en bois et aluminium pour les émissions radio de la RAF (Royal Air Force) ou encore les châssis cabine MWC équipés de toute une pléiade de caisses. Bien que handicapé par l'absence de traction intégrale (comme bon nombre d'utilitaires légers), le Bedford n'en était pas moins apprécié pour sa tenue de route et le brio de son six-cylindres (à soupapes culbutées).

LES CLASSES DE TONNAGE SELON LES BRITANNIQUES

À l'instar de l'armée américaine, les forces militaires de Sa Très Gracieuse Majesté adoptèrent une numérotation spécifique imposée par le *War Department* (le ministère de la Guerre). Cette codification débuta au milieu des années 1930 et se généralisa naturellement durant tout le conflit. Les lettres et les chiffres étaient peints normalement en blanc sur les flancs du capot (ou de la cabine) et à l'arrière. La première lettre (souvent peinte au-dessus des séries de chiffres) renseignait sur la catégorie à laquelle appartenait le véhicule, comme suit :

A : ambulances
C : motocyclettes
F : véhicules blindés et de reconnaissance
H : camions tracteurs
L : camion de 1 ton et plus
M : voitures, y compris les camionnettes légères
P : engins amphibies
S : canons autopropulsés
T : chars d'assaut et transports chenillés blindés
V : fourgons
X : remorques
Z : camions de moins de 1 ton

Ces désignations sont propres à l'armée de terre, car la Royal Navy et la RAF ont leur propre système de numérotation. Les Canadiens emploient les mêmes lettres, mais précédées de la lettre C.

Big-Block

MORRIS COMMERCIAL C8 TRUCK, 15-CWT, 4 X 4, GENERAL SERVICE

Moteur : quatre cylindres en ligne, essence, à soupapes latérales, 3 494 cm³, développant 64 ch à 3 000 tr/min
Transmission : embrayage à sec, boîte de vitesses à cinq rapports avec marche arrière, boîte de transfert à deux rapports
Freinage : freins à tambours hydrauliques sur les quatre roues
Suspensions : lames semi-elliptiques avec amortisseurs hydrauliques
Poids à vide : 2 600 kg
Charge utile : 800 kg
Poids total : 4 000 kg
Autonomie : 385 km
Réservoir : nc
Vitesse maximale : 80 km/h

Ce camion de la classe des 15-cwt est l'un des rares 4 x 4 de l'armée britannique qui n'a pas été conçu au départ comme tracteur d'artillerie. Le Morris-Commercial C8 a en effet reçu une carrosserie standard en bois General Service avec bâche amovible ou parfois une caisse fermée pour recevoir un équipement radio, plus rarement un compresseur.

Big-Block

FORD CANADA F15 GS
TRUCK, 15-CWT, 4 X 2, GENERAL SERVICE

Moteur : huit cylindres en V, quatre temps, à soupapes latérales, 3 900 cm^3, développant 95 ch à 3 600 tr/min
Transmission : embrayage à sec avec boîte de vitesses à quatre rapports, transmission finale par arbre et pont
Freinage : hydraulique sur les quatre roues
Suspensions : par lames semi-elliptiques avec amortisseurs hydrauliques
Poids à vide : 2 650 kg
Charge utile : 800 kg
Poids total : 3 900 kg
Autonomie : nc
Réservoir : 110 litres
Vitesse maximale : 85 km/h

Le F15A avec la cabine type 13, partagée aussi avec Chevrolet, est reconnaissable à son pare-brise inversé. En dessous, un F15A de la première génération, à cabine type 12 et capot crocodile. Cette variante est ici un 4 x 4. (Collection Big-Block et Big-Block)

C'est le plus petit d'une lignée de Ford d'origine canadienne très reconnaissables avec leur pare-brise inversé et leur cabine semi-avancée type 13 au dessin un peu torturé. Les premières séries produites jusqu'en 1941 avaient une cabine type 12 différente, caractérisée par un pare-brise "normal" et un capot moteur "crocodile" articulé. Produit aussi par Chevrolet sous l'appellation C15 avec la même cabine (mais un moteur différent), cet utilitaire léger était secondé par un modèle 4 x 4.

Big-Block

GUY ANT
TRUCK, 15-CWT, 4 X 2

Moteur : quatre cylindres en ligne, essence à soupapes en tête, 3 686 cm^3, développant 55 ch à 2 600 tr/min
Transmission : embrayage à sec, boîte de vitesses à quatre rapports, transmission finale par arbre et pont
Freinage : freins à tambours hydrauliques sur les quatre roues
Suspensions : lames semi-elliptiques avec amortisseurs hydrauliques
Poids à vide : 2 210 kg
Charge utile : 800 kg
Poids total : 3 650 kg
Autonomie : 400 km
Réservoir : 91 litres
Vitesse maximale : 60 km/h

D.R.

Le Ant fut une camionnette militaire très populaire, produite de 1935 à 1945, la plupart du temps avec carrosserie General Service. Une version à quatre roues motrices fut aussi assemblée, la Quad Ant, essentiellement employée comme tracteur d'artillerie. Près de six mille trois cent trente de ces véhicules furent produits, les derniers exemplaires recevant une cabine fermée beaucoup plus confortable.

CHEVROLET C15
TRUCK, 15-CWT, 4 X 2, GENERAL SERVICE

Moteur : six cylindres en ligne, quatre temps, à soupapes en tête, 3 548 cm^3, développant 85 ch à 3 400 tr/min
Transmission : embrayage à sec avec boîte de vitesses à quatre rapports, transmission finale par arbre et pont
Freinage : hydraulique sur les quatre roues
Suspensions : par lames semi-elliptiques avec amortisseurs hydrauliques
Poids à vide : 2 750 kg
Charge utile : 800 kg
Poids total : 3 750 kg
Autonomie : nc
Réservoir : 113 litres
Vitesse maximale : 90 km

Ce véhicule produit au Canada, mais aussi fourni aux Britanniques, est une des premières camionnettes canadiennes de la General Motors. Il ressemble comme un frère au Ford C15 et est lui aussi proposé en version 4 x 2 ou 4 x 4. Le moteur est toutefois un six-cylindres maison.

D.R.

CHAPITRE 4
LES VÉHICULES LOURDS

Indispensables, les camions des armées alliées sont chargés d'assurer le transport des hommes, des matériels, des munitions et du ravitaillement. Ils sont donc la composante essentielle de la logistique, cette infrastructure qui assure la survie d'une armée moderne en campagne. Lors de la libération de l'Europe, ils sont des centaines de milliers, telles des fourmis besogneuses, à rouler nuit et jour.

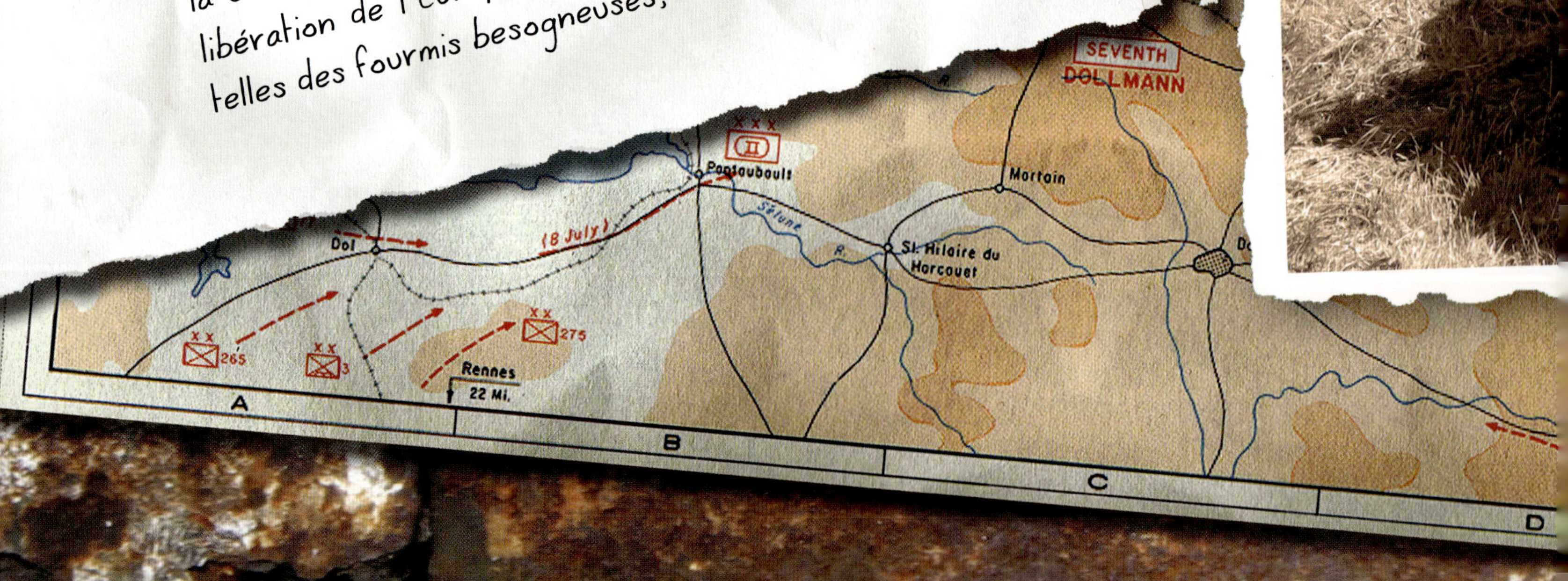

312890-S
HQ 16
2542 WK 27

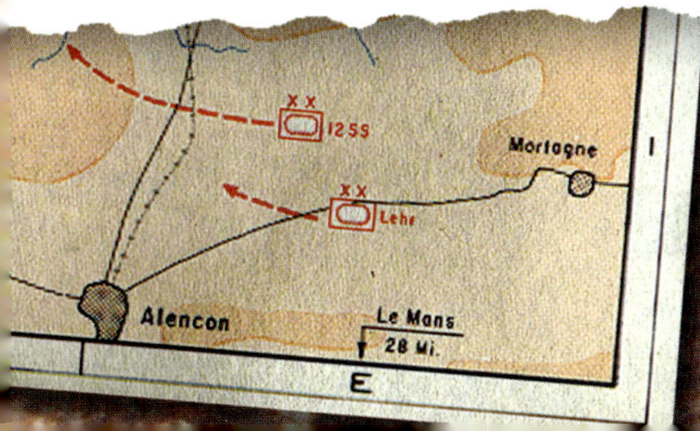
12 SS
Mortagne
Lehr
Alencon
Le Mans
28 Mi.
E

Les LST (Landing Ship Tank) sont des navires spécialement conçus pour les opérations amphibies. Mi-cargo mi-ferry, ils peuvent s'échouer en eaux peu profondes pour mettre directement à terre leur chargement. Une rampe à l'intérieur permet de mettre sur le pont supérieur les véhicules les plus légers. Une telle photo donne l'impression d'un incroyable fatras d'engins entassés tant bien que mal, mais en fait chaque véhicule a une place bien précise en fonction de sa taille et de son poids. Un tel navire peut emporter jusqu'à 2 000 tonnes de fret. (NARA)

Ces camions Bedford sont en attente de livraison. Le GMC américain a tendance à éclipser la production de véhicules anglo-canadiens, qui est pourtant tout aussi gigantesque. Malgré ses besoins, la Grande-Bretagne a même fourni un grand nombre de véhicules à la Russie soviétique. (Library of Congress, FSA-OWI)

Le camion représente la plus grosse partie des véhicules produits durant la Seconde Guerre mondiale. À tout seigneur tout honneur. S'il est bien un camion militaire qui symbolise à lui seul la mécanisation des armées alliées, c'est bien sûr le GMC CCKW 353 et ses multiples variantes. Ce 6 x 6 est un peu le camion universel. Il a été produit en plus grande quantité que n'importe quel autre camion. Cela signifie deux choses : d'une part, le GMC était un engin bien né, c'est-à-dire, si l'on tient compte de la vision américaine de l'époque, qu'il s'accommodait parfaitement d'une production en très grande série. Certes, tout au long de sa carrière (finalement assez courte puisque s'étalant réellement de 1941 à la fin de l'année 1944), il fut modifié pour économiser du temps sur sa fabrication ou simplifié pour limiter l'emploi de matériaux stratégiques comme l'acier. D'autre part, le fait même qu'il soit produit en si grand nombre est révélateur des besoins de l'armée américaine pendant le conflit, mais aussi de sa richesse. Bien sûr, la General Motors n'est pas la seule marque à fournir des utilitaires. L'autre géant s'appelle Chrysler. Il détient en effet une marque qui va se tailler un nom sous l'uniforme : Dodge. Ford est peu présent, la marque s'est en effet concentrée sur la production de la Jeep et des bombardiers Consolidated B-24 Liberator. Les autres marques se concentrent sur des gammes ayant des applications spécifiques : Kenworth et Ward la France produisent des dépanneuses lourdes, Mack un tracteur d'artillerie et un gros porteur, Diamond T des dépanneuses moyennes, etc. International va produire aussi un grand nombre de camions, mais ceux-ci sont essentiellement destinés à la Navy ou au corps des marines ou bien il s'agit de tracteurs de semi-remorques. Les camions sont le plus souvent des engins à roues toutes motrices, application militaire oblige, presque tous issus de poids lourds civils. Tous les engins suivent les mêmes évolutions au cours de la guerre. On leur adjoint un pont avant moteur, on simplifie tout d'abord la calandre et les ailes avant, puis, au fil des semaines, afin d'économiser l'acier et d'abaisser les coûts de production, la cabine entièrement métallique devient une cabine torpédo, une "semi-cabine" dont le toit et les portières sont constitués de simples bâches. Dans la plupart des cas, le bois remplace l'acier (volant, caisse cargo, etc.). À quelques exceptions près, tous les camions américains suivent ce même régime. Les Britanniques ont une vision différente du poids lourd et ils vont privilégier leur production nationale et celle des Canadiens. Contrairement au char Sherman et au half-track M2/M3 au sein des forces du Commonwealth, le GMC 6 x 6 est très peu répandu, tout simplement parce que la production anglo-canadienne se suffit à elle-même. L'effort militaire produit à la fin des années 1930 a en effet obligé les Britanniques à convertir rapidement des châssis civils. Certes, bien avant le conflit, l'armée de Sa Gracieuse Majesté s'est dotée de véhicules spécifiques, mais ceux-ci sont concentrés sur des classes de tonnage assez faibles comme les 15-cwt ou les 30-cwt. L'industrie automobile anglaise compte aussi un grand nombre de fabricants d'utilitaires :

AEC, Albion, Austin, Bedford, Commer, Crossley, Dennis, ERF, Foden, Ford England, Guy, Humber, Karrier, Leyland, Maudslay, Morris-Commercial, Scammel ou Thornycroft, chaque marque possède une gamme plutôt performante qui va être militarisée. Inutile de préciser que cela pose un véritable problème au niveau de la logistique, chaque marque disposant de son propre moteur et de ses propres organes de transmission. Le *War Department* tente bien d'uniformiser ces véhicules en imposant des équipements universels, mais cela ne suffit pas à unifier le parc du matériel roulant.

Le sacrifice de Dunkerque

Les hasards de la guerre vont quelque peu changer la donne, car cette première génération de camions va littéralement disparaître dans la tourmente de Dunkerque où des milliers de véhicules et d'armes sont abandonnés. C'est un véritable coup dur pour l'armée britannique, mais cela va finalement permettre de se concentrer sur une gamme plus réduite. La Grande-Bretagne peut en effet compter sur un de ses membres du Commonwealth, le Canada, qui va lui fournir des centaines de camions Chevrolet ou Ford qui, eux, sont standardisés à outrance. Car la General Motors et Ford sont implantés dans le pays et les usines peuvent fonctionner à plein régime. Le département de la guerre britannique s'était déjà, dès 1939, tourné vers le Canada, mais les commandes étaient jusque-là réduites. Une gamme de camions va naître de cette entente cordiale, les CMP (Canadian Military Pattern). Les deux grands de l'automobile vont s'entendre pour produire des véhicules assez semblables, avec bon nombre de pièces interchangeables, excepté les motorisations. Les cabines, les châssis et les suspensions seront pratiquement communs à bon nombre de CMP. Ceux-ci répondent bien sûr à différents tonnages en vigueur au sein de l'armée : 8 cwt, 15 cwt, 30 cwt et 60 cwt. Le premier client étant la Grande-Bretagne, ces camions possèdent une direction à droite (contrairement à la pratique canadienne). Plusieurs de ces camions tactiques furent aussi modifiés en véhicules de reconnaissance blindés, tels l'Otter ou le Lynx. Le Canada a produit durant toute la guerre quelque 857 970 véhicules militaires. Les CMP représentent presque la moitié de ce chiffre de production. L'Angleterre aligne à la fin de la guerre un million deux cent cinquante mille véhicules (sans compter les blindés) dont environ huit cent mille camions. Les États-Unis ont assemblé cinq cent soixante mille GMC et, approximativement, quatre cent mille autres camions. Certes, l'ensemble de ces véhicules est réparti sur plusieurs fronts (Extrême-Orient, Pacifique, Méditerranée et Europe), mais cela suffit à apprécier l'extrême mécanisation des armées alliées.

Une intense activité règne dans le secteur de Cherbourg. Le port n'a pas encore été remis complètement en activité, mais on assiste ici à une scène classique de déchargement des navires ancrés au large. Une véritable escadrille de GMC amphibies DUKW effectue des rotations entre les navires et la plage. Ne disposant pas de rampes d'accès, des grues sont nécessaires pour les décharger. Pendant ce temps-là, une noria de camions (des tracteurs Chevrolet et des GMC cargo à cabine avancée) attendent leur chargement. Les DUKW, une fois vides, repartent directement dans l'eau vers les navires. (NARA)

LES CAMIONS AMÉRICAINS

Big-Block

Le G 7 107 est le Chevrolet 4 x 4 construit en plus grand nombre. Presque un million cent trente mille exemplaires sortirent en effet des usines. La version pourvue d'un treuil à l'avant comme le modèle ci-dessus était le G 7 107. (Big-Block)

CHEVROLET G-7100 SÉRIES TRUCK, 1 1/2-TON, 4 X 4

Moteur : Chevrolet BV 1001, six cylindres, quatre temps, à soupapes en tête, 3 850 cm^3, développant 83 ch à 3 100 tr/min
Transmission : embrayage à sec avec boîte de vitesses à quatre rapports, boîte de transfert à deux rapports
Freinage : tambours hydrauliques sur les quatre roues
Suspensions : lames semi-elliptiques avec amortisseurs hydrauliques
Poids à vide : 3 420 kg
Charge utile : 1 500 kg
Poids total : 5 180 kg
Autonomie : 400 km
Réservoir : 114 litres
Vitesse maximale : 80 km/h

Ce camion est le GMC en version 4 x 4, mais il est produit directement par Chevrolet et non pas la Yellow Coach Company. Si le 6 x 6 est surnommé "Jimmy", le 4 x 4 est plus connu sous le sobriquet de "Chevy". Sa production débute en septembre 1940. La cabine tôlée est assez identique à celle du grand frère, mais, dans la grande majorité des cas, le véhicule conservera cette cellule alors que le "six roues motrice'" adopte une cabine torpédo vers 1943. En revanche, la caisse métallique des "cargos" disparaît progressivement au profit d'une caisse mixte bois et acier plus économique, puis d'une caisse entièrement en bois. Il sera décliné en une multitude de variantes (cargo, benne, citerne, tracteur, véhicule de lutte incendie aéroportuaire et même un gros fourgon tôlé) et un modèle à cabine avancée verra aussi le jour. Plus de cent cinquante mille de ces robustes 4 x 4 ont été assemblés au cours du conflit.

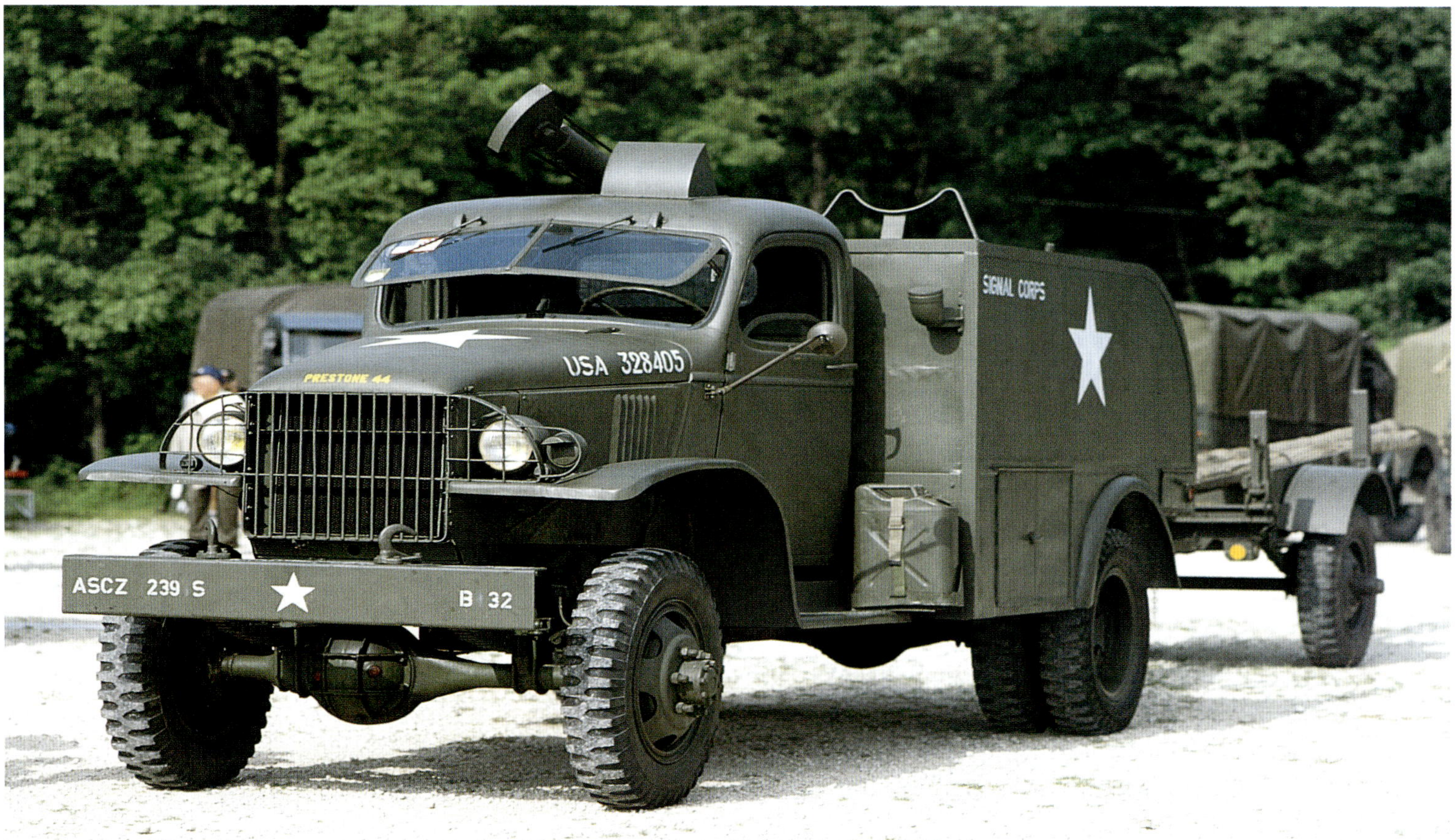

Étant affecté au Signal Corps, ce Chevrolet 1 1/2-Ton type 4 x 4 équipé d'un matériel spécifique reçoit la dénomination "K-44". Il s'agit d'un "Earth Borer & Polesetter", un véhicule avec une tarière destinée à forer des trous pour planter des poteaux téléphoniques. Il existait aussi une version pour le génie, absolument identique, mais, son affectation étant différente, il est référencé sous l'appellation "Earth Auger, M1". On remarque sur le toit de cabine la présence d'un rétroviseur permettant au conducteur de surveiller sa zone de travail tout en avançant. (Big-Block)

Le M6 était un véhicule porte-bombes opérant sur les aérodromes. Les armuriers prenaient place sur des banquettes latérales et une grue permettait de manipuler les bombes. Ce fut le seul Chevrolet de 1 1/2-ton à cabine torpédo et 7857 d'entre-eux furent produits. (Big-Block)

De construction entièrement métallique, la cabine des Chevrolet était très proche des productions civiles. La seule différence se situait au niveau du pare-brise qui pouvait s'ouvrir, nécessitant au passage de monter les essuie-glaces sur des articulations. (Big-Block)

Le Chevrolet en version tracteur offrait un poids total roulant peu élevé De fait, il ne pouvait tracter que des remorques plateau à simple essieu. Ce modèle est visiblement un modèle des premières productions (jusqu'en septembre 1941) qui porte encore, embouti sur les flancs de capot, le nom "Chevrolet". Ce marquage disparaîtra par la suite. Le freinage de la remorque était assuré électriquement. (Big-Block)

Un Chevrolet type G-7113 avec sa remorque plateau à ridelles se présente sur un terrain qui va être transformé en hôpital de campagne près de Carentan à la fin de juillet 1944. Cette image symbolise bien l'extrême abondance de matériel. On idéalise parfois trop le suréquipement du GI (il y eut de nombreux problèmes de ravitaillement qui ont souvent gêné la progression des Alliés), mais force est de reconnaître que le déploiement des troupes alliées s'est accompagné d'une logistique sans commune mesure avec tout ce qui a pu se faire durant les campagnes militaires précédentes. (NARA)

GMC ACK 353
TRUCK, 1 1/2-TON, 4 X 4

Moteur : GMC, six cylindres, quatre temps, à soupapes en tête, 4 065 cm^3, développant 93 ch à 3 100 tr/min
Transmission : embrayage à sec avec boîte de vitesses à quatre rapports, boîte de transfert à deux rapports
Freinage : tambours hydrauliques à dépression sur les quatre roues
Suspensions : lames semi-elliptiques avec amortisseurs hydrauliques
Poids à vide : 3 415 kg
Charge utile : 1 500 kg
Poids total : 5 170 kg
Autonomie : 400 km
Réservoir : 110 litres
Vitesse maximale : 80 km/h

Dérivé d'un modèle civil, l'ACK 353 faisait partie d'un lot de camions initialement destinés à l'armée française. La défaite de la France interrompit les livraisons et les véhicules furent finalement redirigés vers la Grande-Bretagne qui en reçut mille cinq cents. Ces séries disposaient encore de la cabine et de la calandre issues des productions civiles. Comme le GMC 6 x 6 type 352, l'ACK emportait une roue de secours derrière la cabine. Il s'agit d'un camion assez rare.

Big-Block

GMC 6 X 6

Le cheval de trait de l'Army

Le 6 x 6 produit par la General Motors de 1940 à 1945 est tout simplement le camion qui a été produit en plus grande quantité que n'importe quel autre poids lourd. Le seul utilitaire qui a été davantage assemblé est la Jeep. Indispensable, il est partout et tout le temps présent lors de la libération de la France.

GMC CCKW 352* ET 353
TRUCK, CARGO, *SWB, 2 1/2-TON, 6 X 6

Moteur : six cylindres, quatre temps, type 270, à soupapes en tête, 4 420 cm^3, développant 94 ch à 2 750 tr/min
Transmission : embrayage à sec avec boîte de vitesses à cinq rapports, boîte de transfert à deux rapports
Freinage : tambours hydrauliques Hydrovac sur les six roues
Suspensions : lames semi-elliptiques avec amortisseurs hydrauliques à l'avant
Poids à vide : 4 560 kg (*4 580 kg)
Charge utile : 2 500 kg
Poids total : 9 060 kg (*4 580 kg)
Autonomie : 385 km
Réservoir : 150 litres
Vitesse maximale : 80 km/h

Ce magnifique 352 châssis court attelé à une remorque à munitions M10 est un des tout premiers GMC militarisés. À l'intérieur, il a d'ailleurs conservé certains accessoires civils. Il s'agit donc en fait d'un 353, car à l'origine tous les 6 x 6 châssis long ou châssis court sont des 353. (collection Big-Block)

Un GMC CCKW 352 et sa remorque quittent un LCT dans le secteur d'Utah Beach. Il appartient à une unité d'observation de l'artillerie. Le fording kit d'étanchéité est en place, ce qui a nécessité de déposer les parois latérales du capot. (NARA)

Dans l'Hexagone, il suffit que l'on prononce le terme de "GMC" pour que soit désigné le mythique camion militaire américain. C'est dire combien il appartient à l'histoire. Tout commence à la fin des années 1930, lorsque l'armée américaine est en pleine motorisation de son parc automobile. Le Jimmy sera donc contemporain de la Jeep et autres Dodge WC.

En 1939, le ministère de la Guerre lance un programme de camion 6 x 6 auquel répondront plusieurs constructeurs, dont Studebaker, Mack et la Yellow Truck and Coach, une filiale de la General Motors Company. GMC fut choisi non pas parce que son véhicule était le meilleur, mais parce que la firme proposait un engin à coût réduit et surtout capable d'être immédiatement produit en très grande série. Ce premier 6 x 6 était le ACKWX 353 (A pour modèle de l'année 1940, C pour cabine conventionnelle (reculée), K pour pont avant moteur, W pour ponts en tandem arrière moteur, X pour transmission de marque Timken, et enfin "353" était le code du châssis). En fait, ce camion était très proche d'un modèle civil bon marché dont il reprenait de nombreux éléments. Plusieurs prototypes furent testés, puis l'ACKWX entra en production. Il s'agit d'un modèle de 411,5 cm d'empattement, motorisé par un six-cylindres de 91 ch avec une boîte Clark à quatre rapports et une boîte de transfert Timken associée à des essieux de la même marque. Alors que la guerre vient à peine de commencer en Europe, la France passe commande dans l'urgence de plusieurs ACKWX 353, mais avec un moteur de seulement 248 cid (4 063 cm^3). La débâcle empêchera l'armée française de prendre livraison de ces camions qui seront finalement livrés à l'armée britannique. Plus de deux mille six cents de ces GMC furent assemblés aux États-Unis (sans compter les mille modèles destinés originellement à la France), tous avec une caisse métallique Budd type Cargo.

Ce GMC est un modèle tardif, avec cabine torpédo et volant en bois. Il est ici armé d'une mitrailleuse lourde de 0,50 (12,7 mm) montée sur un anneau circulaire. Ce type d'affût n'était pas monté sur tous les véhicules, mais sur environ un quart des GMC. Il s'agit d'un affût standard qui équipe aussi d'autres véhicules. (Big-Block)

Des dizaines de GMC commencent à débarquer des lourds LST échoués près d'Omaha Beach. Les ballons antiaériens qui flottent dans le ciel sont des armes de dissuasion empêchant les attaques à basse altitude. Le camion au premier plan tracte une remorque deux essieux Fruehauf de 2 tons freinée électriquement. (NARA)

Un modèle presque définitif

En octobre 1940, l'armée américaine, satisfaite du 6 x 6, demande quelques modifications afin de simplifier et de rationaliser la production. L'ACKWX devient alors le CCKWX (la lettre C se référant à l'année fiscale 1941). Mais les améliorations sont en fait plus nombreuses : le nouveau moteur GMC de 270 cid (4 420 cm^3) est désormais installé sous le capot. Outre une cylindrée et une puissance supérieures, ce six-cylindres (mieux usiné, mais uniquement prévu pour les militaires, alors que le 256 avait une origine civile) dispose d'une double filtration d'huile et d'un meilleur refroidissement de la culasse. Il permet en fait au camion de tenir la moyenne de 40 mph (environ 65 km/h) demandée par les militaires, ce qui, au passage, nécessita aussi l'ajout d'une cinquième (par overdrive) à la boîte de vitesses. Le réservoir d'essence passe à 40 US gallons (151 litres), ce qui n'est pas un luxe, car le camion consomme de 35 à 45 litres aux 100 kilomètres, selon la conduite et l'état de la route. Sans être gargantuesque, cette consommation effrénée des convois de GMC acheminant vivres, munitions, hommes et essence aux troupes en mouvement posera quelques problèmes juste après la campagne de Normandie, lors de la percée américaine vers l'ouest. La précieuse essence indispensable aux chars de combat était préalablement "avalée" par les camions chargés de les ravitailler ! L'empattement est, quant à lui, modifié pour atteindre 145 inches (368,3 cm en châssis court) ou 164 inches (416,6 cm en châssis long), des valeurs qui resteront les mêmes durant toute la production du temps de guerre. Un treuil à l'avant est également proposé, mais tous les GMC ne le reçoivent pas. Le châssis court avait été conçu uniquement pour les camions tracteurs d'artillerie, afin d'accroître leur mobilité. Ils se distinguaient par un réservoir d'essence logé en travers du châssis, juste derrière la cabine, surmonté de deux roues de secours pouvant être fixées jumelées sur l'essieu avant, afin d'améliorer la motricité en terrain boueux (on retrouve cette caractéristique sur d'autres 6 x 6 comme les Ward la France M1A1). Sur le CCKWX, les transmissions et les ponts restent de marque Timken et l'électricité en 6 volts. Enfin et surtout, l'ensemble capot et ailes a été simplifié et perd son aspect civil. Les phares ne sont toutefois pas encore de type black-out (les États-Unis ne sont pas en guerre), mais la peinture kaki mat, dite "Olive Drab", fait son apparition. L'intérieur de la cabine conserve son origine civile avec un cadran horizontal, un cendrier et des housses de sièges typiques. Seuls les chromes ont disparu. Si la plupart des véhicules de cette première tranche de "Jimmy" conservent une caisse Cargo Budd, on note pour la première fois d'autres carrosseries. Jusqu'en février 1941, environ treize mille deux cents camions sont produits. Après le printemps 1941, le CCKWX cède la place au CCKW avec des ponts General Motors, un filtre à huile modifié et une batterie plus grosse.

Le moteur du GMC contribua grandement à la légende du 6 x 6. Il s'agit d'un six-cylindres en ligne à soupapes en tête de 270 cid, version réalésée du 256 cid (4,2 litres) de 1940-1941. Ce premier moteur (celui des ACKWX 353) était un bon moteur, mais les militaires voulaient un peu plus de puissance. GMC modifia en dix-neuf jours le 256 pour le porter à 270 cid (4,4 litres) en augmentant la course. Si la puissance était accrue, ce moteur "longue course" appréciait peu les hauts régimes. Ce moteur, le dernier six-cylindres de GMC, fut produit jusqu'en 1962 ! (Big-Block)

La hauteur de chargement était plutôt élevée, à cause entre autres des ponts moteur et de la garde au sol importante. (Big-Block)

NARA

Big-Block

Le GMC 352 à châssis court se reconnaît facilement à son réservoir de carburant transversal et à ses roues de secours placés au-dessus du châssis derrière la cabine. (Big-Block)

Ci-contre et en haut à droite, la version benne se distinguait des classiques versions cargo par sa caisse relevable hydrauliquement, les mécanismes étant produits par des firmes comme Anthony, Heil ou Hercules.
Il y eut au total près de quarante-huit mille quatre cents GMC benne, tous sur châssis long CCKW 353.

Une cabine simplifiée

Afin de standardiser encore la production du 2 1/2-Ton de GMC, la cabine fut considérablement simplifiée vers mai 1941. Le tableau de bord reçut les cinq cadrans qui devinrent la règle sur tous les véhicules militaires et leur éclairage était confié à des lampes non intégrées aux cadrans. Techniquement, le camion évolua sensiblement avec l'abandon du freinage hydraulique par pompe à vide, remplacé par un freinage hydraulique Bendix Hydrovac. L'électricité fut légèrement modifiée. La troisième série de GMC CCK adopta enfin un système électrique plus puissant, mais la pénurie de caoutchouc (réservé aux pneumatiques) obligea à enlever certains éléments, comme les entourages de la vitre arrière et les tapis de sol, ou bien à modifier le volant qui est désormais en bois. Pour faire face à la demande, Chevrolet dut à son tour arrêter la production de voitures et se consacrer à l'effort de guerre. De juillet à septembre 1942, près de quinze mille "chevaux de trait de l'armée" (*Workhorse of the Army*) tombent ainsi des sites de production de la GM. Dès août 1942, une nouvelle cabine torpédo (sans portières) fait son apparition (cabine modèle 1619) et la caisse arrière type cargo est désormais en bois (matériau non stratégique). Les États-Unis étant en guerre

Voici trois cabines de GMC qui marquent les évolutions majeures du véhicule et qui visent à simplifier et à économiser les matériaux. Ci-dessus, une cabine civile avec encore le compteur de vitesse horizontal. À gauche, une cabine fermée avec le tableau de bord standardisé à cinq cadrans, et enfin au centre la cabine torpédo qui conserve les mêmes cadrans, mais dont la planche de bord est nettement simplifiée au niveau de l'embouti. On note aussi le volant en bois. (Big-Block)

depuis décembre 1941, les véhicules envoyés sur les différents théâtres d'opérations (à commencer par l'Afrique du Nord) sont dorénavant équipés d'un phare black-out installé sur l'aile avant gauche, qui est alors élargie (ces modifications sont appliquées à tous les véhicules alors en service). Le refroidissement moteur est amélioré. Vers avril 1943, tous les nouveaux 6 x 6 sont désormais à cabine ouverte torpédo et caisse cargo en bois. Le moteur type 3020 qui apparaît en mai 1943 est équipé d'un carter d'huile compartimenté pour éviter le déjaugeage sur les terrains accidentés. Toutes ces améliorations pouvaient être apportées sur le terrain via des kits livrés aux unités au gré des opérations de maintenance ou lors de réparations importantes après des accidents.

Au milieu de l'année 1943, la *Yellow Truck and Coach* devient la *General Motors Truck and Coach Division*. La cabine ouverte reçoit une nouvelle variante de capote, beaucoup plus efficace contre la pluie et le vent. Quand la cinquième série de GMC entre en production

Le GMC compresseur est un indispensable véhicule de servitude. Le compresseur d'air Leroy dispose de son propre moteur quatre cylindres de 34 ch pour un débit de 3 m³/h (un modèle de 6 m³/h est aussi entré en service). Ce type de véhicule était en dotation au sein des unités du génie pour alimenter en air un grand nombre d'outils pneumatiques (marteaux-piqueurs, cisailles, outils de sciage…) ou bien pour gonfler les canots pneumatiques indispensables lors de la construction de ponts provisoires. Sur la photo ci-contre, un GMC à compresseur est déployé dans le port de Cherbourg lors de la remise en état des infrastructures. (Big-Block et NARA)

Le châssis du GMC servit à de nombreuses carrosseries. Il s'agit ici d'un simple conteneur radio placé dans la caisse cargo du camion. (Big-Block)

Cette citerne de l'Air Force n'est pas remplie de carburant à haut indice d'octane, mais d'huile. Elle contient 660 gallons (2 500 litres) du précieux lubrifiant. Sa réalisation était confiée à la Heil Company. (NARA)

Le GMC avec cabine atelier (Truck, Ordnance Maintenance, 2 1/2-Ton, 6 x 6) était destiné aux unités de l'Ordnance Corps chargée de la réparation des véhicules, mais pas seulement. En fait, selon l'usage, la caisse pouvait être équipée de matériels et d'outillages pour la réparation et l'entretien des armes à feu, des canons, des véhicules à roues, des instruments de mesure, etc. (Big-Block)

à partir de février 1944, le camion devient encore plus résistant. À l'usage, l'armée américaine s'est rendue compte que bon nombre de Jimmy sont utilisés en surcharge. Il faut avouer que le CCKW 353 est capable d'emporter autant que son propre poids mort (il pèse à vide en version cargo 4 560 kg). Le cadre de châssis est considérablement renforcé et le moteur type 3431 adopte un nouveau carburateur Zenith robuste, mais nettement moins efficace que l'ancien (car dépourvu d'accélérateur à pompe de reprise), accouplé à un gros filtre à air qui, lui, s'avère une réussite (il sera utilisé sur pratiquement tous les véhicules à roues de l'US Army et même sur les gros camions de la série M. de l'armée après la guerre). Cette cinquième série se distingue aussi par une nouvelle caisse cargo de construction mixte acier/bois. La dernière et sixième série, introduite en novembre 1944, est encore améliorée avec quelques modifications moteur (pompe à essence, distributeur...) et une nouvelle commande de l'éclairage des phares. À la fin du conflit, le cargo est de loin la version qui a été la plus répandue, toutes séries confondues (ACKWX, CCKWX et CCKW), avec un total de quatre cent cinq mille deux cent trente-trois exemplaires. Rien que pour l'année 1943, il en est sorti quatre-vingt-six mille trois cent dix-huit, soit une moyenne de deux cent trente-six par jour ! D'autres versions ont naturellement vu le jour (benne, citernes, châssis nu, sans oublier les versions amphibies DUKW), mais, dans l'esprit, c'est bien le cargo qui symbolise, avec la Jeep, la mécanisation des armées américaines durant la Seconde Guerre mondiale. Il y eut naturellement de très nombreuses variantes de carrosseries : benne hydraulique, caisse pouvant recevoir divers aménagements (magasins, ateliers, poste radio, soins dentaires, reproduction de cartes, unités chirurgicales...), citerne à eau, à carburant ou à lubrifiant, compresseur Leroi, transports spéciaux ... Le châssis s'adapta à une multitude de missions.

*Ci-dessous :
Ce GMC était le camion du réconfort.
Ce type de véhicule de la Croix-Rouge stationnait en retrait du front, près des unités au repos. On y venait pour quémander un beignet (doughnu), du café et autres douceurs typiquement américaines. (Big-Block)*

Lil'Nelli est un GMC avec shelter de commandement. Il monte en marche arrière à bord du LST 134 en tirant une remorque avec une simple chaîne. Sur le garde-boue avant est roulé un filet de camouflage. Le flexible d'alimentation en air du fording kit est bien visible le long du montant gauche du pare-brise. La plaque de tonnage jaune à l'avant semble avoir été découpée dans un fond de boîte de conserve avant d'être peinte en jaune. Le conducteur et l'homme qui l'observe ont déjà autour de la taille leur ceinture de sauvetage. Le camion appartient à une unité de commandement de la 1re division, la Big Red One qui va essuyer le 6 juin de terribles pertes à Omaha Beach. (NARA)

LA RED BALL EXPRESS

Pour assurer le transport routier jusqu'à la ligne de front, les services de logistique ont mis au point plusieurs voies de ravitaillement. Les MSR (*main supply roads*) sont les routes principales de ravitaillement. Il s'agit d'une grande route à double sens, véritable artère sur laquelle transitent les convois dans un sens, puis dans l'autre. Les *one-way roads* sont des routes à sens unique. Les véhicules chargés empruntent la route montante, puis redescendent, vides, par une seconde route. Les *one-way roads* sont temporaires et peuvent redevenir ensuite des *main supply roads*. Le but est de faciliter au maximum la fluidité du trafic sans mobiliser trop de personnel. Si l'on souhaite accélérer la cadence, la route à sens unique permet de rouler en colonne serrée en réduisant les distances de sécurité. De jour, un convoi se déplace en moyenne à 48 km/h, mais la vitesse tombe à 18 km/h la nuit. Sur ces axes, la circulation civile est interdite.

La Red Ball Express est le nom donné à l'une de ces *one-way roads*. Cette "voie sacrée" américaine est ouverte officiellement le 16 août 1944. Elle a été conçue dans l'urgence en moins de trente-six heures et, si elle ne fonctionna que trois mois (d'août à novembre 1944), elle permit d'accélérer grandement le ravitaillement des divisions alliées engagées vers l'est et vers le sud-ouest. La Red Ball Express ne permettait pas aux véhicules d'acheminer directement les munitions, la nourriture et le matériel vers les zones de combats, mais elle aboutissait dans divers dépôts spécifiques (carburant, vivres, munitions, pièces détachées...). Tout au long de la route, certains villages étaient transformés en bivouac pour les équipages, majoritairement des soldats de couleur qui, s'ils n'avaient pas le droit d'intégrer des unités combattantes, ont été largement employés dans les services de logistique. Des centaines de garages improvisés étaient aussi disséminés. On comptait au total mille cinq cents interventions par jour.

La plupart des réparations étaient liées à des négligences : non-respect des distances de sécurité (minimum 20 m), de la vitesse maximale (60 km/h) ou des limites de charge utile. Sans compter les "bidouilles" des chauffeurs qui n'hésitaient pas à enlever les systèmes bridant le régime moteur. Et l'on vit débouler sur la Red Ball des GMC 6 x 6 chargés comme des baudets et s'élancer sur des routes parfois en très mauvais état à plus de 120 km/h ! Un camion endommagé était irrémédiablement retiré du convoi et mis sur le bas-côté pour permettre aux autres véhicules de continuer. Son chargement était ensuite très rapidement transféré sur un véhicule de remplacement. Le chauffeur, s'il n'était pas blessé, reprenait alors la route au volant du nouveau camion et rejoignait son dépôt.

Un panneau annonçant le tonnage du jour qu'il faut tenter d'atteindre. La petite flèche annonce 14 000 tonnes. Au total, 425 000 tonnes seront acheminées entre août et novembre 1944. (NARA)

Les moteurs sont chauds. Chacun des équipages a vérifié les niveaux et inspecté son véhicule. Dans quelques instants, le convoi va s'ébranler... (NARA)

Outre ces centres de réparations rapides, d'autres centres plus importants étaient chargés de reconditionner les camions ; la plupart étant des GMC, la maintenance lourde était facilitée. On n'hésitait pas à "cannibaliser" un 6 x 6 irréparable. La question des pneumatiques fut un vrai cauchemar. Lors de la poussée vers l'est, les pneus neufs se firent de plus en plus rares. Le caoutchouc naturel provenait de régions occupées par les troupes japonaises en Extrême-Orient et la pénurie de pneumatiques prit les Alliés au dépourvu. De sévères restrictions furent établies aux États-Unis pour la circulation des véhicules civils, mais cela ne suffit pas. Le rechapage ne concerna qu'environ 10 % des pneumatiques et, jusqu'à la fin de la guerre, les gommes chaussant les roues des Jeep et des GMC étaient usées jusqu'à la corde.

Le débit de la Red Ball Express culmine la journée du 29 août lorsque cent trente-deux compagnies de camions (soit cinq mille neuf cent trente-huit véhicules) l'empruntent pour délivrer 12 350 tonnes de ravitaillement. À la mi-novembre 1944, la Red Ball a alimenté les unités sans discontinuer, de nuit comme de jour et sept jours sur sept, en fournissant 415 000 tonnes d'essence, d'huile, de munitions et de vivres. Presque quatre-vingt-quinze mille hommes du Quartermaster Corps œuvrèrent à son bon fonctionnement.

La Red Ball Express était une voie à un seul sens. Rien ne devait entraver le débit des convois et les civils ne devaient pas circuler sur ces routes stratégiques qui suivaient les unités militaires en train de s'enfoncer toujours plus à l'est. (NARA)

Route glissante ? Pneus mal gonflés ? Chauffeur assoupi ? En tout cas, ce GMC a fait une belle pirouette et ses jerrycans de carburant se sont renversés sans s'enflammer. Par chance, le temps est humide ! Le Diamond T de dépannage s'active au plus vite pour laisser le convoi reprendre sa route. (NARA)

Des dépôts sont constitués tout au long des routes. On entretient ou l'on répare les véhicules. Les camions visibles ici sont des Mack NR, des gros porteurs de 10 tons débarrassés de leur caisse (à moins que celle-ci n'ait pas encore été montée). Vu l'état des peintures, ce sont soit des engins neufs fraîchement arrivés dans ce dépôt, soit ils ont été entièrement reconditionnés. Les civils sont en tout cas requis pour donner un coup de main. (NARA)

À droite, des camions tracteurs Chevrolet avec leur remorque de 3,5 tons abordent une intersection contrôlée par un MP. Chaque conducteur respecte les distances de sécurité. (NARA)

Ci-dessous, cette fois, c'est la neige qui a eu raison de ce GMC. Le plus comique est que le GMC planté dans l'ornière est un véhicule de dépannage ! Au fur et à mesure de l'avancée vers le nord-est, le climat devient d'autant plus rude que l'automne puis l'hiver s'installent. (NARA)

GMC DUKW

Un canard efficace !

Le GMC DUKW fut un véhicule déterminant pendant les premiers jours du débarquement. Dans certains secteurs, comme à Omaha Beach, il assura une grosse partie du ravitaillement entre les navires ancrés au large et la tête de pont. Ce véhicule amphibie s'avéra extrêmement efficace, car il avait les mêmes performances qu'un camion sur terre et manœuvrait aisément en mer.

GMC DUKW 353
TRUCK, AMPHIBIAN, 2 1/2-TON, 6 X 6

Moteur : six cylindres, quatre temps, type 270, à soupapes en tête, 4 420 cm^3, développant 94 ch à 2 750 tr/min
Transmission : embrayage à sec avec boîte de vitesses à cinq rapports, boîte de transfert à deux rapports, prise de force entraînant une hélice en bronze
Freinage : tambours hydrauliques Hydrovac sur les six roues
Suspensions : à l'avant, lames semi-elliptiques avec amortisseurs hydrauliques ; à l'arrière, bogie avec lames semi-elliptiques inversées
Poids à vide : 6 560 kg
Charge utile : 2 500 kg
Poids total : 9 450 kg
Autonomie : 360 km
Réservoir : 150 litres
Vitesse maximale : 80 km/h

En prévision des futures opérations amphibies, le *National Defense Research Committee* américain élabore, fin 1941, un cahier des charges précis : le véhicule doit avoir de bonnes qualités nautiques, mais doit aussi pouvoir rouler sur la terre ferme aussi aisément qu'un camion pour désengorger les plages au plus vite, éviter les ruptures de charges et effectuer rapidement des rotations. De plus, il sera toujours utile pour traverser les fleuves et rivières qui ne manquent pas en Europe. La petite histoire veut que l'armée fit la moue devant un tel projet. Mais, début 1942, un événement anecdotique va précipiter les choses : des garde-côtes américains en perdition furent sauvés dans des conditions

Big-Block

difficiles par un DUKW faisant des essais près de Provincetown dans le Massachusetts et les derniers doutes quant à l'utilité réelle de ce véhicule furent ainsi rapidement levés. Afin de ne pas perdre de temps, il est décidé de s'adresser à la marque qui est le plus impliquée dans la fabrication des camions. Ce spécialiste, c'est la Yellow Truck, filiale de General Motors Company (GMC). La marque a en effet conçu plusieurs châssis 6 x 6 réputés dont le AFKWX 353 à cabine avancée. Mais GMC n'a pas de connaissances dans le domaine des engins amphibies. Et une fois de plus, l'industrie américaine, entièrement dévolue à l'effort de guerre, va réagir promptement. Début 1942, GMC se tourne vers un spécialiste des coques de bateaux, en l'occurrence la Sparkman & Stephen Inc. implantée à New York et qui s'était spécialisée dans la construction de yachts. Du GMC AFKWX 353, on ne conservera que l'empattement (4,16 m), les organes mécaniques et les trains roulants. Pour assurer la flottabilité, le GMC amphibie comprend une coque métallique étanche fixée par une ossature rigide. Identique à celle du camion GMC, la chaîne cinématique fait appel au moteur six cylindres "270" à essence de 104 ch (à boîte de vitesses à cinq rapports avec boîte de transfert à deux rapports). Pour avancer dans l'eau, une hélice en bronze débrayable de 63,5 cm est actionnée en sortie de boîte de vitesses par un long ensemble d'arbres et de cardans. Un petit gouvernail est aussi placé à l'arrière, conjugué avec la direction. Si, sur terre, les performances étaient celles du 6 x 6, la vitesse était réduite à 10 km/h sur l'eau. En outre, pour aborder facilement les sols sablonneux, un système de gonflage-dégonflage rapide des pneumatiques a été prévu (c'est la première fois qu'un tel système était expérimenté et adopté). Ce système est directement commandé au tableau de bord et deux petits compresseurs d'air alimentant un petit réservoir permettent de revenir à une pression plus élevée pour rouler sur les sols durs. Un pare-vague rabattable est monté à l'avant pour protéger l'équipage et le capot moteur des remous et des embruns. Enfin, un treuil est aussi monté à l'arrière. Comme le camion terrestre, le 6 x 6 est intégré à la classe des 2 1/2 tons de charge (soit environ 2,3 tonnes métriques). À l'automne 1942, le véhicule est prêt à entrer en production, et c'est l'usine Pontiac du Michigan qui va assurer la production en série…

Cette publicité des bougies automobiles AC met en scène un GMC DUKW sur le front du Pacifique. Contrairement à ce que laisse entendre ce dessin, le camion amphibie est tout sauf un engin d'assaut. Il n'est pas blindé et les troupes ne peuvent être mises à terre qu'en sautant par-dessus le franc-bord. De plus, il est assez haut sur pattes ! En fait, le DUKW excelle en débarquant les marchandises une fois les plages sécurisées. (Collection Big-Block)

Une meute de canards est lâchée ! Ces DUKW font route vers Utah Beach. Ils sont remplis à ras bord. En 1944, les DUKW servent presque exclusivement au transport de marchandises. (NARA)

Pour charger le GMC amphibie, il faut avoir à sa disposition une grue, puisqu'il n'y a pas de seuil de chargement, coque étanche oblige ! La plupart du temps, les DUKW embarquent avec eux des filets de manutention qui facilitent les opérations. (NARA)

Le camion canard

Dans la nomenclature GMC, le véhicule est le DUKW : D pour l'année 1942, U pour la carrosserie amphibie, K pour l'essieu avant moteur et W pour les essieux doubles arrière moteurs. Évidemment, les Américains aimant les surnoms très "phonétisés", le DUKW devient immanquablement le *duck*, ou canard. Non blindé, le GMC amphibie peut toutefois être équipé d'une arme de 12,7 mm sur un anneau, comme sur bon nombre de 6 x 6 CCKW 353. Il est utilisé pour la première fois en mars 1943, dans le Pacifique, lors d'une opération de débarquement menée en Nouvelle-Calédonie, à Nouméa. Lors du débarquement de Salerne en Italie, fin 1943, cent cinquante DUKW sont intensivement utilisés pour acheminer troupes, munitions et autres ravitaillements. S'il n'est pas conçu pour de grandes traversées (au même titre que les péniches de débarquement, d'ailleurs), il a fait preuve de réelles capacités nautiques en traversant la Manche. Normalement, il est amené à pied d'œuvre par des navires plus gros qui le mettent à l'eau, le plus souvent des LST dont les portes avant peuvent s'ouvrir même en pleine mer. Il peut alors commencer ses navettes entre le bâtiment et la terre ferme. Pratique, il est toutefois handicapé par le fait qu'il ne peut être chargé et déchargé que par une grue, car il ne dispose pas, pour d'évidentes raisons d'étanchéité, de rampes d'accès à la caisse arrière. En outre, il ne peut débarquer que sur des plages sécurisées présentant une surface sablonneuse et plane, et surtout pas trop pentue. Dans le Pacifique, certaines opérations amphibies seront plus difficiles à cause des barrières de corail ou de plages faites de galets, et les marines lui préféreront les chenillés semi-blindés et amphibies type LVT Alligator. En revanche, à Iwo Jima, en mars 1945, les seuls véhicules capables de se sortir de la plage furent les DUKW grâce à leur pression de gonflage qui pouvait varier. Malgré quelques défauts, sa fiabilité en fit un outil de choix, car plusieurs dizaines de DUKW pouvaient en quelques heures vider un Liberty Ship. Des norias de "canards" évitaient aussi aux navires de type LST de venir inutilement congestionner les plages, car, une fois échoués, ces bateaux devaient attendre la marée haute pour "culer". En outre, ils étaient pendant ce temps-là des cibles privilégiées et pouvaient subir des tirs d'artillerie adverse. Au total, près de mille cent quarante-sept de ces utiles 6 x 6 amphibies ont été assemblés.

Pour fêter dignement les 500 000 tons d'équipement débarqué par les DUKW au Havre, une photo souvenir a été réalisée fin 1944. On sous-estime un peu le rôle du "canard" de GMC, mais il fut tout aussi utile que le CCKW 353. (NARA)

Un DUKW débarque d'un LST (bizarrement en marche arrière). Le véhicule conserve le même moteur et les six roues motrices du CCKW 353, mais il a une structure monocoque, ce qui lui permet de garder un poids raisonnable malgré la présence de la coque. Sur route, les performances sont tout aussi honorables. (NARA)

La charge utile du GMC amphibie est moins importante que celle de son homologue purement terrestre, mais une Jeep peut prendre place à bord. (NARA)

GMC AFKWX 353 TRUCK, CARGO, COE, 15 FT BODY, 2 1/2-TON, 6 X 6

Moteur : six cylindres, quatre temps, type 270, à soupapes en tête, 4 420 cm^3, développant 94 ch à 2 750 tr/min
Transmission : embrayage à sec avec boîte de vitesses à cinq rapports, boîte de transfert à deux rapports
Freinage : tambours hydrauliques Hydrovac sur les six roues
Suspensions : à l'avant, lames semi-elliptiques avec amortisseurs hydrauliques ; à l'arrière, bogie avec lames semi-elliptiques inversées
Poids à vide : 4 900 kg
Charge utile : 2 300 kg
Poids total : 6 535 kg
Autonomie : 385 km
Réservoir : 150 litres
Vitesse maximale : 75 km/h

Il s'agit de la version à cabine avancée du CCKW 353, ce qui a permis de placer un plateau cargo beaucoup plus long. Deux tranches de ces COE (*Cab Over Engine*, ou cabine avancée) ont été fabriquées, deux mille deux cent trente-deux exemplaires entre 1942 et 1943 (avec caisse cargo de 15 pieds) suivis de cinq mille autres à partir de 1944 (avec caisse cargo de 17 pieds et cabine torpédo). Il partage beaucoup d'éléments mécaniques avec la version à cabine reculée (mécanique, transmission et châssis), mais sa charge utile est plus faible.

L'ACKW a une cabine plus avancée que le CCKW 353, ce qui lui permet d'avoir une caisse un peu plus longue. Mais il est aussi plus lourd, car davantage de métal entre dans la fabrication de sa cabine. (D.R.)

AUTOCAR U 7144T TRUCK TRACTOR 4-5-TON, 4 X 4

Moteur : six cylindres Hercules RXC quatre temps à soupapes latérales de 8 672 cm^3 et 112 ch à 2 300 tr/min
Transmission : embrayage à sec avec boîte de vitesses à cinq rapports, boîte de transfert à deux rapports
Freinage : tambours à air comprimé sur les quatre roues
Suspensions : lames semi-elliptiques avec amortisseurs hydrauliques
Poids à vide : 5 530 kg
Poids total : 9 616 kg
Charge utile : 4 080 kg
Autonomie : 320 km
Réservoir : 227 litres

Ce tracteur à traction intégral fut produit pendant toute la guerre par Autocar, à raison de 11 104 exemplaires. White réalisa quant à lui un modèle très proche, le 444T (2 751 exemplaires). Ce tracteur à cabine semi-avancée fut proposé avec cabine tôlée ou type torpédo (pare-brise rabatable et toit en toile) et c'est ce dernier qui fut surtout présent lors de la campagne d'Europe. À la fin du conflit, Kenworth et Marmon-Herrington furent approchés pour en assembler un certain nombre. Beaucoup de tracteurs Autocar étaient utilisés au sein d'unités anti-aériennes pour tracter des semi-remorques transportant le matériel de transmission.

Un mécanicien graisse consciencieusement l'axe des ressorts de suspension de son autocar U-7144. (NARA)

Le U 8144T est un tracteur du génie conçu spécifiquement pour tracter des semi-remorques porte-ponton. Son empattement est rallongé pour pouvoir fixer une caisse d'outillage derrière la cabine. Mack a aussi produit un tracteur pour le même usage, le NJU-1. (Collection Big-Block)

DIAMOND T 968
TRUCK, CARGO, SWB, 4-TON, 6 X 6

Moteur : six cylindres Hercules RXC, quatre temps, à soupapes latérales, 8 672 cm³, développant 106 ch à 2 300 tr/min
Transmission : embrayage à sec avec boîte de vitesses à cinq rapports, boîte de transfert à deux rapports
Freinage : tambours à air comprimé sur les six roues
Suspensions : à l'avant, lames semi-elliptiques avec amortisseurs hydrauliques ; à l'arrière, bogie avec lames semi-elliptiques inversées
Poids à vide : 8 346 kg
Poids total : 11 950 kg
Charge utile : 3 750 kg
Autonomie : 250 km
Réservoir : 225 litres
Vitesse maximale : 65 km/h

Big-Block

Cette publicité met en avant le retour de Diamond T sous l'uniforme "comme en 1917" (date de l'entrée en guerre des États-Unis pendant la Grande Guerre). La dépanneuse type 969 travaille latéralement. Les deux flèches sont mises à contribution pour sortir du compartiment moteur du char léger M3 un moteur radial. Elles peuvent normalement pivoter sur 270°. (Collection Big-Block)

À droite, un Diamond T 969 en action. La cabine tôlée est remplacée vers 1943 par une cabine torpédo. Le wrecker tracte un tracteur Federal 94 x 93 à l'aide de sa barre de remorquage. (NARA)

Le Diamond T est le seul digne représentant de la classe des 4-Ton qui a été "standardisé". Il s'agit d'un modèle civil qui débute sa carrière sous l'uniforme en 1940 sous la dénomination "967". La version militaire cargo 968 A, puis 968 B, sera la plus diffusée à partir de 1941. Elle sera disponible en empattement court (SWB) ou long (LWB) et même en extralong (modèle 975) pour les forces canadiennes. Tout comme les GMC, le Diamond T 968 dispose à partir de 1943 d'une cabine torpédo plus économique, qui permet, dans environ un quart des camions, de monter un arceau M36 pour mitrailleuse de 12,7 mm. Son châssis est suffisamment robuste pour tracter de l'artillerie, mais il servira aussi à bon nombre de variantes (benne, porte-pontons, grues, dépanneuse, citernes). La production totale a atteint trente et un mille deux cent quarante-cinq exemplaires.

Un Diamond T 868 est déchargé d'un cargo. Ce n'est pas visible au premier coup d'œil, mais c'est un camion nettement plus gros que le GMC 6 x 6. (NARA)

Ci-dessus, le Diamond T 969 est une dépanneuse (wrecker, en américain) de classe moyenne (4-Ton) qui vient épauler les "lourds" Ward la France et Kenworth des séries 571. Le châssis est un 6 x 6 identique à peu de choses près à celui du 967. Le système de levage Holmes est composé de deux flèches qui peuvent travailler de façon indépendante en levage ou bien être couplées dans l'axe pour des efforts de traction ou de levage lourd (jusqu'à 4,55 tonnes). Le treuil actionnant les câbles est entraîné par une prise de force. Le camion est aussi équipé de chandelles de maintien, d'un poste de soudure et d'un compresseur d'air. (Big-Block)

NARA

FEDERAL 94X43 TRUCK TRACTOR 4-5-TON, 4 X 4

Moteur : six cylindres Hercules RXC quatre temps à soupapes latérales de 8 672 cm^3 et 112 ch à 2 300 tr/min
Transmission : embrayage à sec avec boîte de vitesses à cinq rapports, boîte de transfert à deux rapports
Freinage : tambours à air comprimé sur les quatre roues
Suspensions : lames semi-elliptiques avec amortisseurs hydrauliques
Poids à vide : 5 420 kg
Poids total : 9 510 kg
Charge utile : 4 100 kg
Autonomie : 340 km
Réservoir : 234 litres

Très semblable à l'Autocar U 7144T (dont il partage l'empattement, la mécanique et la monte pneumatique), le tracteur Federal était un peu moins lourd sur la balance grâce à une cabine légèrement différente. Le modèle "A", très proche de la version civile avec une cabine tout acier, cède progressivement sa place aux modèles "B" et "C" purement militaires, à cabine ouverte. Il sortit des usines Federal neuf mille cent dix-neuf tracteurs 94x43. Il pouvait tracter des semi-remorques de différents gabarits, dans la limite des 5-Ton.

À gauche, un Federal magnifiquement restauré. Il est équipé d'un anneau porte-mitrailleuse. (Big-Block)

INTERNATIONAL H-542-9-11 TRUCK TRACTOR, 5-TON, 4 X 2

Moteur : six cylindres IH RED, quatre temps, à soupapes en tête, 7 393 cm^3, développant 124 ch à 2 600 tr/min
Transmission : embrayage à sec avec boîte de vitesses à cinq rapports, ponts à double réduction
Freinage : tambours à air comprimé sur les quatre roues
Suspensions : lames semi-elliptiques avec amortisseurs hydrauliques
Poids à vide : 5 430 kg
Poids total : 11 000 kg
Charge utile : 4 500 kg
Autonomie : 350 km
Réservoir : 298 litres
Vitesse maximale : 60 km/h

Avec son moteur vigoureux International type Red, ce tracteur offrait un poids total roulant plutôt élevé. Mais, n'étant pas un 4 x 4, il était réservé à la traction sur route en très bon état. Apparu plus tardivement que ses homologues tracteurs à quatre roues motrices, ce COE (*Cabour Enquire*) fut tout d'abord produit à six mille six cent soixante-dix-huit exemplaires dans sa version H-542-9 puis, à la fin de la guerre, les derniers quatre mille quatre cents autres exemplaires (assemblés par Kenworth et Marmon-Herrington) furent mis aux standards du H-542-11. Ce dernier était identique, excepté un renforcement des suspensions lui permettant de tracter des remorques de 10 tons, le modèle précédent étant limité à la traction de remorques de 5 tons.

WHITE 666
TRUCK, PRIME MOVER, 6-TON, 6 X 6

Moteur : six cylindres Hercules HXC, quatre temps, à soupapes latérales, 14 016 cm^3, développant 202 ch à 2 150 tr/min
Transmission : embrayage à sec avec boîte de vitesses à cinq rapports, boîte de transfert à deux rapports, ponts à double réduction
Freinage : tambours à air comprimé sur les six roues
Suspensions : à l'avant, lames semi-elliptiques avec amortisseurs hydrauliques ; à l'arrière, bogie avec lames semi-elliptiques inversées
Poids à vide : 10 115 kg
Poids total : 15 505 kg
Charge utile : 5 000 kg
Autonomie : 235 km
Réservoir : 290 litres
Vitesse maximale : 60 km/h

Cet imposant camion a été produit aussi par Corbitt (dénommé "50 SD6") et certaines variantes spécifiques (poseur de pont ou dépanneuses lourdes) par Brockway ou Ward la France. La production totale dépasse vingt et un mille exemplaires. Sur la photo ci-dessus, le camion tracte ce qui semble être une remorque avec avant-train articulée de 20 tons de marque Rogers ou La Crosse.

NARA

Le Brockway 666 ressemble beaucoup au White 666, mais il sert au sein des unités du génie pour le transport de ponts (B666) ou comme véhicule porte-grue reconnaissable à sa demi-cabine (C666). Les mécaniques sont identiques au camion White 666. (NARA)

NARA

MACK NO
TRUCK, PRIME MOVER, 7 1/2-TON, 6 X 6

Moteur : six cylindres, Mack type EY, quatre temps, à soupapes en tête, 11 590 cm³, développant 156 ch à 2 100 tr/min
Transmission : embrayage à sec avec boîte de vitesses à cinq rapports, boîte de transfert à deux rapports, pont avant à double réduction, pont arrière à triple réduction
Freinage : tambours à air comprimé sur les six roues
Suspensions : à l'avant, lames semi-elliptiques avec amortisseurs hydrauliques ; à l'arrière, bogie avec lames semi-elliptiques inversées
Poids à vide : 13 435 kg
Poids total : 20 240 kg
Charge utile : 6 800 kg
Autonomie : 620 km
Réservoir : 605 litres
Vitesse maximale : 56 km /h

Le Super Mack est un 6 x 6 destiné à la traction de pièces d'artillerie de gros calibre, comme le Howitzer de 155 mm. Il permet l'emport des servants et des munitions. Très mobile malgré sa taille imposante, le NO avait le rapport de réduction le plus faible de tous les camions américains, ce qui lui donnait une puissance d'arrachage très importante. Malgré une consommation gargantuesque (1 l aux 100 km), à cause d'un poids mort très élevé, le NO était très apprécié. En revanche, sa production, entre 1943 et 1945, resta limitée puisque seulement deux mille cinquante exemplaires sortirent du site de production Mack d'Allentown.

Le Mack NR n'est pas aujourd'hui un véhicule très courant. Il s'agit d'un tracteur d'artillerie lourde taillé pour tirer le canon de campagne de 155 et 240 mm. Ce 6 x 6 se distinguait par des ponts moteur techniquement très élaborés. (Big-Block)

coll. Big-Block

Un Mack NR traverse la commune de Bagnoles-de-l'Orne en août 1944. Les servants du canon sont entassés dans la caisse. La pièce est un imposant Howitzer de 155 mm. (NARA)

Un autre Mack NR et sa pièce de 155 mm aussi appelée "Long Tom". Le capot moteur a été partiellement ouvert pour améliorer le refroidissement du six-cylindres.

WARD-LA-FRANCE MODEL 1000 SERIE 5 TRUCK, HEAVY WRECKER, 10-TON, 6 X 6, M1A1

Moteur : six cylindres Continental type 22R quatre temps à soupapes en tête de 8 213 cm^3 et 133 ch à 2 400 tr/min
Transmission : embrayage à sec avec boîte de vitesses à cinq rapports, boîte de transfert à deux rapports, ponts à double réduction
Freinage : tambours à air comprimé sur les quatre roues
Suspensions : à l'avant, lames semi-elliptiques avec amortisseurs hydrauliques ; arrière, bogie avec lames semi-elliptiques inversées
Poids à vide : 12 396 kg
Poids total : 16 025 kg
Autonomie : 320 km
Réservoir : 378 litres

Après avoir produit les M1 série 1 à 4, Ward La France modifie la silhouette de sa dépanneuse lourde en utilisant des éléments de carrosserie semblables à ceux des White 666 et Brockway B666.
La cabine du M1A1 est donc simplifiée, tout comme les gardes-boue. Un affût M36 peut être ainsi monté. Le moteur du Ward La France est différent des "666" puisqu'il s'agit d'un 6-cylindres Continental moins puissant. Par rapport aux séries 1000 précédentes, la série 5 se distingue par sa grue de levage, désormais entièrement motorisée. La marque Kenworth avait elle aussi retenu l'attention des militaires américains et conçu un véhicule identique, le 570 et le 571. L'équivalent du M1A1 série 5 est quant à lui le Kenworth 572, équipé du même matériel. C'est d'ailleurs Kenworth qui a conçu cette grue entraînée par le moteur, en remplacment de l'ancien système Gar Wood. Le Ward La France est équipé d'un treuil avant de 9 tonnes de capacité et d'un second à l'arrière de près de 27 tonnes. L'engin embarque en plus de nombreux outils. Presque 5 000 de ces "heavy Wreckers" ont été fabriqués.

le Ward la France est une dépanneuse lourde par excellence. Elle est ici utilisée pour changer le moteur d'un Sherman. Il s'agit d'un moteur Continental R975C radial, refroidi par air, d'origine aéronautique. Le Ward la France M1A1 utilise ici sa flèche avec deux jambes de force. Le treuil Gar Wood est entraîné par le moteur, ce qui n'était pas le cas des premiers Ward.

NARA

Big Block

MACK NR
TRUCK, CARGO, 10-TON, 6 X 4

Moteur : six cylindres Mack Diesel ED quatre temps à soupapes en tête de 8 508 cm³ et 123 ch à 200 tr/min
Transmission : embrayage à sec avec boîte de vitesses Mack Duplex TRD37 à dix rapports, différentiel interpont, ponts à double réduction
Freinage : tambours à air comprimé sur les quatre roues
Suspensions : à l'avant, lames semi-elliptiques avec amortisseurs hydrauliques ; à l'arrière, bogie avec lames semi-elliptiques inversées
Poids à vide : 9 500 kg
Poids total : 19 482 kg
Charge utile : 9 980 kg
Autonomie : 1 200 km
Réservoir : 567 litres

Avec sa silhouette trapue et assez basse, le NR s'avère en fait le plus gros camion cargo de l'arsenal américain. D'abord conçu pour les Britanniques comme plateau porte-char pour les blindés légers type M3 Stuart, le NR s'avère un véhicule très stable et surtout capable d'avaler plus de 1 200 km grâce à son moteur Diesel. Il est en effet un des rares véhicules utilitaires avec une telle motorisation, celle-ci étant au départ très appropriée pouir parcourir des centaines de kilomètres dans les déserts d'Afrique du Nord où se battaient les Anglais. Lorsqu'il est intégré au sein des forces américaines, la monte pneumatique basse pression simple des essieux arrière est remplacée par une monte double afin que l'engin puisse opérer sur les routes bitumées. Si ses capacités en tout-terrain sont médiocres puisqu'il n'est qu'un 6 x 4, sa charge utile très élevée en fait un camion de choix pour les unités de transport. Environ seize mille cinq cents de ces camions ont été construits et beaucoup d'entre eux seront revendus après la guerre au titre des surplus.

En bas à gauche : les marquages d'identification sont apposés à l'aide de pochoirs réglementaires sur les portières d'un Mack NR. Ce gros porteur de la classe des 10-Ton était un très bon camion routier, sa configuration 6 x 4 et sa faible garde au sol lui interdisant les évolutions en tout-terrain. (NARA)

Ci-dessous, les Britanniques furent les premiers à recevoir des Mack NR, mais avec des montes pneumatiques simples à l'arrière pour pouvoir opérer plus facilement dans les zones désertiques. (Collection Big-Block)

DIAMOND T 980 M20
TRUCK, PRIME MOVER, 12-TON, 6 X 4

Moteur : six cylindres Hercules DFXE Diesel, quatre temps, à soupapes latérales, 14 640 cm^3, développant 185 ch à 1 600 tr/min
Transmission : embrayage à sec avec boîte de vitesses à quatre rapports, boîte de transfert à trois rapports
Freinage : tambours à air comprimé sur les six roues
Suspensions : lames semi-elliptiques avec amortisseurs hydrauliques à l'avant ; bogie avec ressorts à lames semi-elliptiques inversées à l'arrière
Poids à vide : 12 200 kg
Poids total : 19 210 kg
Charge utile : 6 750 kg
Autonomie : 450 km
Réservoir : 570 litres
Vitesse maximale : 55 km/h

Si l'allure générale du Diamond T 980 M20 rappelle celle des séries 968 et 969, il s'agit pourtant de véhicules bien différents. Ses dimensions générales ne sont pas les mêmes et le M20 est intégré à la catégorie des tracteurs lourds Prime Mover. Il est normalement accouplé à la remorque M9 de 45 tons, l'ensemble formant la configuration M19. Le moteur est un six-cylindres Diesel avec une boîte de vitesses à quatre rapports accolée à une boîte auxiliaire à trois rapports. L'engin comporte un important treuil arrière de 20 tonnes et une caisse métallique pour l'outillage. Produit tout d'abord pour les Britanniques, il est ensuite classifié "limited Standard" au sein de l'armée américaine. À partir d'août 1943, il est proposé avec une cabine torpédo et un système de renvoi de poulies permettant de passer le câble du treuil vers l'avant. Plus de six mille cinq cents de ces véhicules sont fabriqués jusqu'en 1945.

À droite, ce Diamond T 980 est mis en scène dans le désert, avec une remorque portant un char britannique Matilda. Une fois de plus, ce sont les Anglais qui, les premiers, utilisèrent au combat ce type de matériel. (Collection Big-Block)

Le tracteur Diamond T 980 fut aussi utilisé comme transporteur de marchandises. La pression des pneumatiques de l'imposante remorque M9 de 45 tons, conçue par Fruehauf, est ici vérifiée. (NARA)

HISTOIRE DE MARQUAGES

L'étoile dans un cercle orne toujours les surfaces horizontales (capots ou toit de cabine), parfois les surfaces verticales. La plaque de tonnage est jaune, avec un seul chiffre pour les véhicules isolés. Sur les véhicules américains, l'indication "Prestone-44" s'applique à la présence d'antigel. Le "44" indique l'année où la dernière vidange a été effectuée. (Big-Block)

Tous les véhicules alliés de la campagne de Normandie, qu'ils soient britanniques, canadiens, américains ou ceux d'autres forces alliées sont frappés d'une étoile blanche, entourée d'un cercle ou de cinq arcs de cercle lorsqu'elle est disposée sur le dessus du véhicule. Cette étoile a été adoptée en 1943 afin d'être clairement visible par des aéronefs alliés et éviter les *friendly fires*. En règle générale, elle ne doit jamais être camouflée ou recouverte par un quelconque objet. Pour être bien visible, elle était apposée sur le capot (parfois sur le toit de la cabine dans le cas des véhicules à cabine fermée ou les engins à capot trop court ou pas assez large) et les flancs. Sa taille était réglementée. À côté du *registration number*, la plupart des engins américains arborent une lettre S, qui signifie que le véhicule est pourvu d'un antiparasitage. Ceux marqués d'un X avant le *registration number* sont les véhicules prêtés par une force étrangère, le plus souvent britannique. Le marquage d'unité est peint uniquement à l'avant et à l'arrière, généralement sur le pare-chocs. Il renseigne sur l'unité à laquelle appartient le véhicule. Ce marquage identifie quatre niveaux de renseignements groupés deux par deux et séparés par un tiret. De gauche à droite, on peut lire la division, le corps ou l'armée d'appartenance, suivi du régiment, du bataillon ou de l'unité. À droite, la compagnie, et enfin la position du véhicule dans la compagnie. De nombreux autres marquages étaient apposés, comme l'indication de la présence d'antigel (marque Prestone, Winterized ou Anti-freeze, suivie de deux chiffres mentionnant la dernière date de la vidange). Les véhicules stationnés en Grande-Bretagne comportaient aussi tout à l'arrière des inscriptions peintes spécifiques comme "No signal" mentionnant l'absence de clignotants ou "Caution, left-hand drive" signifiant que la conduite du véhicule se fait à gauche (ceci afin d'éviter les accidents dans un pays où le volant est habituellement à droite). Toujours dans le but de réduire les accidents (ils ont été fort nombreux en Angleterre), une vitesse limite était aussi appliquée au pochoir ("Max Speed 25 mph", ou 30 mph ou 50 mph selon les véhicules). Ces renseignements étaient peints sur les engins à roues qui avaient l'occasion de circuler librement, ce qui excluait les chars. Sur tous les engins alliés, sans exception, une plaque de classe jaune (parfois peinte) et ronde (rectangulaire avant 1944) était apposée à l'avant. Elle servait à identifier le tonnage (*Bridge Sign* en anglais). Sur un véhicule isolé, on ne trouvait qu'un seul chiffre. Sur un véhicule attelé, il y avait deux chiffres : celui du haut indiquait le tonnage maximal et celui du bas le tonnage du véhicule seul. Enfin, d'autres marquages furent appliqués en vue du D-day, tel le marquage d'expédition, sorte de fiche signalétique de l'encombrement du véhicule et de son poids, afin de correctement répartir les engins à bord des navires de débarquement.

PACIFIC CAR & FOUNDRY M26

Dans la gueule du Dragon

Surnommé "Dragon wagon", le Pacific Car & Foundry M26 est l'un des plus gros engins à roues de la Seconde Guerre mondiale. Ce tracteur lourd était le plus souvent couplé à une remorque Fruehauf taillée à sa démesure, capable de transporter des chars de combat endommagés. Ce monstre, blindé de surcroît, servira bien après la guerre, dans les convois exceptionnels.

coll. Big Block

PACIFIC CAR & FOUNDRY M26 TRUCK, TRACTOR, 12-TON, 6 X 6

Moteur : six cylindres Hall-Scott type 440, quatre temps, à soupapes en tête, 1 787 cm^3, développant 240 ch à 2 100 tr/min
Transmission : embrayage à sec avec boîte de vitesses à quatre rapports, boîte auxiliaire à trois rapports, boîte de transfert à simple rapport et transmission finale par chaînes
Freinage : tambours à air comprimé sur le bogie uniquement
Suspensions : à l'avant, lames semi-elliptiques avec amortisseurs hydrauliques ; à l'arrière, bogie à lames semi-elliptiques inversées
Poids à vide : 21 750 kg
Poids total : 46 850 kg
Charge utile : 25 000 kg
Autonomie : 425 km
Réservoir : 450 litres
Vitesse maximale : 45 km/h

Big-Block

Les combats d'Afrique du Nord mirent en évidence le manque flagrant de véhicules permettant le transport et la récupération des blindés. En effet, sur ce théâtre d'opérations, des centaines de chars se font face et nombre d'entre eux, en panne ou à peine endommagés, jonchent les zones désertiques. En 1943, l'armée américaine se penche donc sur l'étude d'un ensemble tracteur lourd et remorque, capable de transporter des chars de combat. Elle s'adresse tout d'abord à la société Dart pour réaliser le tracteur. Dart a en effet déjà conçu un imposant 6 x 4 à moteur diesel-électrique capable de tracter deux remorques de charbon de 40 tonnes chacune. Un engin militaire en est extrapolé, le T13, mais il ne satisfait pas à la totalité du cahier des charges. De son côté, Fruehauf a conçu une semi-remorque bien adaptée, la T28, mais l'Ordnance Corps US n'a pas encore trouvé son tracteur définitif. En attendant, Dart produit plusieurs 6 x 4 de 10 tons US et quelques 6 x 6 de 40 tons à moteurs Waukesha de 250 ch. Avec la semi T28, l'ensemble de Dart était dénommé Heavy Wrecker T3. L'Ordnance Corps se tourne alors vers la firme Knuckey Truck Company de San Francisco. Cette société avait été formée en pleine Seconde Guerre mondiale, en 1943, pour assembler sur la côte ouest des engins dédiés aux travaux lourds dans les mines ou pour la construction de barrages hydrauliques, ces "grands chantiers" voulus par Roosevelt, mais dont les travaux perdurèrent pendant tout le conflit. Mais, comme la plupart des constructeurs de poids lourds étaient sur le pied de guerre et mobilisés pour l'effort militaire, la Knuckey Truck Company répondait à la demande d'engins civils… Pas pour longtemps… La firme avait ainsi produit un 6 x 4 de 57 tonnes de charge utile, caractérisé par un bogie moteur entraîné par chaînes, un système breveté très fiable et endurant. La Knuckey Truck Company fut donc approchée pour réaliser un tracteur super-lourd 6 x 6. Elle conserva un des châssis issu d'un de ses super-camions, lui adapta son bogie breveté, posa sur l'ensemble une cabine blindée et jeta son dévolu sur un moteur Hall-Scott de 240 ch accolé à une boîte à douze rapports. Le T25 (futur M26) était né.

Le Pacific ne servait pas qu'au transport de véhicules blindés. Il est ici utilisé pour l'acheminement d'une barge de débarquement LCVP. (NARA)

L'équipage d'un tracteur Pacific pose devant Blacksheep. La semi-remorque emporte sur son dos deux obusiers légers M8. Les volets de blindage sont abaissés et ceux protégeant le radiateur sont ouverts. Bien que blindé pour pouvoir dépanner les tanks endommagés sur la ligne de front, le M25 aura peu l'occasion d'être confronté directement au feu. Les dernières versions M26 seront dépourvues de blindage, ce qui, au passage, allégera l'engin de 1,5 tonne d'acier… (NARA)

Le T25 n'est pas franchement supérieur au T13 de Dart et le surpoids de la cabine blindée fragilisa d'ailleurs le pont avant. Néanmoins, le T25 convient et l'association de la semi-remorque Fruehauf et du tracteur Knuckey donne naissance au nouveau Truck Trailer 40-Ton, Tank Recovery T21, en août 1942. Très vite, il apparaît que les cadences de production sont trop faibles (cinq exemplaires sont produits en mai 1943) et Fruehauf, qui supervise toute la construction de l'ensemble articulé, décide donc de confier la chaîne de production à la Pacific Car & Foundry de Renton (État de Washington). Ce groupe industriel œuvre essentiellement dans le chemin de fer. Toutefois, Knuckey assurera la réalisation des transmissions par chaînes. Le surpoids de la cabine blindée entraînera l'allègement de cette dernière sur le tracteur M26A1, dont le dessin de l'habitacle est moins anguleux, avec une baisse de poids de 1,5 tonne. Le tracteur seul pouvait dépanner un engin blindé grâce à son système de levage avant de placer ce dernier sur sa remorque. Le M26, plus léger, était quant à lui associé à une remorque renforcée (la M15A1) capable de supporter jusqu'à 45 tonnes.

Un char allemand Panther est pris en charge par un M25 qui a conservé son arme de défense. Le Panther est déjà un char de combat lourd (45 tonnes) et la semi-remorque est vite en surcharge.(NARA)

FRUEHAUF, LE ROI DE LA CHARGE UTILE

Fondée à Detroit dans le Michigan par August Charles Fruehauf, la société qui porte le nom de son fondateur se fait très vite un nom dans la fabrication de remorques et de semi-remorques aux États-Unis. Pendant la Seconde Guerre mondiale, Fruehauf va même devenir le plus gros constructeur de remorques, l'armée étant d'ailleurs son plus gros client. La remorque M15 qu'elle conçoit est indissociable du tracteur M26. Il s'agit d'un plateau surbaissé de 16,465 tonnes à vide (tout de même) capable de porter plus de 36 tonnes et freiné pneumatiquement via un accouplement avec le M26. Huit pneus tout-terrain (ou basse pression pour les opérations en zones désertiques) sont montés en deux fois deux trains de part et d'autre des longerons principaux. Cette remorque seule atteint presque 12 m. À l'origine, fin 1941, cette remorque est dénommée T28. Impressionnante, elle n'est pourtant pas la plus imposante de l'arsenal américain. Il y a en effet aussi la remorque M9, elle aussi réalisée par Fruehauf (mais il n'était pas le seul fournisseur, alors qu'il a assuré la totalité de la production de la M15). Il ne s'agit pas d'une semi-remorque, mais d'une remorque à deux essieux arrière, tractée par un Diamond T, le M20, pour former l'ensemble M19. Cette remorque est cette fois prévue pour une charge de près de 41 tonnes. À vide, elle est beaucoup plus courte et offre un poids mort moindre (10 tonnes). Elle n'est pas uniquement prévue pour le transport de chars de combat et peut emporter des charges diverses. L'ensemble M25 a aussi servi à d'autres applications, comme le transport de petites barges militaires. Enfin, la semi-remorque M15 disposait de gros pneumatiques tout-terrain à monte simple, tandis que la M9 était uniquement destinée au roulage sur route. Quant au tracteur M26, il évoluait aussi sans sa remorque, servant occasionnellement de dépanneuse lourde, amenant le char endommagé au plus près de la remorque avant de le hisser grâce à ses deux puissants treuils, une chèvre de levage A-Arm et des équipements de soudure. Ce M26 ATRV (*Armoured Tank Recovery Vehicle*) conservait toutefois la sellette d'attelage.

Le M26 est la version non blindée du M25. Le poids en moins soulage grandement l'essieu avant. La semi-remorque est ici la M15A1 capable de supporter 45 tonnes. (NARA)

La transmission s'effectue aux roues arrière par chaînes. Cela peut paraître archaïque, mais à l'époque aucun pont de taille acceptable n'aurait pu résister à l'effort. Étant donné la vitesse de déplacement de l'engin et de sa charge, les chaînes étaient encore la meilleure solution. Un réservoir d'huile muni de graisseur envoyait régulièrement du lubrifiant sur les maillons. (Big-Block)

D.R.

Big Block

CHEVROLET C30
TRUCK, 30-CWT, 4 X 4, GENERAL SERVICE

Moteur : six cylindres en ligne, quatre temps, à soupapes en tête, 3 548 cm^3, développant 85 ch à 3 400 tr/min
Transmission : embrayage à sec avec boîte de vitesses à quatre rapports, boîte de transfert à deux rapports, pont avant décrabotable
Freinage : hydraulique sur les quatre roues
Suspensions : par lames semi-elliptiques avec amortisseurs hydrauliques
Poids à vide : 2 870 kg
Charge utile : 1 500 kg
Poids total : 4 500 kg
Autonomie : 440 km
Réservoir : 113 litres
Vitesse maximale : 70 km/h

Ce CMP (*Canadian Military Pattern*) est très semblable au Chevrolet C15, dont il emprunte une partie de la cabine premier type (la n° 11) et le moteur six cylindres. En revanche, la transmission comporte une boîte de transfert à deux rapports. Dans sa configuration GS (*General Service*), ce véhicule dispose à l'origine d'une caisse métallique. Aux mille cinq cents C30 fournis aux Anglais, il faut ajouter deux mille autres exemplaires qui seront en service au sein des forces britanniques. Ford a produit de son côté un engin très similaire, mais uniquement avec la cabine type 12 ou 13 (identifiable à son pare-brise inversé) et un moteur V8 de 95 ch.

BEDFORD OXD
TRUCK, 30-CWT, 4 X 2, GENERAL SERVICE

Moteur : six cylindres en ligne, quatre temps, à soupapes en tête, 3 519 cm^3, développant 72 ch à 3 000 tr/min
Transmission : embrayage à sec avec boîte de vitesses à quatre rapports, transmission finale par arbre et pont
Freinage : hydraulique sur les quatre roues
Suspensions : par lames semi-elliptiques avec amortisseurs hydrauliques
Poids à vide : 2 630 kg
Charge utile : 1 500 kg
Poids total : 4 600 kg
Autonomie : nc
Réservoir : nc
Vitesse maximale : 70 km/h

D.R.

Moins répandu que son grand frère OYD, le Bedford OXD entra en production juste à la veille de la Seconde Guerre mondiale. Il se singularise par son très court empattement de 111 inches (2 820 mm), ce qui lui permet d'être particulièrement maniable, et une cabine tout acier. Il troque très vite sa monte pneumatique double arrière pour une monte simple afin de favoriser la motricité dans les zones difficiles.

AUSTIN K2

Katie met son uniforme

L'Austin K2 fut un camion irremplaçable au sein des forces britanniques. C'est en effet le K2/Y ambulance qui fut le plus largement diffusé et, à ce titre, ce véhicule sanitaire lourd a été le saint-bernard du tommy de la Libération.

AUSTIN K2/A TRUCK, 2-TON, 4 X 2, GENERAL SERVICE

Moteur : six cylindres en ligne, quatre temps, à soupapes en tête, 3 462 cm^3, développant 63 ch à 3 000 tr/min
Transmission : embrayage à sec avec boîte de vitesses à quatre rapports, transmission finale par arbre et pont
Freinage : hydraulique sur les quatre roues
Suspensions : par lames semi-elliptiques avec amortisseurs hydrauliques
Poids à vide : 3 100 kg
Charge utile : 2 035 kg
Poids total : 5 100 kg
Autonomie : nc
Réservoir : nc
Vitesse maximale : 60 km/h

Big-Block

Si le nom d'Austin est surtout connu dans l'automobile, la marque assemble très rapidement des véhicules utilitaires à partir de ses châssis de voitures. C'est surtout à partir de 1938 qu'une véritable gamme de camions est présentée, largement inspirée des Bedford, à tel point que l'on surnomme les camions Austin les "Bedford de Birmingham". À la veille de la Seconde Guerre mondiale, le plus remarqué de ces camions est le K2, de 2 tons de charge utile. Lorsque le conflit éclate, Austin est naturellement approché pour assurer la construction de plusieurs types de camions. Le K2 est choisi par le corps médical pour servir de châssis à une ambulance permettant d'installer huit hommes assis et quatre brancards. La caisse est entièrement en bois et en cuir. Elle est conçue par un sous-traitant, le carrossier Mann Egerton, installé à Norwich. Elle dispose d'extracteurs d'air pour assurer la ventilation et d'un chauffage Clayton Dewandre indépendant. Surnommée affectueusement "Katie", l'Austin K2/Y a été produite à environ treize mille exemplaires jusqu'en 1945. Présente sur tous les fronts depuis la drôle de guerre jusqu'à la traversée du Rhin, cette ambulance a servi aussi toutes les armes. On pouvait encore en rencontrer à la fin des années 1960... Cette version a éclipsé les autres modèles Austin. Le châssis K2 servit aussi comme camion cargo General Service, mais aussi en fourgon tonne de lutte incendie pour la RAF et la défense passive.

D.R.

C'est la version ambulance de l'Austin K2 qui fut la plus populaire. Les Soviétiques en utilisèrent massivement et, après la guerre, certaines armées européennes se dotèrent aussi de ce matériel robuste.(Big-Block)

Big-Block

AUSTIN K5
TRUCK, 3-TON, 4 X 4, GENERAL SERVICE

Moteur : six cylindres en ligne, quatre temps, à soupapes en tête, 3 995 cm^3, développant 85 ch à 2 900 tr/min
Transmission : embrayage à sec avec boîte de vitesses à quatre rapports, transmission finale par arbre et pont
Freinage : tambours hydrauliques sur les quatre roues avec assistance
Suspensions : par lames semi-elliptiques avec amortisseurs hydrauliques
Poids à vide : 3 790 kg
Charge utile : 4 500 kg
Poids total : 8 400 kg
Autonomie : 400 km
Réservoir : 100 litres
Vitesse maximale : 65 km/h

Cette version à cabine avancée et transmission intégrale est dérivée du K3, mais le moteur est un peu plus puissant. La boîte de transfert avec pignons hélicoïdaux était particulièrement brutale, ce qui valut au véhicule le surnom de "Screamer" ("Hurleur"). Ce camion accompagnait souvent les formations blindées. Durant quatre années de production (1941-1945), Austin en assembla douze mille deux cent quatre-vingts.

BEDFORD QLD
TRUCK, 3-TON, 4 X 4, GENERAL SERVICE

Moteur : six cylindres en ligne, quatre temps, à soupapes en tête, 3 518 cm^3 et 72 ch à 3 000 tr/min
Transmission : embrayage à sec avec boîte de vitesses quatre rapports, boîte de transfert deux rapports, pont avant décrabotable
Freinage : tambours hydrauliques avec assistance par dépression sur les quatre roues
Suspensions : par lames semi-elliptiques avec amortisseurs hydrauliques
Poids à vide : 3 300 kg
Charge utile : 3 500 kg
Poids total : 6 985 kg
Autonomie : 350 km
Réservoir : 90 litres
Vitesse maximale : 65 km/h

Le Bedford QLD avait de réelles aptitudes en tout-terrain malgré un moteur manquant un peu de puissance. Mais sa garde au sol importante (30,50 cm) et ses pneus crampons en monte simple lui permettaient d'avaler les obstacles. On note aussi l'implantation du réservoir, abrité au-dessus des longerons du châssis. Grâce à sa cabine avancée, l'espace offert à la caisse tout métal était important. Ce Bedford fut produit en plusieurs variantes : le QLD est la version classique cargo la plus répandue, mais il y eut des versions châssis cabine et tracteurs type QLC, un tracteur de canons Bofors de 40 mm (QLB), un transport de troupes QLT et un QLW équipé pour être aérotransportable. Avec une production de cinquante-deux mille cinq cent quarante-cinq exemplaires de 1941 à 1945, ce Bedford resta en service bien après le conflit.

D.R.

BEDFORD OYD
TRUCK, 3-TON, 4 X 2, GENERAL SERVICE

Moteur : six cylindres en ligne, quatre temps, à soupapes en tête, 3 519 cm^3, développant 72 ch à 3 000 tr/min
Transmission : embrayage à sec avec boîte de vitesses à quatre rapports, transmission finale par arbre et pont
Freinage : tambours hydrauliques avec assistance par dépression sur les quatre roues
Suspensions : par lames semi-elliptiques avec amortisseurs hydrauliques
Poids à vide : 2 950 kg
Charge utile : 4 500 kg
Poids total : 7 500 kg
Autonomie : 450 km
Réservoir : 145 litres
Vitesse maximale : 65 km/h

Big-Block

Si le Bedford OXD ne resta finalement pas très longtemps en production, le OYD de 3 tons fit, lui, une carrière beaucoup plus longue. La cabine (avec un capot pentu pour dégager la vue vers l'avant) et le moteur sont identiques, mais le châssis est plus robuste. Le Bedford OYD est le camion de 3 tons anglais le plus produit pendant la guerre, puisque soixante-douze mille trois cent quatre-vingt-cinq exemplaires sortirent de l'usine de Vauxhall. Une fois de plus, le châssis servit à de multiples sous-variantes et, comme tous les véhicules de cette classe, les montes pneumatiques doubles des premières séries furent troquées au profit de montes simples chaussées de gomme à crampons.

DODGE T110L
TRUCK, 3-TON, 4 X 4, GENERAL SERVICE

Moteur : six cylindres en ligne, quatre temps, à soupapes latérales, 3 879 cm^3, développant 95 ch à 3 000 tr/min
Transmission : embrayage à sec avec boîte de vitesses à quatre rapports, transmission finale par arbre et pont
Freinage : tambours hydrauliques sur les quatre roues à dépression
Suspensions : par lames semi-elliptiques avec amortisseurs hydrauliques
Poids à vide : 3 000 kg
Charge utile : 3 200 kg
Poids total : 6 500 kg
Autonomie : nc
Réservoir : nc

Ce camion canadien est étroitement dérivé d'un modèle civil dont il conserve d'ailleurs la calandre et la cabine en acier. Trois mille d'entre eux furent fournis à l'armée anglaise qui les utilisa en Afrique du Nord comme camion tactique. Dans l'Europe libérée, ces Dodge assurèrent essentiellement le ravitaillement des populations civiles.

Big-Block

CHEVROLET ET FORD SÉRIES 60

Les cousins canadiens

Les divisions Chevrolet et Ford Canada ont fourni un effort de guerre considérable aux Britanniques et à leurs alliés. L'étroite collaboration entre les desiderata des Anglais et une industrie d'origine nord-américaine permit en effet de produire presque huit cent soixante mille véhicules, dont les fameux CMP (*Canadian Military Pattern*), ces camions américano-canadiens assemblés selon les besoins des Anglais. Parmi tous ces camions, les Chevrolet C60 et Ford F60 ont été les plus nombreux.

Les usines canadiennes de Ford étaient installées depuis 1904 très près de la frontière entre les États-Unis et le Canada dans la province de l'Ontario, à quelques encablures de la maison mère de Detroit. En partenariat avec Chevrolet, Ford devait initialement produire un camion léger standardisé uniquement au profit des Britanniques, sous le label DND (Department of National Defense). Mais, finalement, devant les besoins de nombreuses armées alliées et de l'armée canadienne, la gamme labellisée devint "Canadian Military Pattern". C'est sous le vocable CMP que sont connues les productions de Ford et Chevrolet Canada. (Archives du Canada)

Le Canada ne dispose pas de sa propre industrie automobile. Il faut dire que les centres de production américains, essentiellement concentrés à Detroit, ne sont pas très éloignés de la frontière américano-canadienne. Chrysler, General Motors et Ford ont vite compris l'intérêt d'installer des filiales canadiennes près du lac Ontario, car les véhicules produits sur le sol canadien et à destination de ce vaste pays ne sont alors plus taxés de frais de douane. Lorsque l'Angleterre cherche à étoffer son arsenal militaire, elle se tourne vers les États-Unis et le Canada. Quand la guerre éclate en septembre 1939, le pays, en tant que force du Commonwealth, rejoint la Grande-Bretagne dans la guerre. Si certains Canadiens répugnent à se battre pour la couronne britannique, la production de véhicules est quant à elle considérable : 390 300 camions ex-civils (tels les Dodge), 390 280 CMP de tous types (Chevrolet et

FORD F60L TRUCK, 3-TON, 4 X 4, GENERAL SERVICE

Moteur : huit cylindres en V, quatre temps à soupapes latérales, 3 918 cm^3, développant 95 ch à 3 600 tr/min
Transmission : embrayage à sec avec boîte de vitesses à quatre rapports, transmission finale par arbre et pont
Freinage : hydraulique sur les quatre roues
Suspensions : par lames semi-elliptiques avec amortisseurs hydrauliques
Poids à vide : 2 950 kg
Charge utile : 2 035 kg
Poids total : 4 600 kg
Autonomie : 450 km
Réservoir : 110 litres
Vitesse maximale : 68 km/h

Le F60L représente la plus grosse partie de la production des usines Ford Canada. Le chiffre "60" se réfère au tonnage (60 cwt, soit 60 hundredweight, une unité de mesure anglaise représentant approximativement un quintal, soit 3 tons). (Big-Block)

CHEVROLET C60L TRUCK, 3-TON, 4 X 4, GENERAL SERVICE

Moteur : six cylindres en ligne quatre temps à soupapes en tête de 3 548 cm^3 et 85 ch à à 3 100 tr/min
Transmission : embrayage à sec avec boîte de vitesses à quatre rapports, boîte de transfert à deux rapports, pont avant décrabotable
Freinage : tambours hydrauliques à dépression sur les quatre roues
Suspensions : par lames semi-elliptiques avec amortisseurs hydrauliques
Poids à vide : 4 465 kg
Charge utile : nc
Poids total : nc
Autonomie : 330 km
Réservoir : 114 litres

Sous cet angle, il est difficile de savoir si ce camion est un Chevrolet ou un Ford. (Archives du Canada)

Ford), 50 250 engins blindés et près de 19 660 remorques. Sans oublier des chars produits sous licence (Valentine) ou sortis de ses propres arsenaux (tel le RAM inspiré du M4 Sherman). Dans le domaine des camions, le Canada a ainsi fabriqué plus d'utilitaires que l'Allemagne, le Japon et l'Italie réunis ! On considère que l'armée de Sa Gracieuse Majesté a utilisé plus de 50 % de véhicules d'origine canadienne. Mais les besoins sont tels que l'armée canadienne, très faible numériquement en 1939, doit petit à petit se tourner vers d'autres sources d'approvisionnement pour s'équiper ! Les motos seront ainsi toutes britanniques ou américaines, tandis que le puissant voisin fournira à son tour des Jeep, des camions Diamond ou Mack. Pour certaines applications, l'armée canadienne disposera paradoxalement de camions anglais.

Made in Canada

Les CMP sont des productions canadiennes, mais elles partagent de nombreuses pièces communes afin de faciliter la très grande production et la maintenance. Cette entente entre Chevrolet et Ford date en fait d'avant la guerre et permit de rationaliser la production après la crise de 1929. Le modèle numériquement le plus important de la gamme est le 3-Ton. Produit par Chevrolet (modèle C60) ou par Ford (modèle F60) à raison de deux cent neuf mille exemplaires, ce camion adopte tout d'abord une cabine type 12 avec pare-brise "normal" incliné et phares placés sur les ailes. La version la plus commune est naturellement le plateau bâché avec ridelles (C60L et F60L). Les deux véhicules sont différents par leur moteur. Chevrolet dispose d'un excellent six-cylindres à soupapes en tête, mais Ford est un tenant du V8 à soupapes latérales. Les transmissions diffèrent elles aussi, mais on retrouve sur les deux versions une boîte à quatre rapports couplée à une boîte de transfert à deux rapports. L'autre différence notable concerne les ponts. Chevrolet a adopté des ponts avec des coquilles assemblées dans le plan de

Le F60L était présenté en de nombreuses séries, comme ce breakdown, une dépanneuse (les Britanniques n'utilisant normalement pas la désignation américaine wrecker). Ce modèle est équipé d'un matériel de levage Gar Wood, mais l'équipement Holmes fut aussi adapté à ces châssis.

joint vertical, les CMP Ford se distinguant par des ponts banjo à plan de joint vertical. À partir de 1942, la gamme reçoit une nouvelle cabine avec des phares intégrés dans la face avant et un pare-brise inversé. C'est ce type de cabine qui sera le plus largement diffusé sur les camions débarquant en France en juin 1944. Le C60 est originellement un 4 x 4 qui peut recevoir plusieurs types de caisses arrière ou même une grue de dépannage, mais, devant les besoins, les châssis évoluent aussi en 6 x 4 (Ford F60H) et en un assez rare Chevrolet GM 60X à moteur GMC identique à celui du CCKW 353 (d'où la dénomination "GM" pour General Motors et non plus "C" pour Chevrolet). L'ensemble de ces véhicules équipera non seulement les forces à l'assaut de la forteresse Europe, mais aussi la plupart des Alliés engagés en Orient et en Extrême-Orient. Les CMP trouveront aussi preneur après la guerre comme surplus, mais il faut signaler que la production purement militaire continuera après le conflit.

Sur ces Chevrolet stationnés sur le pont d'un LCT, le trou d'homme sur la cabine est de forme rectangulaire et comporte une trappe de fermeture. (NARA)

FORD WOT 6
TRUCK, 3-TON, 4 X 4, GENERAL SERVICE

Moteur : huit cylindres en V, quatre temps, à soupapes latérales, 3 621 cm^3, développant 85 ch à 3 800 tr/min
Transmission : embrayage à sec avec boîte de vitesses à quatre rapports, boîte de transfert à deux rapports, pont avant décrabotable
Freinage : tambours mécaniques sur les quatre roues
Suspensions : par lames semi-elliptiques avec amortisseurs hydrauliques
Poids à vide : 3 960 kg
Charge utile : 3 200 kg
Poids total : 7 600 kg
Autonomie : 450 km
Réservoir : 160 litres
Vitesse maximale : 66 km/h

Né au milieu de la guerre en 1942, le WOT 6 est une production de la filiale britannique de Ford. Il fut le premier véritable camion "lourd" à quatre roues motrices à être produit pour l'armée. Ce fut un succès, et près de trente mille exemplaires servirent sous l'uniforme au sein de toutes les armes.

Big Block

AUSTIN K6 TRUCK, 3-TON, 6 X 4, BREAKDOWN

Moteur : six cylindres en ligne, quatre temps, à soupapes en tête, 3 995 cm^3, développant 82 ch à 2 900 tr/min
Transmission : embrayage à sec avec boîte de vitesses à quatre rapports et boîte auxiliaire à deux rapports, transmission finale par arbre et ponts moteurs
Freinage : tambours hydrauliques à dépression sur les quatre roues
Suspensions : à l'avant, lames semi-elliptiques avec amortisseurs hydrauliques ; à l'arrière, bogie avec lames semi-elliptiques inversées
Poids à vide : 4 150 kg
Charge utile : 3 300 kg
Poids total : 7 900 kg
Autonomie : 350 km
Réservoir : 120 litres
Vitesse maximale : 60 km/h

Le premier 6 x 4 d'Austin est un K3/YF à cabine ouverte. Le K6 est plus moderne avec sa cellule en acier. La plupart des châssis furent employés par la RAF, mais certains camions furent transformés en véhicules atelier et de dépannage. À la fin du conflit, la marque en avait produit près de treize mille. Cette version dépannage fut le véhicule de la Seconde Guerre mondiale qui resta le plus longtemps en service dans l'armée anglaise.

Big-Block

THORNYCROFT NUBIAN TF TRUCK, 3-TON, 4 X 4, GENERAL SERVICE

Moteur : quatre cylindres en ligne, quatre temps, à soupapes en tête, 5 170 cm^3, développant 85 ch à 2 500 tr/min
Transmission : embrayage à sec avec boîte de vitesses à quatre rapports, boîte de transfert à deux rapports, réduction par train épicycloïdal dans les moyeux
Freinage : tambours hydrauliques à dépression sur les quatre roues
Suspensions : par lames semi-elliptiques avec amortisseurs hydrauliques
Poids à vide : 4 800 kg
Charge utile : 3 600 kg
Poids total : 8 540 kg
Autonomie : 320 km
Réservoir : 113 litres
Vitesse maximale : 60 km/h

D.R.

Toujours dans la classe des 3-Ton, voici un Thornycroft Nubian. Il se distingue par une réduction dans les moyeux et un engagement automatique du pont avant lorsque les rapports courts sont enclenchés. La Royal Air Force fut le principal utilisateur de ces quatre mille véhicules construits. Certains furent intensivement utilisés sur les bases avancées en Normandie.

Wheels for Defense

To the people of the United States, Canada is more than just a "good neighbor." Generations of visiting and trading back and forth across the border that we hardly realized was there, have established ties of friendship and understanding which the old world cannot comprehend. When Canada, along with other Dominions of the British Empire, became involved in the war, America felt a genuine urge to help. The only question was *how we could make our aid most effective.*

This is a mechanized war—an automotive war in which the nations with the most equipment, and the *best* equipment, of trucks and tractors and airplanes and tanks, will win. Mass production of automotive vehicles is our forte. We have the materials, the men, and the machines to outdo the world in this enterprise. United States factories, co-operating with Canadian factories, even now, are assembling and shipping the mightiest fleets of these vehicles that the world has ever seen. And we've only just begun!

Marmon-Herrington is proud of the privilege of co-operating with Ford Motor Company of Canada, Limited in the splendid production job that company, in particular, is doing for defense.

Most of the automotive vehicles being produced for Canada and Britain are designed and built to apply *traction and power through all their wheels.* This is the principle of propulsion brought to its most practical application by Marmon-Herrington engineers, through experience gained in solving the most difficult transportation problems of industry and the military services of our own and friendly foreign governments.

These vehicles are the sensational all wheel drive performers shown in the news reels, hurdling obstacles in their path, many times with all wheels off the ground, climbing incredibly steep grades, fording streams, and plowing through knee-deep sand or mud. In military service they travel the shortest distance between two points, across country, at speeds that are almost unbelievable.

With Marmon-Herrington, the desire to cooperate in a common cause out-weighed commercial advantages, and our principles and methods of *All-Wheel-Drive* design and construction were promptly made available to all the great automotive plants of Canada.

But unselfishness and patriotism alone were not responsible for this action. Ability to trade with the peoples of the world, in the democratic way, after the war, is of vital importance to us, as it is to every other American business. From every standpoint, of practicality, as well as sympathy for the ideals of the allies, our interest lies in whole-hearted co-operation with Canada—*and we are co-operating now!*

MARMON-HERRINGTON
INDIANAPOLIS, INDIANA

Collection Big-Block

Big Block

FORD FGT TRACTOR, FIELD ARTILLERY (FAT), 4 X 4

Moteur : huit cylindres en V, quatre temps, à soupapes latérales, 3 918 cm^3, développant 95 ch à 3 600 tr/min
Transmission : embrayage à sec avec boîte de vitesses à quatre rapports, boîte de transfert à deux rapports, pont avant décrabotable
Freinage : tambours hydrauliques à dépression sur les quatre roues
Suspensions : par lames semi-elliptiques avec amortisseurs hydrauliques
Poids à vide : 4 900 kg
Charge utile : nc
Poids total : 5 990 kg
Autonomie : 250 km
Réservoir : 95 litres
Vitesse maximale : 85 km/h

Le canon de 25 livres fut mis en service juste à la veille de la Seconde Guerre mondiale. Cette arme performante fut largement adoptée par les forces du Commonwealth comme les Canadiens et les Australiens. En Grande-Bretagne, le Guy Quad puis le Morris-Commercial C8 furent mis au point pour tracter le canon et embarquer ses servants, mais ces véhicules ne purent être fournis aux autres armées alliées. C'est donc sur la base d'un Ford F60L que fut réalisé le Ford FGT, tracteur d'artillerie. La carrosserie est spécifique à ce type de véhicule, avec une structure en acier divisée en plusieurs compartiments pour y loger les racks de munitions et divers équipements. Six hommes pouvaient prendre place à l'intérieur et, sur l'arrière incliné de l'engin, se trouvait la roue de secours horizontale, ainsi que le filet de camouflage servant à dissimuler la pièce d'artillerie. Un treuil était monté de série. Ce type de carrosserie type 7B2 fut introduit en 1943, les premiers modèles avaient une carrosserie à peu près identique, mais se distinguaient par la cabine n° 12 (sans pare-brise inversé). À la fin de la guerre, ce FAT (*Field Artillery*) fut à nouveau simplifié (le treuil fut démonté) avec une carrosserie quatre portes, rectangulaire, entièrement bâchée. Chevrolet a lui aussi produit le même tracteur FAT (le CGT), mais qui différait par son moteur six cylindres et quelques détails. Dans les deux cas, ces tracteurs servirent à déplacer de nombreuses pièces d'artillerie et pas seulement le "25 livres".

Le Chevrolet CGT est très proche du Ford FGT. Seule la motorisation et une partie des transmissions changent. On remarque la compacité du tracteur liée à son faible empattement (2 565 mm). Cette taille réduite était rendue nécessaire, car la longueur de l'attelage comprenant le caisson à munitions et le canon était assez importante. (Collection Big-Block)

Big-Block

MORRIS COMMERCIAL C8 TRACTOR, FIELD ARTILLERY, 4 X 4

Moteur : quatre cylindres en ligne, quatre temps, à soupapes latérales, 3 519 cm^3, développant 70 ch à 3 000 tr/min
Transmission : embrayage à sec avec boîte de vitesses à cinq rapports, boîte auxiliaire à simple rapport pont avant décrabotable (sauf en première et en marche arrière)
Freinage : tambours hydrauliques sur les quatre roues
Suspensions : par lames semi-elliptiques avec amortisseurs hydrauliques
Poids à vide : 3 400 kg
Charge utile : nc
Poids total : 5 690 kg
Autonomie : 260 km
Réservoir : 83 litres
Vitesse maximale : 80 km/h

Le Morris commercial C8 Mk III est identifiable à sa carrosserie simplifiée avec une caisse totalement rectangulaire fermée sur le dessus par une bâche. (Big-Block)

Le Morris commercial C8 est le tracteur d'artillerie standard de l'armée britannique, spécialement conçu pour les bouches à feu de 25 livres, puis de 17 livres. Le premier de ces tracteurs est en fait un Guy Quad. Mais la firme Guy n'a pas l'outil industriel suffisant pour la production en très grande série, aussi Morris est-il désigné pour s'atteler à cette tâche. Appelé également "Morris-Quad", le tracteur C8 connut les mêmes évolutions que les Ford et Chevrolet Canada. La carrosserie arrière approuvée par le *War Department* est identique. Les Mk I de 1939 et les Mk II de 1940 sont entièrement fermés par une carrosserie métallique et optent pour de grosses roues de 20 pouces tandis que le Mk III comporte un ciel de toit amovible, des vitrages sur les portières arrière et des pneumatiques de 16 pouces. À partir de 1944 est produite la version Mk III avec carrosserie rectangulaire n° 5 entièrement découvrable. La production totale porte sur dix mille exemplaires environ.

Big-Block

SCAMMELL PIONNER R100
TRACTOR 6 X 4, HEAVY ARTILLERY

Moteur : Gardner 6LW, six cylindres Diesel quatre temps à soupapes en tête de 8 369 cm^3 et 102 ch à 1 700 tr/mn
Transmission : embrayage à sec avec boîte de vitesses à 6 rapports
Freinage : tambours pneumatiques servo-assistés
Suspensions : lames semi-elliptiques transversales à l'avant, bogie avec lames semi-elliptiques inversées à l'arrière
Poids à vide : 8 800 kg
Poids total : nc
Autonomie : 680 km
Réservoir : 245 litres

Le fameux Scammell Pionneer a été conçu comme tracteur lourd pour plusieurs usages militaires dès le milieu des années trente : tracteur d'artillerie lourd pour le déplacement d'obusiers de campagne (modèle R100), tracteur de semi-remorque porte-char (modèle TRMU 20 ou TRMU 30) et enfin véhicule de dépannage lourd (modèle SV/1S(T) ou SV/2S). Grâce à sa suspension avant semi-indépendante et sa monte pneumatique simple, cet impressionnant engin s'avéra être assez agile dans les zones difficiles et le couple de son moteur Diesel, disponible dès les plus bas régimes, lui donnait une importante puissance d'arrachage. Les modèles différaient essentiellement par leur empattement ou leur monte pneumatique, le montage d'une cabine plus longue sur le tracteur de semi-porte-char (pour y loger l'équipage du blindé) ou d'une caisse aménagée pour l'emport des servants et des munitions sur la version tracteur d'artillerie.

LEYLAND HIPPO MK II
TRUCK, 10-TON, 6 X 4, GENERAL SERVICE

Moteur : six cylindres en ligne, Diesel, à injection directe et soupapes en tête, 7 399 cm³, développant 100 ch à 1 800 tr/min
Transmission : embrayage à sec avec boîte de vitesses à cinq rapports, transmission finale par arbre et ponts
Freinage : tambours hydrauliques à dépression sur les quatre roues
Suspensions : à l'avant, par lames semi-elliptiques avec amortisseurs hydrauliques ; à l'arrière, bogie avec lames semi-elliptiques inversées
Poids à vide : 10 000 kg
Charge utile : 9 700 kg
Poids total : 19 800 kg
Autonomie : 840 km
Réservoir : 265 litres
Vitesse maximale : 50 km/h

D.R.

C'est l'un des rares camions lourds Diesel de l'armée britannique. Le Leyland Hippo Mk II est la deuxième version d'un 6 x 4 militaire (Mk I), lui-même issu d'une lignée de Leyland civils. Le Mk II se distingue du précédent modèle par son moteur Diesel de cylindrée inférieure, mais de rendement supérieur, sa cabine fermée et surtout sa caisse plus basse facilitant le chargement. Il apparaît tardivement dans le conflit puisqu'il n'est opérationnel qu'à partir de 1944. Deux grandes versions furent produites, le Mk II à monte pneumatique simple sur le tandem et le Mk IIA avec une monte double. Cet engin imposant servit jusque dans les années 1950.

AEC MATADOR 0853
TRUCK, MEDIUM ARTILLERY, 4 X 4

Moteur : A173 six cylindres en ligne, Diesel, quatre temps, à soupapes en tête, 7 581 cm³ développant 95 ch à 1 750 tr/min
Transmission : embrayage à sec avec boîte de vitesses à quatre rapports, boîte de transfert à deux rapports, pont avant décrabotable
Freinage : tambours hydrauliques à dépression sur les quatre roues, puis à air comprimé
Suspensions : par lames semi-elliptiques avec amortisseurs hydrauliques
Poids à vide : 7 200 kg
Charge utile : nc
Poids total : nc
Autonomie : 580 km
Réservoir : 181 litres
Vitesse maximale : 57 km/h

Big-Block

Bénéficiant d'un très bon moteur Diesel à injection directe (le O de "O853" signifiant "oil"), le Matador était un camion d'artillerie destiné à tracter la pièce de campagne type BL 5,5 inches ou celle de 3,7 inches. La caisse permettait de loger les servants et les obus. La cabine était métallique et le camion s'avéra peu gourmand en carburant et doté d'un très bon couple à bas régime, ce qui n'était pas le cas des tout premiers modèles propulsés par un moteur à essence. Les premiers exemplaires sont livrés en novembre 1939. Dans cette configuration tracteur, huit mille quatre cent douze Matador furent produits. Une version 6 x 6 vit aussi le jour, le O854 (ou 854, avec moteur à essence), produit à mille cinq cent seize exemplaires, essentiellement pour le ravitaillement en carburant des avions de la RAF.

L'OBSESSION DU RAVITAILLEMENT

Tout arrive par la mer ! Le ravitaillement des troupes (et des civils français) s'est effectué uniquement par voie maritime. C'est pour cette raison qu'il fallait absolument aux Alliés un port. Dans un premier temps, les déchargements s'effectuaient depuis la mer via les camions amphibies DUKW ou par des navires LST qui s'échouaient sur les plages. Le port artificiel d'Arromanches joua un rôle moins important que ce qui est souvent dit, mais la capture de ports secondaires accentua le flux plus vite que prévu. (NARA)

L'essence est le nerf de la guerre moderne. Étant donné les énormes consommations des engins, l'acheminement du carburant était prioritaire. (NARA)

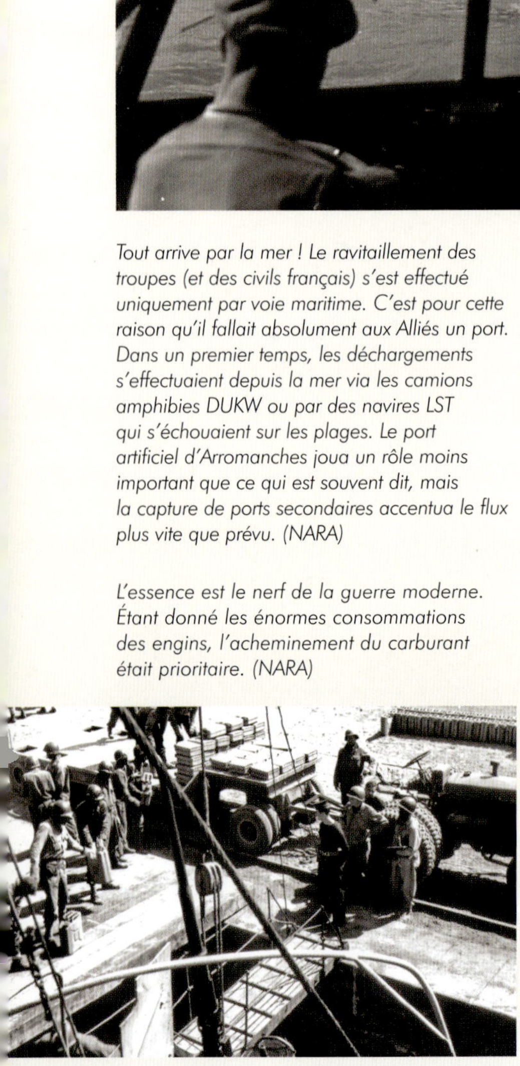

Le ravitaillement : l'obsession et le cauchemar des planificateurs alliés. Le port artificiel mis en place devant Omaha Beach n'eut même pas le temps d'entrer en service puisqu'il fut détruit par la tempête. Il fallut adopter une méthode moins orthodoxe et non prévue. Les navires LST transporteurs de véhicules et de blindés acceptèrent de s'échouer directement sur les plages pour amener leur cargaison. À marée haute, ils pouvaient se dégager et "culer" pour reprendre la mer. Parallèlement, des norias de camions amphibies DUKW firent la navette entre les navires au large et les plages, tout comme des barges motorisées, les Rhino-Ferries. Les ports dits secondaires, comme Port-en-Bessin ou Courseulles-sur-Mer, épargnés par les destructions, furent aussi d'une aide précieuse. Le front était ainsi alimenté quotidiennement par sept mille nouveaux engins, quarante mille hommes et près de 15 000 tonnes de ravitaillement. Mais, évidemment, plus important était le nombre d'engins et d'hommes, plus important devait être le ravitaillement ! Les besoins quotidiens d'une division s'élevaient de 1 000 à 1 600 tonnes. Une telle division ne peut être autonome que pendant quarante-huit heures, laps de temps durant lequel elle dispose de ses propres réserves (une division d'infanterie ou blindée dispose de ses propres camions et d'un bataillon de ravitaillement). Mais, au-delà de quarante-huit heures, elle doit impérativement être réalimentée pour être opérationnelle. À la date du 18 juin, on comptait vingt et une divisions sur le sol français, ce qui se traduisait par une consommation journalière de 33 600 tonnes de ravitaillement ! Lorsque toutes les armées seront déployées, il leur faudra près de 4,5 millions de litres d'essence par jour, soit à peu près une noria quotidienne de mille six cents camions-citernes ou équivalents ! Ce chiffre est aussi à pondérer, car, avant le grand galop vers l'ouest, les divisions blindées consomment moins que prévu, tout simplement parce qu'elles n'avancent pas et que les combats dans le bocage ralentissent leur progression. Mais il ne faut pas oublier que les armées alliées avaient aussi la charge de ravitailler les civils des zones libérées, surtout à partir de la fin de l'été 1944, ainsi que de transférer et de prendre en charge près de six cent mille soldats allemands prisonniers ! La prise de Cherbourg ne modifie pas grand-chose, car le port est totalement détruit et il ne sera réellement actif qu'à partir de septembre. À cette date, les troupes alliées sont distantes de plusieurs centaines de kilomètres. Cet étirement des lignes va être un réel problème pour certaines divisions. La 3e armée de Patton est en septembre à 900 kilomètres des plages et, malgré les dépôts constitués (les "Com Z") au fur et à mesure de l'avancée vers l'est, il doit s'arrêter faute de carburant... Il faudra même s'en remettre à un ravitaillement par air tellement les services de l'armée étaient débordés !

Des milliers de pneumatiques sont rangés dans un dépôt en Normandie. Le caoutchouc était lui aussi vital. Aux États-Unis, les pneumatiques étaient réservés à 90 % à l'effort de guerre, au grand dam de l'Américain moyen, pour qui cette restriction était intolérable ! Dès 1942, il y eut une forte pénurie de caoutchouc naturel, car les plantations asiatiques étaient tombées entre les mains des Japonais. (NARA)

Les armées alliées doivent non seulement ravitailler leurs troupes et les populations civiles quand elles le peuvent, mais aussi gérer des milliers de prisonniers allemands qu'il faut nourrir et transporter. La question est rarement évoquée, mais il y eut en France jusqu'en 1945 près de sept cent cinquante mille soldats allemands transférés dans des camps d'internement. (NARA)

4

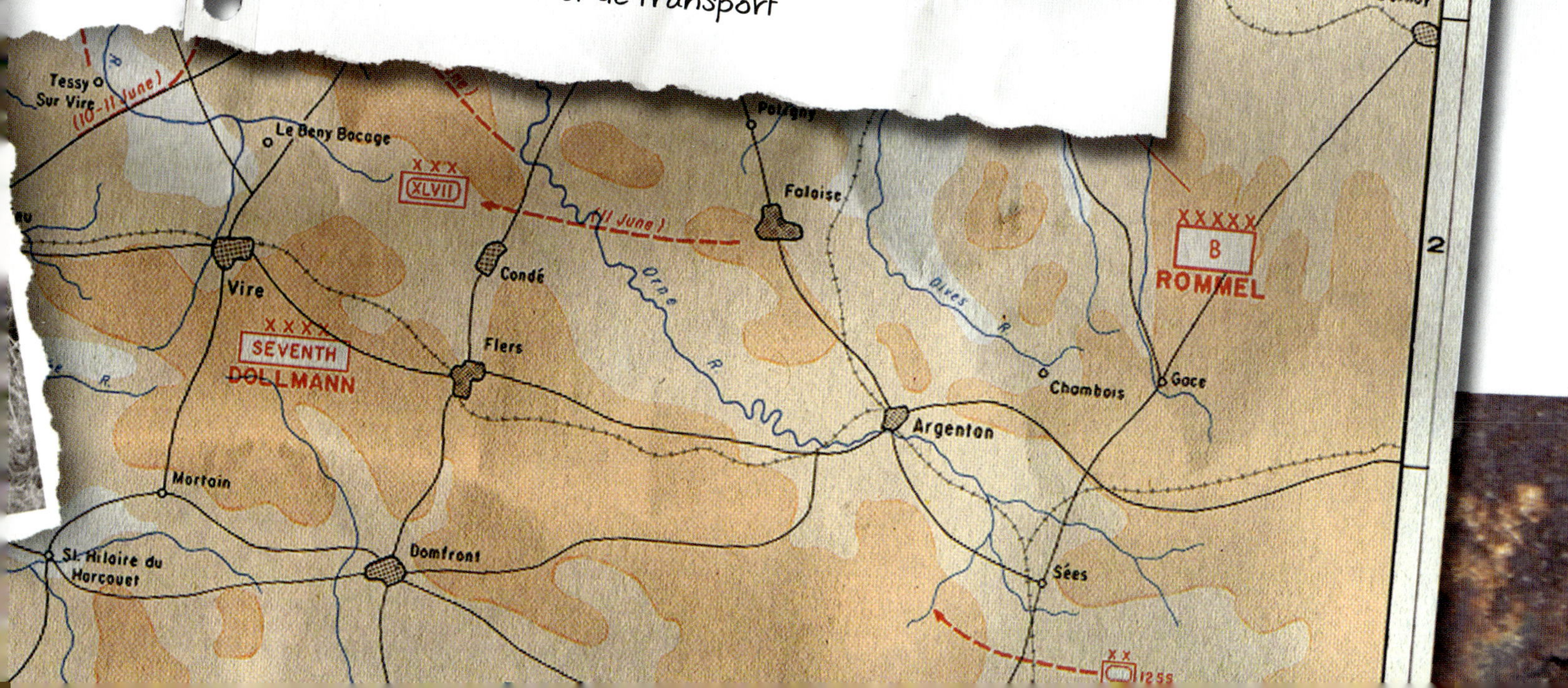

CHAPITRE 5

LES VÉHICULES BLINDÉS LÉGERS

Par définition, l engin blindé est amené à affronter le feu de l ennemi. Il doit donc préserver ses occupants de la mitraille et des éclats. Outre l emblématique transport de troupes semi-chenillé half-track, utilisé aussi bien par les forces américaines qu anglo-canadiennes, on répertorie dans cette catégorie toute une nuée d engins à roués ou chenillés de reconnaissance et de transport

Les véhicules blindés légers s'articulent autour de deux familles : les transports de troupes, pouvant aussi tracter des pièces d'artillerie ou ravitailler en munitions les troupes engagées, et les engins de reconnaissance, qui, parce qu'ils sont susceptibles d'être au contact avec l'ennemi, doivent être protégés par une cuirasse. La première mission est dévolue à deux engins ; l'un est américain, le half-track, l'autre est britannique, la chenillette Bren Gun Carrier. Ces engins, aussi imparfaits soient-ils, ont été intensément utilisés jusqu'à la fin de la guerre. Contrairement à leurs homologues britanniques, les forces américaines n'utilisent que très peu de véhicules de reconnaissance blindés. Le premier véritable engin conçu comme scout-car blindé est le M3A1. Mais, d'un point de vue opérationnel, il est finalement très peu utilisé par l'Army et il sera même bien souvent rétrocédé aux Alliés. Les unités de reconnaissance et de commandement utilisent finalement davantage un blindé 6 x 6, le Ford GBK-M20 ou le GAK-M8. Pour l'infanterie, le half-track s'avère un engin mobile, mais qui n'offre tout de même qu'une protection limitée. Quant aux automitrailleuses, les Américains n'en veulent tout simplement pas. Ils préfèrent l'engin chenillé. Cela ne les empêchera pas de produire pour leurs amis anglais ou canadiens une voiture blindée comme le T17 Stagehound ou un engin chenillé Universal Carrier T16 – deux véhicules d'ailleurs très réussis – mais qui n'intégreront jamais leurs unités. Le revirement de situation a lieu tardivement, vers 1943, avec l'emploi des engins à six roues de Ford, précédemment cités. Il s'agit d'engins rapides, mais trop faiblement armés et blindés. Les Britanniques ont, quant à eux, une gamme de matériel beaucoup plus vaste, parfois dérivé de simples voitures civiles, comme le Humber Mk III directement extrapolé de la berline Snipe. Peut-être faut-il voir là une vieille réminiscence remontant à l'automitrailleuse des années de la Grande Guerre ? Ce qui est certain, c'est que les Britanniques utilisent ce type de matériel militaire depuis des décennies, aussi bien pour des raisons stratégiques (mobilité, souplesse d'emploi, organes mécaniques issus de la grande production) que pour d'évidentes

Les Américains vont s'intéresser réellement à la voiture blindée d'observation avec le scout-car. Ce n'est pas un mauvais engin, mais il reste handicapé par son poids et il offre peu de protection malgré une caisse blindée. Tout le dessus du véhicule est à découvert. (Library of Congress, FSA-OWI)

raisons de coûts : le budget d'achat et d'entretien d'une automitrailleuse est très réduit par rapport à celui d'un char de combat. Les Américains, jusqu'à l'année 1941, n'ont pas vraiment de doctrine d'emploi de véhicules blindés. Ils sont certes en retard, mais ils n'ont pas de préjugés, pas plus qu'un quelconque héritage militaire à faire valoir. L'armée britannique est quant à elle au contraire l'héritière de toute une histoire et l'automitrailleuse, en tant qu'engin de reconnaissance, fait partie de son arsenal. Les Anglais opèrent aussi depuis 1940 dans les vastes régions désertiques de l'Afrique orientale, où la rapidité et la mobilité sont cruciales. Les régiments *Armoured Car* ont à cet égard un rôle primordial pendant cette campagne. Mais, lors des opérations en Italie et en Europe de l'Ouest, la situation change complètement. Les zones urbaines sont nettement plus denses, le relief et les voies de communication se prêtent beaucoup moins à des patrouilles le long de lignes d'observation. En Normandie, le bocage, avec ses haies bordant d'étroites routes, sera un obstacle majeur, car il empêche non seulement l'évolution des véhicules, mais il perturbe les transmissions radio. Or, sans radio, les unités de *Scout Cars* et de *Light Reconnaissance Cars* sont inutiles... L'identification de l'ennemi se fait le plus souvent lorsqu'on est au contact, c'est-à-dire lorsqu'un coup de départ d'un Panzerfaust, un tir de 88 ou une rafale de MG 42 se fait entendre. Et il est alors souvent trop tard... La procédure normale est de faire rapidement demi-tour et d'appeler l'infanterie ou l'artillerie à la rescousse, mais entre-temps l'ennemi a bien souvent eu le temps soit de déguerpir soit de se renforcer. Et les Alliés se heurteront à ces mêmes réalités tout au long de la campagne de France.

Les Britanniques ont conçu un très bon engin de reconnaissance blindé, suffisamment furtif et rapide, le Daimler Scout Car Dingo. Cet engin traversera toute la guerre et donnera naissance après le conflit à une nouvelle génération de blindés légers de reconnaissance, très appréciés en Grande-Bretagne, les Ferret. Ce scout-car a été abandonné lors du raid de Dieppe en août 1942. (Archives of Canada)

Le véhicule blindé Otter (ci-dessus) est un engin conçu par les Canadiens. Il s'agit d'un General Motors réalisé sur le châssis d'un camion léger blindé C15TA (ci-dessous). Il est mû par un moteur GM et non pas Chevrolet, raison pour laquelle il n'est pas produit directement par Chevrolet Canada, mais par la division GM Canada. (Archives of Canada et Big-Block)

LES VÉHICULES BLINDÉS LÉGERS AMÉRICAINS

WHITE M3A1
SCOUT CAR, 4 X 4

Moteur : Hercules JXD 320, six cylindres, quatre temps, à soupapes latérales, 5 246 cm^3, développant 110 ch à 2 700 tr/min
Transmission : embrayage à sec avec boîte de vitesses à quatre rapports, boîte de transfert à deux rapports
Freinage : tambours hydrauliques Hydrovac sur les quatre roues
Suspensions : lames semi-elliptiques avec amortisseurs hydrauliques
Poids à vide : 4 050 kg
Charge utile : 1 300 kg
Poids total : 5 330 kg
Autonomie : 400 km
Réservoir : 114 litres
Vitesse maximale : 90 km/h
Armement : une mitrailleuse de 0,50 avec sept cent cinquante cartouches, une mitrailleuse de 0,30 avec huit mille cartouches
Blindage : 6,35 mm (12,5 mm pour le volet de pare-brise)

Des Scout Car M3 flambant neufs sont alignés dans l'usine White. Tous les engins sont munis du rouleau de franchissement, sauf le véhicule à l'extrême gauche qui dispose d'un treuil, mais il s'agit d'un half-track. On entrevoit clairement le système d'ouverture du capot avec des volets blindés articulés. (Library of Congress, FSA-OWI)

Ce premier scout-car à roues blindé apparaît à la fin des années 1930. Il est l'œuvre de la White Motor, mais il fait suite à de nombreuses réalisations de la part de Marmon-Herrington ou de Corbitt. White n'en était pourtant pas à son coup d'essai, puisque ses premiers prototypes datent de 1933 (modèle T7), mais le M3A1 de 1939 est l'aboutissement d'une formule. Il s'agit d'un véhicule blindé qui sert de base à l'élaboration du futur half-track. Dans cette configuration à quatre roues, le scout-car M3A1 est carrossé d'une caisse blindée de 6,35 mm. Ce blindage est de la même épaisseur à l'avant. Des volets articulés permettent de protéger le radiateur, et le pare-brise en verre de sécurité est lui-même protégé par un épais volet monté sur des charnières. Le scout-car peut être armé d'une mitrailleuse de 12,7 mm, complétée par une arme de 7,7 mm. L'engin peut embarquer huit hommes au total, dont six sont assis sur des banquettes latérales. Sur le papier, c'est un bon engin, mais dans des conditions réelles de combat il s'avère trop peu blindé et son toit ouvert ne protège pas les occupants. De plus, ceux-ci ne peuvent l'évacuer qu'en se hissant et en sautant par-dessus la caisse, situation plus que périlleuse sous le feu de l'ennemi. Ses aptitudes en tout-terrain sont bonnes, mais pas exceptionnelles à cause notamment d'un moteur trop peu puissant, eu égard au poids total de l'engin. Originellement conçu pour la reconnaissance, le scout-car sera largement utilisé comme engin de commandement et de liaison. Les Soviétiques en consommeront des centaines et les Britanniques s'en serviront aussi largement dès mai 1941 pour plusieurs missions allant du transport de troupes au réglage d'artillerie et même pour l'évacuation de blessés. Bien que dépassé dès 1942, il sera tout de même produit à presque trente mille exemplaires. Certains exemplaires ont été diésélisés et beaucoup servaient encore sous l'uniforme dans les années 1960.

LE HALF-TRACK

Deux chenilles et deux roues

Très populaire, le half-track américain est surtout connu parce qu'il servit bien après la guerre dans de nombreuses armées jusqu'à l'orée des années 2000. Cette longévité exceptionnelle cache en fait une réalité : ce semi-chenillé offrait une protection assez médiocre, ce dont se rendirent très vite compte les Américains. Son atout essentiel résidait dans la fiabilité de ses organes mécaniques et ses bonnes capacités en tout-terrain.

WHITE M5
CARRIER, PERSONNEL, HALF-TRACK M3A1

Moteur : Red-450B, six cylindres, quatre temps, à soupapes latérales, 7 394 cm^3, développant 141 ch à 2 600 tr/min
Transmission : embrayage à sec avec boîte de vitesses à quatre rapports, boîte de transfert à deux rapports
Freinage : tambours hydrauliques Hydrovac sur les roues avant et les roues d'entraînement
Suspensions : à l'avant, lames semi-elliptiques avec amortisseurs hydrauliques ; à l'arrière, bogie avec doubles ressorts hélicoïdaux
Poids à vide : 7 050 kg
Charge utile : 2 000 kg
Poids total : 9 005 kg
Autonomie : 320 km
Réservoir : 450 litres
Vitesse maximale : 70 km/h
Armement : une mitrailleuse de 0,30 avec quatre mille cartouches, vingt-deux grenades à mains, vingt-quatre mines, rack pour l'emport de douze fusils Garand M1
Blindage : 6,35 mm (12,5 mm pour le volet de pare-brise)

Big-Block

Le concept du semi-chenillé date d'avant la Première Guerre mondiale. Il s'agit ni plus ni moins d'un camion dont on a ôté l'essieu arrière pour le remplacer par un ensemble chenillé à l'arrière. C'est d'ailleurs un Français, Adolphe Kégresse, qui eut l'idée de réaliser un semi-chenillé pour le compte du tsar de Russie afin que celui-ci puisse se déplacer en automobile sur les étendues neigeuses. Impressionné par la technique mise au point par Kégresse, Citroën présenta ensuite ses fameuses autochenilles B2, puis C4 et C6, qui s'illustrèrent durant la fameuse Croisière noire (1922-1923), puis dans la Croisière jaune (1931-1932). L'aptitude en tout-terrain de tels engins finit par attirer l'attention des militaires et l'idée fait donc son chemin un peu partout au sein de la plupart des armées. Aux États-Unis, de nombreux semi-chenillés ont pu être testés dès le début des années 1930.

Naissance d'un nouvel engin

L'armée américaine ne souhaite pas se contenter d'un camion semi-chenillé. Ce que veut l'Ordnance Corps, c'est un véhicule particulièrement mobile, capable de tracter une remorque ou un canon et d'emmener au plus près du champ de bataille des hommes et des munitions, tout en assurant des missions de reconnaissance. Une fois de plus, nous sommes en présence d'un concept d'engin assez universel, tout comme la Jeep et le GMC. La firme White a, dès 1939, esquissé un projet qui intéresse l'armée. Ayant déjà réalisé le scout-car, un engin de reconnaissance blindé 4 x 4, le constructeur White a alors une petite avance sur ses concurrents. De plus, la firme (spécialisée à l'origine dans les poids lourds) dispose d'un bon moteur et de transmissions robustes. Le scout-car va donc offrir sa silhouette au futur half-track américain. Quant au train de roulement, il s'inspire de celui mis au point sur un engin semi-chenillé Marmon-Herrington (sur châssis Ford), le M2. Pour simplifier, le projet de White se compose d'un scout-car rallongé muni d'un train de roulement élaboré par Marmon-Herrington. Ce prototype est baptisé T7, et la mise au point est ensuite confiée à un autre constructeur de camions : Diamond T. Ce dernier se charge de finaliser le T7, qui devient le T14 avec un moteur plus puissant. On ne peut non plus oublier le rôle majeur joué par le manufacturier de pneumatiques Goodrich, qui met au point une chenille caoutchoutée moulée d'une seule pièce, légère et robuste, permettant d'affronter indifféremment la route et le tout-terrain.

Ce half-track à l'entraînement aux États-Unis est doté d'un mât pour monter une mitrailleuse, absente ici. À l'arrière-plan, un canon antichar de 37 mm fait feu. Les GI ont revêtu une tenue camouflée utilisée presque exclusivement dans le Pacifique. (Library of Congress, FSA-OWI)

Construits en série

Le T14 est tout d'abord conçu en tant qu'engin de reconnaissance, sa désignation étant "Half-Track Scout Car T14", mais il peut aussi servir à la traction de canons de campagne. Dans la nomenclature militaire, il est alors le M2. Il se reconnaît à sa caisse courte, l'absence de portière d'accès arrière et des coffres à munitions extérieurs pour les obus. Dix hommes peuvent prendre place à bord. Pour la production en grande série, le projet est dévolu à la société Autocar (elle aussi spécialisée dans les poids lourds). Pour faire face aux besoins, le T14 donne naissance à un second modèle, le M3, un transport de troupe à caisse rallongée avec une porte arrière et capable d'accueillir treize hommes (il est dépourvu des grands coffres extérieurs). Mais, très vite, la volonté de standardiser au maximum les pièces et les besoins va provoquer une fusion des fabrications, car le M2 et le M3 sont, dans la réalité des faits, utilisés aussi bien comme tracteurs d'artillerie, engins de reconnaissance ou transport de troupes, voire engins de servitude. Ce sera d'ailleurs un peu un casse-tête pour les têtes pensantes de l'Army qui chercheront finalement à unifier les gammes en imposant la fabrication d'un seul et unique engin – un peu comme la Jeep – sans vraiment y parvenir, car, devant les immenses besoins, l'armée américaine ne fait pas la fine bouche et utilise indifféremment ses M2 et ses M3 pour des missions parfois identiques. Les premiers M2 sont en dotation à partir du 21 mai 1941. Comme il est d'usage aux États-Unis, une seule firme ne peut faire face à la demande et ces M2 sont assemblés par White et Autocar jusqu'à l'automne 1943. Pour rationaliser la production, tous les semi-chenillés sont motorisés par un

La firme Autocar, qui construit des camions, va assembler un très grand nombre de half-tracks afin d'épauler White qui a du mal à faire face à la demande. (Collection Big-Block)

moteur White 160AX, des transmissions Spicer et des ponts Timken, mais il faut encore accroître la production, c'est du moins ce que pense l'Ordnance Corps qui prévoit des chiffres de production énormes pour les années à venir. C'est pourquoi les services d'approvisionnement se tournent vers un nouveau sous-traitant, la firme International, afin, entre autres, de produire des half-tracks pour les alliés britanniques, canadiens ou soviétiques. En fait, à partir de 1943, les chiffres vont être revus à la baisse (ceci est d'ailleurs valable pour la plupart des véhicules de l'armée américaine), ce qui prouve au passage qu'à partir de 1943, avant même le jour J de juin 1944, les forces américaines savent que la victoire finale est dans leur camp et qu'il est inutile de poursuivre un effort de guerre démesuré.

Des ouvriers s'activent autour du moteur White. Comme la plupart des moteurs d'engins militaires américains, il est d'une robustesse à toute épreuve. Il faut dire qu'avec presque 7,5 litres de cylindrée, des soupapes latérales et 127 ch réels, le bloc est largement dimensionné. (Library of Congress, FSA-OWI)

Des soldats américains s'apprêtent à embarquer pour la France avec leur half-track. L'homme sur le capot lit un petit guide sur la France, qui a été distribué quelques jours avant le D-day. La mitrailleuse est montée sur un affût M49 Pulpit, qui comporte des plaques de blindage frontales et latérales (non visibles ici, car le véhicule est bâché). L'engin est équipé du fording kit comprenant un tuyau d'air pour le filtre à gauche et ce qui semble être une mise à l'air au niveau du capot (devant la vitre côté passager). (NARA)

Cette vue nous dévoile l'armement d'un M15A1, un half-track antiaérien (utilisé aussi en tir tendu). Il est composé de deux mitrailleuses de 12,7 mm encadrant un canon de 37 mm. (NARA)

La firme International a été appelée à la rescousse pour assurer la production de la variante antiaérienne M16 du half-track. Il s'agit du M17. Par rapport au White, le M17 Autocar est propulsé par un moteur maison, le RED-450B à soupapes en tête. Mais, pour des raisons de logistique, les M17 sont fournis à l'URSS. (Collection Big-Block)

Ce gros plan sur l'armement du M16 nous montre l'affût M45 Maxson avec quatre mitrailleuses de 12,7 mm. La puissance de feu est redoutable et peut dresser un rideau de projectiles en quelques secondes. Utilisé en appui-feu, cet affût quadruple sera tout aussi dévastateur. Chacun des casiers contient deux cents cartouches et les armes ont une cadence unitaire de cinq cents coups, au maximum, par minute (ce qui signifie qu'un tel armement tire deux mille munitions en soixante secondes !). L'affût est mû électriquement par des petits moteurs et des batteries chargées par un petit moteur à essence. (Big-Block)

Un half-track M16 débarque d'un LCT. Ces half-tracks antiaériens étaient chargés de protéger des installations, des voies de communication, des ouvrages d'art ou des concentrations de troupes. (NARA)

Un half-track avec affût Pulpit passe devant un Sturmgeschutz détruit. Le semi-chenillé américain souffrait d'un manque cruel de protection contre n'importe quel obus perforant, même de petit calibre. Quant aux hommes dans la caisse, l'absence de toit les condamnait irrémédiablement si une grenade ou un obus de mortier venait à éclater à l'intérieur ! (NARA)

Un half-track M3A1 tractant un canon de 27 mm traverse le village de Roncey dans la Manche le 1er août 1944. Plusieurs véhicules allemands ont été détruits près de l'église en ruine. Sur le semi-chenillé américain, les racks porte-bagages arrière permettent de libérer un peu de place à l'intérieur de l'étroite caisse. (NARA)

Les half-tracks sortis des usines International se caractérisent par un dessin de caisse arrière avec des angles arrondis (ils sont à angles droits sur les productions White et Autocar). (Big-Block)

Un cas International

Les half-tracks International sont sensiblement différents des M2 et M3. Ils changent tout d'abord de dénomination : le M2 International est baptisé M2A5 puis M9, tandis que le M3 est un M3E2 puis M5. Le moteur n'est plus un White, mais un International Harvester Red 450-B un peu moins puissant. Le pont avant type n'est pas le même, tout comme les garde-boue (plats, sans bavolet latéral) et la caisse est d'un dessin assez différent, légèrement arrondie au niveau des angles arrière. En outre, les engins International se distinguent par un blindage plus important, mais qui n'est pas plus protecteur que celui des M2 ou M3. Cet acier est dit "homogène" et il permet de réaliser des formes embouties avec moins de soudures. Pour compliquer l'identification, les M9 reçoivent la même caisse. Contrairement aux M2, le M9 ne dispose donc pas de coffres à munitions et il reçoit de surcroît une porte arrière. Ceci complique la logistique, mais, ces véhicules étant réservés aux Alliés, ils ne font normalement pas partie du parc militaire américain. La Grande-Bretagne et le Canada seront largement pourvus (presque cinq mille sept cents exemplaires), mais les Forces françaises libres en seront aussi largement équipées, puisque plus de mille quatre cents exemplaires rejoindront les "dissidents" gaullistes. Dans le même temps, il est décidé d'ajouter une arme de défense de 12,7 mm sur un affût M49 décalé à droite, derrière le siège du passager. Cette disposition est appliquée et même "rétrofitée" sur un grand nombre de half-tracks qui deviennent alors des M2A1, M3A1 ou encore M5A1 et M9A1 s'ils ont été conçus par International. D'anciens modèles furent mis aux standards des nouvelles séries au gré des réparations ou lors des grandes révisions. Ainsi est apparue une version White M3A2 (ou International M5A2) qui devait remplacer tous les modèles afin d'unifier la production. Ces semi-chenillés ne furent finalement jamais produits, mais des kits furent distribués au fil du conflit, de telle sorte que divers accessoires originellement proposés de série sur le M3A2 furent adaptés à des véhicules antérieurs. C'est le cas des racks arrière permettant d'emporter des bidons, jerrycans, caisses et accessoires en tout genre. Plusieurs variantes ont vu le jour. La plupart ont reçu des armements allant du canon antichar au canon de campagne en passant par des engins dotés d'armes antiaériennes ou de mortiers de 81 mm. Ces deux dernières variantes ont plus précisément participé à la libération de l'Europe.

Revue de détails

En Normandie, le blindage est le talon d'Achille du half-track. Avec une caisse épaisse de 6,35 mm à 6,5 mm, il est loin d'être à l'épreuve des modernes armes allemandes. Ce blindage léger est d'ailleurs critiqué par les GI et le manque de protection sur le dessus ne met pas à l'abri les hommes contre les jets de grenades ou les éclats d'obus. À la décharge du véhicule, il faut admettre qu'un surblindage aurait nui à la mobilité du semi-chenillé. Si l'absence de toit facilitait l'évacuation en urgence, les soldats étaient alors dangereusement exposés. Ceci était d'autant plus vrai sur le M2 dépourvu de portière arrière. À l'avant, un blindage plus épais (12,7 mm) permet de protéger les vitres du pare-brise (mais il faut au préalable démonter les éléments en verre). Le radiateur comporte des volets blindés qui peuvent s'entrouvrir, s'obturer ou s'ouvrir complètement grâce à un levier commandé par le conducteur. Le moteur White est un six-cylindres culbuté de 147 ch. Il est accolé à un embrayage à sec et à une boîte Spicer avec boîte auxiliaire intégrée à quatre rapports. Certains véhicules sont en outre équipés d'un treuil Tulsa. Celui-ci est actionné par un arbre et une prise de force sur la boîte de vitesses. D'autres engins sont dotés d'un rouleau avec amortisseurs facilitant les franchissements de fossés. Les ponts sont des Timken et celui situé à l'arrière entraîne la chenille caoutchoutée par un barbotin situé en avant. Quatre galets avec bandes de roulement en caoutchouc maintiennent la chenille au sol. Cette dernière offre une longueur de roulement de 1,20 m. À l'intérieur, on trouve deux rangées de cinq places sur le M3 (trois hommes pouvant aussi se tenir dans le poste de conduite). Les réservoirs d'essence de type auto-obturant sont situés dans la caisse de chaque côté. Sur le M3, ils sont reportés derrière les sièges avant et servent de dossier pour les emplacements des premières rangées. Sur le M2, les volumineux coffres à munitions occupant une grosse partie de l'espace derrière les sièges avant, les réservoirs sont installés dans la caisse à l'arrière, toujours le long des parois. Au niveau de l'armement, le M2 est à l'origine équipé d'un rail faisant tout le tour de la caisse (comme sur le scout-car) sur lequel peuvent coulisser des mitrailleuses de 7,62 ou de 12,7 mm. Mais, très vite, ce rail s'avère peu pratique, le servant ne pouvant aisément circuler dans la caisse si celle-ci est occupée. Le M3 est mieux loti avec un simple affût monopode reporté à l'avant entre les sièges. Finalement, en 1943, tous les véhicules sont équipés d'un affût circulaire type M49 avec plaque de blindage, le fameux pulpit (ce qui signifie "chaire d'église"), portant une arme de 12,7 mm. Des emplacements latéraux et arrière étaient aussi prévus pour monter des mitrailleuses de 7,62 mm, mais pas sur tous les modèles, cette disposition, prévue de série sur les M3A2 et M3A5 étant parfois adaptée à partir de kits. Pour préserver l'équipage des intempéries, trois arceaux tubulaires étaient prévus. Ils supportaient alors une capote qui s'étirait sur toute la surface du véhicule.

Le treuil Tulsa équipait environ un véhicule sur trois. D'une capacité de 4 450 kg, ce treuil était entraîné par une prise de force. Certains équipages trouvaient cet accessoire encombrant, car il augmentait inutilement le porte-à-faux du véhicule et réduisait d'autant ses capacités de franchissement. (Big-Block)

Le half-track "Kichi Kichi" du 10e régiment de marche du Tchad de la 2e DB défile à Paris en 1944. (Library of Congress, FSA-OWI)

Big Block

Une automitrailleuse M.8 du 25th Cavalry Reconnaissance Squadron de la 4th US Armored Division traverse le bourg de Bréhal (dans la Manche) le 31 juillet 1944. Si les hommes dans la caisse portent le casque des tankistes en fibre, le chef de char et le tireur conservent le casque lourd. (NARA)

FORD GAK-M8
CAR, ARMOURED, LIGHT, M8, 6 X 6

Moteur : Hercules JXD, six cylindres, quatre temps, à soupapes latérales, 5 245 cm^3, développant 110 ch à 2 700 tr/min
Transmission : embrayage à sec avec boîte de vitesses à quatre rapports, boîte de transfert à deux rapports
Freinage : tambours hydrauliques à servo-dépression sur les six roues
Suspensions : à l'avant, lames semi-elliptiques avec amortisseurs hydrauliques ; à l'arrière, bogie avec lames semi-elliptiques inversées
Poids à vide : 6 550 kg
Charge utile : 900 kg
Poids total : 7 450 kg
Autonomie : 470 km
Réservoir : 210 litres
Vitesse maximale : 90 km/h
Armement : un canon de 37 mm M6 alimenté par quatre-vingts obus, une mitrailleuse coaxiale de 0,30 avec mille cinq cents cartouches, possibilité de monter une mitrailleuse de 0,50 sur la tourelle, six mines antichar, seize grenades à mains, quatre pots fumigène
Blindage : de 3 mm à 19 mm

Avant d'être une automitrailleuse, le Ford M8 avait été conçu comme un Tank Destroyer à roues. Très vite, le canon de 37 mm qui arme la tourelle s'avère d'un bien trop petit calibre pour engager un blindé ennemi, mais, grâce à sa vitesse de pointe de 90 km/h (ce qui lui vaudra le surnom de "Greyhound", "lévrier" chez les Anglais), le M8 est adopté comme engin de reconnaissance. Si le prototype T22 sort vainqueur d'un comparatif mené début 1942, ce n'est qu'en mars 1943 que sa production est finalement lancée. Les premiers véhicules connaissent leur baptême du feu en Italie et des milliers seront de tous les combats de la libération, y compris chez les Britanniques qui en reçurent un bon millier. Le M8 avait pourtant bien des défauts : il connut tout d'abord quelques problèmes de fiabilité, sa motricité en tout-terrain était plus que moyenne (le M3 Scout Car qu'il remplaçait faisait mieux), son blindage résistait mal aux feux nourris et, surtout, son plancher était particulièrement vulnérable aux mines. Toutefois, il était un bon compromis entre mobilité et puissance de feu, et sa production continua jusqu'en juin 1945. Au total, huit mille cinq cent vingt-trois de ces 6 x 6 blindés furent construits.

FORD GBK-M20
CAR, ARMOURED, UTILITY, M20, 6 X 6

Moteur : Hercules JXD, six cylindres, quatre temps, à soupapes latérales, 5 245 cm³, développant 110 ch à 2 700 tr/min
Transmission : embrayage à sec avec boîte de vitesses à quatre rapports, boîte de transfert à deux rapports
Freinage : tambours hydrauliques à servo-dépression sur les six roues
Suspensions : à l'avant, lames semi-elliptiques avec amortisseurs hydrauliques ; à l'arrière, bogie avec lames semi-elliptiques inversées
Poids à vide : 5 550 kg
Charge utile : 1 100 kg
Poids total : 6 600 kg
Autonomie : 500 km
Réservoir : 210 litres
Vitesse maximale : 90 km/h
Armement : une mitrailleuse de 0,50 avec mille cartouches, douze grenades à main, dix roquettes antichar pour bazooka
Blindage : de 3 mm à 19 mm

Big-Block

Extrapolé du Ford GAK-M8, le M20 était une version détourellée du véhicule précédent. Un poste ouvert était ménagé au centre, surmonté d'un affût circulaire pour une unique mitrailleuse de 12,7 mm. Pour compenser son faible armement, un bazooka faisait partie de son armement de bord. Il servit comme poste de commandement blindé aux unités de liaison ou encore au transport de personnel et de matériel. Sa production est toutefois restée plus confidentielle que celle du M8 avec trois mille sept cent quatre-vingt-onze exemplaires.

Le Ford M20 du Major General Collins arrive place de l'Hôtel-de-Ville à Cherbourg, le 27 juin 1944, pour une cérémonie célébrant la libération de la ville. (NARA)

LES VÉHICULES BLINDÉS LÉGERS CANADIENS ET BRITANNIQUES

GROS PLAN

DAIMLER DINGO

Un scout-car qui a du chien !

Le Dingo est un des véhicules emblématiques de l'armée britannique. Il s'agit d'un véhicule de reconnaissance et de liaison particulièrement bien né et c'est l'un des rares engins de l'arsenal britannique à être fabriqué sans grosse modification durant toute la guerre. Il servira aussi de nombreuses autres forces armées pendant encore de longues décennies après le conflit.

Big-Block

DAIMLER MK II DINGO SCOUT CAR, 4 X 4

Moteur : six cylindres, quatre temps, à soupapes en tête, 2 520 cm^3, développant 55 ch à 4 200 tr/min
Transmission : pas d'embrayage, mais un volant moteur hydraulique couplé à une boîte de vitesses à présélection comportant cinq rapports, transmission par demi-arbre avec différentiels
Freinage : tambours hydrauliques sur les quatre roues
Suspensions : indépendantes avec ressorts hélicoïdaux
Poids à vide : 2 400 kg
Poids total : 300 kg
Autonomie : 320 km
Réservoir : 68 litres
Vitesse maximale : 70 km/h
Armement : un canon Boys antichar de 0,55 ou un fusil-mitrailleur Bren de 0,303
Blindage : 30 mm au maximum

En 1938, le prototype de scout-car 4 x 4 présenté par la firme BSA retient toute l'attention. Il est en concurrence avec deux autres projets, celui de la société Alvis et celui de Morris. Le BSA se présente comme un engin original, extrêmement compact, avec un empattement très réduit et une construction monocoque avant-gardiste. L'engin est aussi doté d'une transmission à présélection lui permettant d'offrir cinq rapports en avant comme en arrière et de quatre roues directrices. Le conducteur n'est d'ailleurs pas totalement face à la route, mais légèrement en oblique pour pouvoir rapidement dégager en marche arrière si besoin est. Le deuxième poste permet soit d'utiliser la radio modèle 19, soit de faire feu avec l'arme de bord, généralement un fusil-mitrailleur Bren. Rapide (il frise les 80 km/h), le Dingo s'avère aussi correctement blindé avec 30 mm d'acier sur la face avant et des pneumatiques à gomme dure, non gonflés, lui permettant de continuer à rouler même si un éclat ou une balle l'a perforé. Son centre de gravité assez bas et ses suspensions indépendantes en font un engin à l'aise sur la route et sa taille réduite alliée à de grosses roues lui permet de passer à peu près partout. Mais BSA vient tout juste d'être rachetée par Daimler et c'est ce dernier qui va assurer l'essentiel de la production (la société Humber sera aussi sollicitée). Les premiers Mk I ont un toit blindé coulissant abandonné par la suite sur les Mk IA, qui se contentent d'une toile, mais se voient aussi améliorés au niveau des suspensions et du moteur. Les quatre roues directrices sont finalement abandonnées, car elles rendent la conduite difficile, aussi le Mk II se contente-t-il de roues avant directionnelles. Enfin, le Mk III est reconnaissable par l'absence de toit et par son moteur entièrement étanche. L'Angleterre assembla six mille six cent vingt-six Dingo, mais le Canada réalisa aussi ses propres engins, baptisés Lynx, à raison de trois mille deux cent cinquante-cinq exemplaires. Ils provenaient des usines Ford, mais la caisse était soudée chez International Harvester. Le moteur six cylindres était, quant à lui, troqué pour un V8 Ford et le Lynx perdait la transmission hydraulique au profit d'une boîte de vitesses classique à quatre rapports avec boîte de transfert. Le Dingo n'est certes pas exempt de défauts (il est quand même sensible aux coups directs et aux mines), mais il reste très populaire. Vers l'année 1943, lorsque de nouveaux véhicules de reconnaissance mieux armés (mais pas mieux blindés) entrent en dotation dans les régiments blindés, il reste toujours très apprécié dans l'infanterie

Le Dingo disposait de trois ouvertures à l'avant. Une pour le conducteur, une deuxième pour l'observateur, et une troisième, de taille plus réduite, pour pouvoir mettre en batterie une arme. (Big-Block)

Archives of Canada

GM CRAC OTTER I
LIGHT RECONNAISSANCE CAR, 4 X 4

Moteur : six cylindres, quatre temps, à soupapes latérales, 4 425 cm³, développant 106 ch à 300 tr/min
Transmission : boîte de vitesses à quatre rapports, boîte de transfert à simple rapport, pont avant décrabotable
Freinage : tambours hydrauliques à dépression sur les quatre roues
Suspensions : ressorts à lames longitudinales avec amortisseurs hydrauliques
Poids à vide : 4 005 kg
Poids total : 4 976 kg
Autonomie : 420 km
Réservoir : 121 litres
Vitesse maximale : 60 km/h
Armement : un canon Boys antichar de 0,55 et une mitrailleuse Bren de 0,303
Blindage : de 6 à 12 mm au maximum

La division canadienne de Chevrolet conçoit un véhicule de reconnaissance blindé sur la plate-forme du camion 4 x 4 blindé Chevrolet C-15TA. Ce blindage était conçu par la firme Hamilton Bridge Company, mais le C-15TA conservait une caisse arrière ouverte. L'Otter est destiné à suppléer au manque de Humber Mk III de reconnaissance. La tourelle supérieure portant le fusil-mitrailleur peut pivoter sur 360°, mais elle n'est pas fermée sur le dessus. Le canon antichar est quant à lui logé sur la caisse à l'avant, côté passager. Ces engins de reconnaissance légers seront construits à mille sept cent soixante et un exemplaires.

Big-Block

HUMBER MK I
SCOUT CAR, 4 X 4

Moteur : six cylindres, quatre temps, à soupapes latérales, 4 088 cm³, développant 87 ch à 3 200 tr/min
Transmission : boîte de vitesses à quatre rapports, boîte de transfert à deux rapports, pont avant décrabotable
Freinage : tambours hydrauliques sur les quatre roues
Suspensions : indépendantes avec ressorts à lames transversales à l'avant ; ressorts à lames longitudinales avec amortisseurs hydrauliques à l'arrière
Poids total : 6 885 kg
Autonomie : 390 km
Réservoir : 88 litres
Vitesse maximale : 75 km/h
Armement : deux fusils-mitrailleurs Bren de 0,303 télécommandés
Blindage : 14 mm maxi

Le Daimler Dingo est tellement apprécié qu'il est demandé à la firme d'en dériver une version mieux armée. Mais Daimler ne peut répondre à la demande et le groupe Rootes, approché pour produire le Dingo, décide de répondre à l'appel d'offres avec son propre engin. Ce sera le Humber Mk I développé en 1942 et adopté l'année suivante. Les performances sont à la hauteur puisque, sur route, cette voiture blindée avec moteur à l'arrière atteint presque 105 km/h. L'armement est dévolu à une paire de fusils-mitrailleurs Bren, montés sur un pivot Parrish-Lakeman, et dont le réglage peut s'effectuer depuis l'intérieur grâce à une commande électrique. Une radio modèle 19 est embarquée pour les liaisons. Deux hommes peuvent s'installer à bord, mais un strapontin permet à une troisième personne de prendre place. Le Humber est très apprécié, car il est rapide et offre une meilleure protection que le Dingo, mais il est aussi moins compact. Il sera versé dans les régiments blindés comme ceux d'infanterie. Le Mk II était identique, excepté au niveau de la transmission.

L'équipage, souriant, d'un Humber Mk I canadien. Notez les gourdes fixées à l'intérieur de la trappe. (Archives of Canada)

MORRIS MK II, CAR, LIGHT RECONNAISSANCE, 4 X 4

Moteur : Morris EK 3501, quatre cylindres, quatre temps, à soupapes latérales, 3 501 cm^3, développant 71 ch à 300 tr/min
Transmission : boîte de vitesses à quatre rapports, boîte de transfert à deux rapports
Freinage : tambours hydrauliques sur les quatre roues
Suspensions : à l'avant, indépendantes avec ressorts hélicoïdaux ; à l'arrière, ressorts à lames longitudinales avec amortisseurs hydrauliques
Poids à vide : 3 250 kg
Poids total : nc
Autonomie : 230 km
Réservoir : 64 litres
Vitesse maximale : 80 km/h
Armement : un canon Boys antichar de 0,55 et une mitrailleuse Bren de 0,303
Blindage : de 8 mm à 14 mm

Archives of Canada

Il s'agit d'un des plus petits véhicules de reconnaissance léger utilisé par les armées britanniques et canadiennes. Basé sur un châssis de camion léger Morris en configuration 4 x 2, il embarque avec lui un équipage de trois hommes, le conducteur se trouvant au milieu. Deux postes de tir l'un à côté de l'autre sont occupés par deux autres hommes. Le commandant occupe le poste de gauche où est logée la radio modèle 19. La trappe de toit au-dessus de lui, en se soulevant, lui sert de plaque permettant de fixer un canon antichar Boys. À droite, le servant du fusil-mitrailleur Bren est protégé par une tourelle. L'arme de calibre 0,303 est alimentée non pas par des chargeurs droits, comme dans l'infanterie, mais par des chargeurs tambours de cent cartouches. Les Mk I sont produits à environ mille exemplaires. Ils servent aussi bien dans des unités de reconnaissance que dans les unités au sol de la RAF pour assurer la protection des aérodromes hors métropole. Le Mk II (mille cinq cents exemplaires) est très semblable, mais il s'agit d'un 4 x 4 qui perd la suspension avant indépendante au profit d'une classique suspension par lames. Cette version n'a vu le feu que lors de la libération de l'Europe et certains exemplaires ont été débarrassés de la tourelle (voir photo), sûrement afin de rendre le véhicule plus discret.

HUMBER MK III CAR, LIGHT RECONNAISSANCE, 4 X 4

Moteur : six cylindres, quatre temps, à soupapes latérales, 4 088 cm^3, développant 87 ch à 3 200 tr/min
Transmission : embrayage à sec, boîte de vitesses à quatre rapports, boîte de transfert à deux rapports, pont avant décrabotable
Freinage : tambours hydrauliques sur les quatre roues
Suspensions : à l'avant, indépendantes avec ressorts à lames transversales ; à l'arrière, ressorts à lames longitudinales avec amortisseurs hydrauliques
Poids total : 6 900 kg
Autonomie : 400 km
Réservoir : 88 litres
Vitesse maximale : 72 km/h
Armement : un canon Boys antichar de 0,55, une mitrailleuse Bren de 0,303
Blindage : 12 mm maxi

Cette automitrailleuse de reconnaissance, d'abord destinée à la RAF pour sécuriser les aérodromes, était construite sur le châssis de la berline de "luxe" Humber Snipe. Les premières séries Mk I sont d'ailleurs de simples berlines 4 x 2 blindées, mais dépourvues de toit. La Mk II est entièrement blindée et munie d'une petite tourelle armée, tout comme le Mk III qui, lui, est assemblé sur la plate-forme du Humber FWD à transmission intégrale. L'armement a légèrement différé selon les versions : les deux mitrailleuses Vickers de 0,303 ont peu à peu cédé leur place, sur le Mk III, à un fusil-mitrailleur Bren en tourelle et un canon antichar Boys monté à l'avant. La production cesse en 1943 après la fabrication de trois mille six cents unités, tous types confondus, mais on retrouve ces véhicules au sein des forces canadiennes débarquant en juin 1944.

Archives of Canada

CHEVROLET STAGHOUND T17E1
CAR, ARMOURED MEDIUM, M6, 4 X 4

Moteur : deux GMC, six cylindres, quatre temps, à soupapes en tête, 4 426 cm^3, développant 97 ch à 3 000 tr/min unitaire
Transmission : deux boîtes de vitesses automatiques à quatre rapports, une boîte de transfert commune à deux rapports
Freinage : tambours hydrauliques à servo-dépression sur les six roues
Suspensions : lames semi-elliptiques avec amortisseurs hydrauliques
Poids à vide : 12 000 kg
Poids total : 13 200 kg
Autonomie : 800 km
Réservoir : 578 litres (avec deux réservoirs supplémentaires)
Armement : un canon de 37 mm M6 alimenté par cent trois obus, trois mitrailleuses de 0,30 avec cinq mille deux cent cinquante cartouches, douze grenades à main, un mortier fumigène avec quatorze projectiles
Blindage : de 13 mm à 51 mm

Il ne s'agit pas d'un véhicule britannique à proprement parler puisqu'il est d'origine américaine, mais il a été conçu pour les Britanniques lors de leurs opérations dans le désert. Il s'agit d'un véritable blindé, plutôt lourd et massif, mais qui est propulsé par deux moteurs accouplés de 97 ch chacun. Ainsi motorisé, le Staghound atteint 90 km/h, ce qui est remarquable. Ses grosses roues permettent de résister aux éclats et aux tirs d'armes légères et la tourelle est armée du classique canon de 37 mm avec une mitrailleuse coaxiale, une autre arme sur la caisse à l'avant, et plus tard une troisième 0,30 sur affût pivot sur la tourelle. Des réservoirs largables sont fixés latéralement et augmentent l'autonomie. L'engin est exclusivement réservé aux Anglais, c'est pourquoi il porte la désignation T17, mentionnant qu'il n'est pas "standard" dans la nomenclature américaine. Il a été employé durant toute la campagne d'Europe en compagnie d'une variante avec tourelle antiaérienne commandée électriquement. Au combat, le blindé est apprécié pour sa vélocité et la protection de son blindage, mais, une fois de plus, le canon de 37 mm est une arme antichar trop peu performante. De plus, le Staghound est quelque peu handicapé par sa silhouette assez haute qui le pénalise sur le théâtre d'opérations européen.

Ce Staghound canadien franchit ici la Seine à Elbeuf sur un pont posé par le génie. (Archives of Canada)

Big-Block

DAIMLER MKI ARMOURED CAR, 4 X 4

Moteur : six cylindres, quatre temps, à soupapes en tête, 4 095 cm^3, développant 95 ch à 3 000 tr/min unitaire
Transmission : boîte de vitesses à cinq rapports avant et arrière, une boîte de transfert à simple rapport avec différentiels
Freinage : disques hydrauliques à servo-dépression sur les quatre roues
Suspensions : indépendantes, avec ressorts hélicoïdaux et amortisseurs hydrauliques
Poids à vide : 7 110 kg
Poids total : 7 600 kg
Autonomie : 320 km
Réservoir : nc
Armement : un canon de 2 livres (40 mm), une mitrailleuse de 0,303
Blindage : jusqu'à à 25 mm

À partir du performant châssis du scout-car Dingo, Daimler développe durant l'année 1939 une version armée et blindée tout aussi agile. Mais le surpoids engendré par la tourelle met quelque peu à mal les transmissions, de telle sorte que ce Daimler ne sera réellement disponible qu'à partir du printemps 1941. Ce Mk II dispose d'une mécanique plus puissante et ses dimensions sont plus généreuses que le Dingo, afin de s'accommoder d'un troisième homme d'équipage. La tourelle est armée du canon standard du début de la guerre, le "2 livres" de 40 mm. Cette tourelle n'est autre que celle du char Vickers-Armstrong Tetrarch I, un char léger mis en service en même temps, mais dont la vie opérationnelle sera des plus courtes. En son temps, le Daimler est donc aussi bien armé qu'un char de combat standard, mais il offre des performances nettement plus importantes grâce à ses suspensions indépendantes. Le canon ne s'accommode toutefois pas de munitions explosives, ce qui rend l'engin peu apte au soutien d'infanterie, et son blindage reste limité afin de favoriser la mobilité. Une des particularités de ce blindé est de bénéficier de cinq rapports en marche arrière, celle-ci pouvant être utilisée par le chef de char depuis son poste, ce qui facilite les manœuvres d'évasion. Même si son canon est dépassé en 1944, le Daimler Mk I et le Mk II (avec une tourelle améliorée et une trappe d'évacuation pour le conducteur) restent des engins fiables et très efficaces. Un peu moins de trois mille exemplaires ont été construits jusqu'à la fin du conflit.

HUMBER MK IV ARMOURED CAR, 4 X 4

Moteur : six cylindres, quatre temps, à soupapes latérales, 4 088 cm^3, développant 87 ch à 3 200 tr/min
Transmission : boîte de vitesses à quatre rapports, boîte de transfert à deux rapports, pont avant décrabotable
Freinage : tambours hydrauliques à servo-dépression sur les quatre roues
Suspensions : ressorts multilames avec amortisseurs hydrauliques
Poids total : 7 100 kg
Autonomie : 400 km
Réservoir : 88 litres
Vitesse maximale : 72 km/h
Armement : un canon de 37 mm M6, une mitrailleuse de Besa de 7,92 mm
Blindage : 15 mm maxi

C'est à la marque Guy que l'on doit le premier véritable char léger à roues britannique avec l'apparition du "Tank, Light, Wheeled Mk I" en 1938. Mais la firme ne put poursuivre la production, étant accaparée par d'autres commandes. Humber, alors filiale du groupe Rootes, récupéra alors la caisse soudée du véhicule Guy pour la monter sur le châssis d'un tracteur d'artillerie Karrier KT4 (Karrier étant elle aussi une filiale de Rootes) en déplaçant le moteur vers l'arrière. La tourelle était armée, sur les séries Mk I à Mk III, d'une mitrailleuse lourde Besa de 15 mm, couplée à une seconde Besa de 7,92 mm (parfois, une Vickers de 0,303 était montée sur la tourelle comme arme antiaérienne). Le Mk II, construit à quatre cent quarante exemplaires, se contentait d'une amélioration du blindage au niveau du radiateur et du conducteur, mais le Mk III de 1942 se distinguait par sa tourelle plus vaste avec un homme supplémentaire portant l'équipage à trois individus (ce troisième homme étant le radio). Enfin, la dernière version Mk IV qui entra en service en 1943 voyait son armement amélioré avec un canon américain M5 ou M6 de 37 mm, parfois remplacé par le "2 livres" de 40 mm "made in England". Un quatrième homme prenait place à bord. De par la faiblesse de cet armement, ces engins furent peu à peu retirés des régiments de voitures blindées pour être redistribués dans les unités de reconnaissance. Les Canadiens fabriquèrent leur propre modèle dans les usines de la General Motors. Ils étaient baptisés GM CAC Fox I et étaient propulsés par l'inévitable six-cylindres GM de 270 cid. Quelques Mk III britanniques furent aussi transformés en véhicule radio avec une tourelle fixe et un faux canon, la culasse d'une arme réelle ne pouvant prendre place dans l'étroit habitacle bardé de postes de radio. La production totale, y compris le Fox, représenta environ cinq mille six cents unités.

Le Mk IV est la dernière évolution du blindé à roue conçu par Guy à la veille de la Seconde Guerre mondiale. Le canon de 37 mm était toutefois une arme de trop petit calibre pour un blindé et les engins furent distribués au sein d'unités de reconnaissance. (IWM)

UNIVERSAL CARRIER
La bonne à tout faire du tommy

L'engin chenillé "Carrier, Tracked, Universal", aussi appelé Universal Carrier ou encore Bren Gun Carrier, fut le véhicule blindé le plus produit pendant la Seconde Guerre mondiale. Il est indissociable du tommy de la Libération de 1944 et a rempli à peu près toutes les missions allant du transport de troupes à l'acheminement de munitions, de la traction de pièces d'artillerie légères à la reconnaissance armée, de l'évacuation de blessés à l'attaque au lance-flamme, cette bête de somme à chenilles a traversé toute la guerre.

L'Universal Carrier trouve ses origines dans un blindé très léger mis au point à la fin des années 1920, le Carden Loyd Tankette Mk IV, un chenillé biplace particulièrement mobile qui connut un grand succès durant les années 1930. Lorsque la Vickers-Armstrong Company absorbe la Vivian Loyd & Co, elle reprend le concept d'un engin chenillé adapté à plusieurs missions. L'amélioration la plus visible au début 1937 est la forme du poste de tir très avancé par rapport au poste de conduite, ce qui permet au mitrailleur d'avoir un champ de tir très étendu sur les côtés. Cette disposition va devenir caractéristique de tous les véhicules suivants. Un autre engin est ensuite présenté, le "Carrier, Machine Gun n° 2, Mk I". Ce Carrier Tracked est armé d'une mitrailleuse Vickers et/ou d'un fusil antichar Boys. Mais, lorsque le fusil-mitrailleur Bren entre en service, la Vickers est peu à peu abandonnée. Le Bren finit par donner son nom à l'engin, qui devient le Carrier Bren n° 2 Mk I. Le train de roulement de ce dernier est modifié avec une poulie folle à l'avant fixée plus haut sur la caisse, ce qui améliore l'angle d'attaque en tout-terrain. Consciente de la polyvalence de l'engin, l'armée britannique réclame aussi un "Carrier, Cavalry Mk I" pour six hommes ou encore un Scout Carrier. Chaque fonction imposant une modification, il est décidé de simplifier la production avec un seul modèle dit "Universal" à partir de 1940. Ce sera le "Carrier, Universal n° 1 Mk I". La caisse fut donc redessinée, tout en demeurant très simple : le moteur est placé en position longitudinale dans la caisse arrière et sépare ainsi le compartiment en deux. Ces deux espaces de part et d'autre du moteur servent au transport de munitions, de matériel ou d'hommes. À l'avant, un autre compartiment sert de poste de tir (à gauche) et de poste de conduite (le pilote dispose d'un volant, contrairement à la plupart des engins chenillés où la direction est confiée à des leviers). Le volant vertical permet le gauchissement du train de roulement. Pour tourner davantage, il suffit de freiner la chenille concernée.

Un superbe Carrier refait à neuf par un groupe de reconstitution. Il porte les couleurs de la 56e d'infanterie indépendante. Si le chenillé permet l'emport d'hommes de troupes, leur position est peu confortable. (Big-Block)

UNIVERSAL CARRIER MK II
CARRIER, TRACKED, UNIVERSAL

Moteur : huit cylindres en V, quatre temps, à soupapes latérales, 3 621 cm³, développant 60 ch à 2 850 tr/min
Transmission : boîte de vitesses à quatre rapports, transmission par barbotin arrière
Freinage : tambours mécaniques, direction par gauchissement des chenilles
Suspensions : type Hortsmann avec double ressort hélicoïdal sur un bogie à deux galets et un galet traîné
Poids à vide : 3 300 kg
Poids total : 3 850 kg
Autonomie : 400 km
Réservoir : 75 litres
Vitesse maximale : nc
Armement : un fusil-mitrailleur Bren de 7,92 mm et/ou un fusil antichar Boys de calibre 0,55
Blindage : de 3 à 10 mm

Un Carrier canadien, construit par Ford, fait des essais sur la piste qui est à proximité de l'usine locale. Il s'agit du "Carrier, Universal, Mk I" réalisé sur le modèle du Carrier britannique, mais avec un moteur américain plus puissant de 25 ch. (Archives of Canada)

Encore un engin parfaitement restauré, aux couleurs cette fois d'un Universal Carrier des zones désertiques. Pour éviter le sable et la poussière, le conducteur a droit à un déflecteur et les trappes de vision sont obturées par des éléments transparents. L'armement est composé d'une Vickers refroidie par eau et par une mitrailleuse Besa de 7,92 mm. (Big-Block)

À droite, des civils français saluent leurs libérateurs. Le Carrier à l'arrière-plan est doté d'un crochet d'attelage. (Archives of Canada)

Cette vue d'un Universal Carrier en Italie nous permet de voir le volant vertical et le tableau de bord oblique rejeté à droite. Juste derrière le poste de conduite se trouve le ventilateur de refroidissement. Son fonctionnement engendrait un bruit assourdissant. (Archives of Canada)

Si le blindage peut sembler dérisoire (il ne dépasse pas 10 mm) et si l'absence de toit ne préserve pas l'équipage des intempéries, l'Universal Carrier est tout de même mieux protégé qu'une Jeep avec laquelle il partage bon nombre de missions. Les modifications furent minimes et concernèrent surtout la motorisation, confiée à un V8 Ford, mais dont la puissance allait de 65 à 85 ch. Sur le Mk II qui apparaît en 1943, quelques modifications eurent lieu. Elles visèrent essentiellement à modifier les casiers de rangement de l'équipage en les installant à l'extérieur pour libérer de la place à l'intérieur de la caisse. Un crochet d'attelage Stacey fut monté pour tracter un canon de 6 livres sur de courtes distances et l'on note sur les flancs l'apparition de marchepieds métalliques. La caisse est désormais soudée et perd les gros rivets caractéristiques. Entre-temps, l'Universal Carrier s'est adapté à d'autres rôles : transport de mortier avec ses servants et ses munitions (Carrier, 3-inch Mortar, n° 1, Mk I puis Mk II), chenillette lance-flamme Wasp Mk I et Mk II, etc. En Grande-Bretagne, plusieurs sociétés furent désignées pour assembler le chenillé. Environ soixante-huit mille Universal Carrier sont sortis des usines de production anglaises, sans compter les véhicules canadiens, australiens, néo-zélandais ou américains qui en ont assemblé près de cinquante mille autres.

L'autre Carrier

Un autre chenillé de transport fait son apparition en dotation dans l'armée britannique en 1940. Il s'agit d'un Loyd conçu cette fois pour le transport de troupes (jusqu'à huit hommes). Par rapport à l'Universal Carrier, la transmission s'effectue vers le barbotin avant, de telle sorte que la partie arrière soit libre d'accès. Le radiateur de refroidissement est désormais logé à l'arrière alors que, sur l'Universal Carrier, il est placé entre la cloison de la caisse et celle du poste de conduite. Le moteur, toujours en position centrale, est plus puissant de 25 ch. Le train de roulement est toujours identique avec ses suspensions Hortsmann, mais la direction se fait désormais par leviers. Davantage destiné à la logistique qu'à la reconnaissance, le Loyd est surtout utilisé pour la traction de pièces d'artillerie. Dans cette configuration, il est d'ailleurs nettement préféré au Bren, car les servants de la pièce bénéficient de vraies banquettes et peuvent être protégés des intempéries par une bâche montée sur arceaux, accessoires dont l'Universal Carrier ne bénéficia pas. Produit d'abord au compte-gouttes, avec seulement cent quatre-vingt-quatre exemplaires assemblés en 1940, la production fait un bond pour atteindre deux mille trois cent quatre-vingt-neuf exemplaires en 1942 et culmine même à neuf mille deux cent vingt-quatre exemplaires en 1944. La Loyd ne pouvant faire face à la demande, la fabrication du chenillé est confiée aussi à de nombreuses autres firmes comme Dennis, Ford, Sentinel ou Wolseley.

Une renommée internationale

La division Ford Canada produit, elle aussi, des Universal Carrier à raison de presque vingt-neuf mille exemplaires. Ils partagent de nombreuses pièces communes avec leurs homologues britanniques, mais le moteur est un peu plus puissant (il s'agit du même que celui du Loyd Carrier). La caisse est construite par la Dominion Bridge Company. Le Windsor est, quant à lui, un modèle canadien

hybride qui reprend le concept du tracteur d'artillerie type Loyd, mais qui conserve l'entraînement par barbotin arrière. Il s'agit un peu d'un Universal agrandi (avec un galet supplémentaire) et équipé d'une bâche de protection sur arceau. Cinq mille Windsor sont assemblés à partir de 1943. Les Américains produiront un Universal Carrier T16 pour leurs alliés uniquement. L'usine Ford de Somerville dans le Massachusetts produira treize mille huit cent quatre-vingt-treize de ces T16. L'engin est motorisé par un Ford-Mercury de 100 ch, comprend une direction par différentiel et son train de roulement comporte un galet supplémentaire (la répartition s'effectuant en deux bogies). La caisse est aussi plus longue et simplifiée. Un pivot permet de monter à l'avant une mitrailleuse de 0,50. Plus robuste que la version britannique (qui souffrait de problèmes de fiabilité en surcharge), ce chenillé est surtout prisé des Canadiens, les Anglais l'apprécient peu et se satisfont de leur véhicule national.

Ce Carrier canadien qui passe devant un imposant char Tigre II est un modèle construit par Ford Canada. On aperçoit clairement le crochet d'attelage qui apparaît sur les Universal Carrier à partir de 1943. La photo a été prise aux environs de Vimoutiers en août 1944. (Archives of Canada)

En haut à gauche, le cliché de ce "Carrier, Tracked, Loyd" a été pris de l'arrière du véhicule. On voit nettement que l'espace arrière est dégagé pour pouvoir facilement monter à bord. Cela n'a été rendu possible que parce que la transmission s'effectue désormais par un pont avant et non plus par un pont arrière comme sur les Carrier Universal. Ce chenillé était conçu essentiellement pour la traction de pièces d'artillerie. Le capot moteur relevé permet d'apprécier le V8 à soupapes latérales ainsi que le radiateur placé tout à l'arrière. (Archives of Canada)

À gauche, on peut apercevoir un Universal Carrier (en haut à gauche) sur le pont d'un LST de débarquement. Le chenillé a vu ses parois latérales de caisse nettement rehaussées pour éviter que l'eau ne s'engouffre dedans lors du débarquement. A droite, ce Carrier entouré de civils dévoile les ferrures permettant de fixer les panneaux visibles sur la photo ci-dessus. Les ferrures restent en place, mais, une fois à terre, les panneaux de protection sont abandonnés. (Archives of Canada)

Ce Carrier appartient aux Toronto Scottish, une unité de support d'infanterie équipée de mitrailleuses et de mortiers, ce qui explique que l'engin soit armé d'une mitrailleuse lourde Vickers. (Archives of Canada)

LES TRACTEURS CHENILLÉS AMÉRICAINS

ALLIS-CHALMERS M4
TRACTOR, HIGH-SPEED, 18-TON, M4

Moteur : Waukesha 145GZ, six cylindres, quatre temps, à soupapes en tête, 13 395 cm^3, développant 190 ch à 2 100 tr/min
Transmission : convertisseur de couple à trois rapports avec différentiels
Freinage : mécanique
Suspensions : ressort central vertical hélicoïdal monté au centre de chaque bogie
Poids à vide : 14 130 kg
Poids total : nc
Autonomie : 290 km
Réservoir : 475 litres
Vitesse maximale : 58 km/h
Armement : une mitrailleuse de défense antiaérienne de calibre 0,50

Ce chenillé a été conçu pour la traction de pièces d'artillerie lourde, comme le 90 mm antiaérien ou des canons de campagne lourds. L'habitacle permettait à douze hommes de prendre place et des caissons reportés tout à l'arrière servaient à transporter les munitions. Une grue mécanique permettait de manipuler plus facilement les obus et un treuil complétait l'équipement. C'était un engin performant, pouvant affronter des pentes allant jusqu'à 30 % tout en assurant la traction d'une pièce d'artillerie.
Près de cinq mille cinq cents exemplaires ont été fabriqués par la firme Allis-Chalmer qui mettra au point une version encore plus imposante, le M6, propulsé par deux moteurs Waukesha accouplés entre eux.

Le M6 était un M4 encore plus gros, propulsé par deux moteurs accouplés. Le M4 est limité à 18 tons, mais le M6 est intégré à la classe des 38-Ton. (NARA)

Des canons antiaériens de 90 mm M1A1 sont attelés à des chenillés M4. Ils passent le long des quais à Cherbourg en juillet 1944. (NARA)

LES TRACTEURS CHENILLÉS CANADIENS ET BRITANNIQUES

CRUSADER GUN TRACTOR
CRUSADER II, GUN TRACTOR MK I

Moteur : Liberty, douze cylindres en V, à soupapes en tête, 27 040 cm³, développant 340 ch à 2 000 tr/min
Transmission : boîte à cinq rapports avant, plus une marche arrière
Freinage : hydraulique agissant sur la direction
Suspensions : indépendante type Christie, bras oscillant tiré avec ressort hydraulique
Poids à vide : nc
Poids total : 19 000 kg
Autonomie : 160 km
Réservoir : nc
Vitesse maximale : 48 km/h
Armement : une pièce AT de 17 livres tractée avec quarante obus
Blindage : 14 mm

Si le char de combat Crusader est totalement dépassé en 1944 en tant que Cruiser, son châssis reste utilisé pour un grand nombre de variantes non destinées à affronter le feu direct de l'ennemi. C'est le cas de ce tracteur d'artillerie sur châssis Crusader II, destiné essentiellement à tirer les canons de 17 livres. La conversion a été effectuée au sein des ateliers Ruston & Hornsby, une société spécialisée dans la fabrication de machines à vapeur, puis de moteurs industriels. La caisse est une simple "boîte" ouverte sur le dessus, permettant aux six servants de la pièce (plus deux membres de l'équipage) de s'installer et d'emporter avec eux les munitions de la pièce d'artillerie (à raison de quarante obus). Certains exemplaires utilisés lors du débarquement (voir la photo) reçoivent des extensions soudées sur la caisse afin de les rendre étanches en eau peu profonde.

PLUTO AU PAYS DE L'OR NOIR

Le carburant est le sang d'une armée en marche. Pendant la Seconde Guerre mondiale, l'essence a joué un rôle pivot, voire fondamental. Mais comment alimenter rapidement des divisions parties de Grande-Bretagne ? La réponse tient en un nom : Pluto...

Un pétrolier vient d'accoster. Le temps de préparer les manches et le pompage va débuter. Le carburant ou le lubrifiant est d'abord stocké dans différents réservoirs. (NARA)

Le ravitaillement en carburant s'effectue en aval en remplissant les réservoirs des véhicules à l'aide de simples jerrycans. Le jerrycan est une invention allemande ("Jerry" est l'équivalent anglo-saxon de "Boche" chez les Américains). Il comporte trois poignées, pour pouvoir être facilement passé de main en main, à la chaîne. Cette nourrice d'essence est rapidement adoptée par les Alliés, mais les Britanniques conserveront un autre type de bidon, le "Flimsy" (que l'on peut traduire comme "fin comme du papier à cigarette"), un bidon rectangulaire de 4 gallons anglais en tôle très mince, peu pratique, car il devait être protégé par un bâti en bois. Un camion GMC peut transporter environ cent vingt-cinq

jerrycans de 5 gallons (un peu moins de 20 litres). Mais le jerrycan, malgré vingt et un millions d'exemplaires produits, ne peut à lui seul assurer le ravitaillement. Les planificateurs d'Overlord ont une autre idée. Faire venir directement le carburant de l'île de Wight, transformée en un immense réservoir, et l'acheminer via un réseau de pipe-line qui suivrait la progression des troupes. Cela évite de coûteuses rotations par pétroliers, avec le risque que ceux-ci soient coulés par des sous-marins ou endommagés par une tempête. Ce projet est baptisé Pluto (*Pipe-Line Under The Ocean*). Ces pipe-lines sont composés de tuyaux de deux diamètres : les HAIS (Hartley-Anglo-Iranian-Siemens) de 7,5 mm, tubes flexibles mis au point par Siemens pour le télégraphe sous-marin, et les HAMEL (contraction de "Hammick and Ellis", les deux ingénieurs qui ont créé ce tube semi-rigide de 13 mm), offrant respectivement un débit de 250 tonnes par jour et de 370 tonnes par jour. Ils sont posés au fond de la Manche par des remorqueurs tractant d'immenses bobines de tuyaux et aboutissent à Cherbourg (Querqueville). Mais, avant leur mise en service, des pétroliers font la navette entre l'Angleterre et les plages du débarquement (ou Port-en-Bessin) où le carburant est transféré dans des réservoirs. De fait, des lignes d'approvisionnement partent aussi des ports, mais celles-ci ne font pas partie du système Pluto. Avec un certain retard, Pluto n'entre en fonction à Cherbourg que le 12 août (et il n'y a alors qu'un seul flexible de type HAIS) et les pompes tournent à plein régime à partir de la fin du mois (avec un second réseau de HAIS et deux autres de HAMEL). Le réseau aboutit dans des centres de stockage, puis ira en s'étoffant avec dix-sept autres lignes partant cette fois du sud-est de l'Angleterre pour aboutir dans le Pas-de-Calais libéré. Il ira jusqu'à la frontière sur le Rhin. À la fin du conflit, près de 4 100 tonnes par jour de carburant étaient ainsi pompées de l'Angleterre vers l'est de la France.

L'autre méthode consistait à directement acheminer le carburant depuis l'Angleterre en déposant un long pipe-line sous la mer. Cette ligne Pluto (Pipe Line Under The Ocean) suivait les troupes dans leurs avancées. Sur cette image, il ne s'agit pas du système Pluto, mais d'un pipe-line transférant le carburant et l'huile depuis les navires ancrés au large de Sainte-Honorine-des-Pertes. Pluto était calqué sur le même schéma technique. (NARA)

Le carburant est stocké dans d'immenses réservoirs construits rapidement. (NARA)

L'essence est transvasée dans une citerne. Ici, il s'agit d'un GMC CCKW 353 avec une citerne de 750 gallons. (NARA)

Et c'est à la main que les précieux jerrycans sont déchargés des camions avant d'être redistribués à chaque véhicule. (NARA) En bas à gauche, des centaines de jerrycans sont alignés pour être remplis un à un. Le jerrycan était le moyen le plus simple de ravitailler les véhicules sur les zones de combat. (NARA)

NORMANDY, 1944
THE INVASION AND
JUNE 1944
Cherbourg
Fort du Roule
Valognes
Ste. Colombe
St. Sauveur
Barneville
La Haye du Puits
Lessay
Granville
St. Malo
Dol
Rennes
22 MI.
30

CHAPITRE 6
LES CHARS DE COMBAT

Si l'infanterie reste la reine des batailles, le char de combat devient pendant la Seconde Guerre mondiale une arme beaucoup plus importante qu'elle ne l'avait été durant la Grande Guerre. Le tank sert en effet à une multitude de rôles. Lors de la reconquête de l'Europe, où il y a finalement peu de grandes batailles opposant les chars entre eux, il sert surtout à protéger le fantassin et à percer les lignes ennemies.

Les Américains entrent en guerre en 1941 avec des tanks assez peu performants. La faute en revient à des restrictions budgétaires de l'entre-deux-guerres, une doctrine d'emploi loin d'être claire et surtout un manque flagrant d'expérience. Ce n'est qu'au milieu des années 1930 qu'est mis en chantier le M2, un char léger armé d'une seule mitrailleuse de 12,7 mm, puis de deux armes logées dans deux tourelles : une 12,7 mm et une 7,7 mm. À cette époque, la mitrailleuse lourde de 12,7 mm est considérée comme une arme antitank ! Cela peut paraître surprenant, mais partout en Europe le blindé est perçu comme une arme de soutien de l'infanterie, pas comme une arme autonome offensive devant engager d'autres tanks. À cet égard, les Allemands ont développé le même type d'engin, puisque le premier panzer type Pz Kpfw I n'était armé que de deux mitrailleuses de MG 34. Le M2 est assemblé par le seul arsenal américain digne de ce nom, celui de Rock Island. Très vite, à la lueur de la guerre civile d'Espagne, il apparaît que le blindé est totalement dépassé. On renforce alors le blindage et on modifie l'armement ainsi que la tourelle pour y loger le nouveau canon de 37 mm type M5, inspiré du Pak 35/36 allemand. Ce canon va vite montrer ses limites comme arme antichar, mais il restera l'arme standard des chars légers de reconnaissance américains. Le M2 et ses sous-variantes ne verront pas le combat (sauf lors des tout premiers combats du Pacifique),

Les premiers chars légers M3 Stuart étaient dépourvus de radio et les communications s'effectuaient via des petits drapeaux agités manuellement. Cela peut naturellement paraître aberrant en 1940, mais les communications radio entre les blindés n'étaient pas encore totalement au point, sauf peut-être dans les unités de panzers contemporaines mieux équipées. (Library of Congress, FSA-OWI)

Exercice d'évacuation d'un char américain M3. Les membres de l'équipage ont comme arme de bord le pistolet-mitrailleur Thomson. (Library of Congress, FSA-OWI)

et le M3 leur succède. Celui-ci est le premier char moyen mis en service par l'armée américaine. Présenté en 1940, le M3 se distingue par sa tourelle armée d'un 37 mm, mais surtout par un canon de 75 mm logé dans une casemate à droite. Ce canon de fort calibre n'est pas véritablement une arme antitank, mais plutôt un canon destiné à réduire au silence des groupes d'infanterie, des concentrations de mitrailleuses ou des canons antitanks. La faible vélocité du projectile n'est en effet pas véritablement adaptée à la lutte antichar, même si le 75 mm peut indifféremment tirer des munitions explosives ou perforantes. Cette solution avait déjà été choisie par la France avec le B1 bis et par la Grande-Bretagne avec le Churchill Mk I, et elle avoue vite ses limites, car le débattement du fût de 75 mm est très limité, surtout latéralement. De plus, le M3 ne brille pas par sa "furtivité", et sa haute taille en fait une cible de choix. Il s'agit toutefois d'un blindé de transition, faute de tourelle disponible à l'époque. Et en attendant le futur M4 Sherman, le M3 sera intensivement utilisé par les Britanniques sous le nom de Lee, puis de Grant (avec une tourelle en acier moulée modifiée) lors des campagnes d'Afrique du Nord. Ce blindé sera apprécié par sa fiabilité générale et son blindage, mais, dès le printemps 1943, il est remplacé par le M4. En 1944, il n'y a plus de M3 en service. Son châssis a toutefois pu être amélioré au fil des événements militaires. Comme il est globalement satisfaisant, il servira de base au M4, mais il a aussi directement inspiré d'autres dérivés, comme le canon automoteur M7 Priest de 105 mm ou encore le canon automoteur lourd M12 de 155 mm. D'autres M3 ont aussi servi de poste de commandement avancé (identique au M7 Priest, mais sans armement) ou encore en tant que tracteur d'artillerie lourd (type M33). Les Canadiens ont, quant à eux, adopté le châssis du M3 en lui greffant une tourelle spécifique armée d'un canon de 2 livres (40 mm), puis de 6 livres (57 mm), les deux calibres britanniques standard de la première moitié de la Seconde Guerre mondiale. Ces blindés, dénommés RAM, n'eurent pas de carrière opérationnelle, mais ils servirent de véhicules d'entraînement. Enfin, les Anglais modifièrent eux aussi un grand nombre de M3 en char de dépannage ou en char de déminage Scorpion. Le M4 Sherman va constituer l'essentiel des blindés chenillés engagés en Europe. Il a en effet été utilisé par toutes les troupes alliées. S'il ne fut pas le meilleur char du conflit, il resta un excellent compromis entre les impératifs militaires et ceux liés à la production industrielle. N'oublions pas qu'une arme, aussi technologiquement avancée soit-elle, doit pouvoir avant tout être produite en masse, parfois par des ouvriers peu expérimentés. Et sur le terrain, elle doit s'avérer fiable et facile à entretenir sous peine de voir ses capacités opérationnelles se réduire comme une peau de chagrin. En terme d'efficacité pure, le M4 Sherman était inférieur aux panzers type Panther ou Tigre. Mais il était nettement plus facile à produire en grande quantité, à un coût relativement faible et sa simplicité en faisait un engin fiable. Le fait est que les Allemands n'ont pu produire que huit mille huit cents Panzer IV, six mille chars Panther et moins de mille quatre cents chars lourds Tigre. Les usines américaines, pourtant moins productives que les usines allemandes, fabriquèrent quelque cinquante mille Sherman... Sur le terrain, le rapport de force jouait donc rarement en défaveur des Alliés... Les Britanniques avaient conceptualisé la mécanisation de leurs forces armées bien avant les

Le char moyen Sherman sera de 1941 à 1945 le char le plus courant au sein des armées alliées. S'il est loin d'être le meilleur char de combat, il a plusieurs avantages sur les chars allemands : il n'est pas complexe à fabriquer et peut donc être assemblé en très grande série par des ouvriers moyennement qualifiés et il n'est pas difficile à mener au combat, ce qui signifie qu'il peut être mis entre les mains de jeunes soldats formés rapidement. De fait, malgré des pertes élevées lors de la libération de l'Europe, les Alliés ne manqueront jamais de chars et d'équipage de substitution. (NARA)

En haut à gauche, le half-track M3 est une tentative américaine visant à accroître la capacité antichar de sa force de Tank Destroyer. Le châssis du semi-chenillé est donc armé d'un canon antichar de 75 mm protégé par un léger blindage. Si l'engin est mobile (moitié char, moitié camion), il sera d'une efficacité limitée tant il est peu blindé. Sa taille assez massive en fera aussi une cible de choix pour les panzers lors de son apparition en Afrique du Nord. Et, surtout, la capacité antichar de sa pièce reste limitée. Dès 1943, le M3 n'est plus un matériel de première ligne. Il est même déclaré "obsolète" en 1944. (Collection Big-Block)

Présentation d'un tank Cruiser, en l'occurrence un char Valentine. Ce type de blindé entra en service à la veille de la Seconde Guerre mondiale avec un canon de 2 livres (40 mm). Il fut aussi produit par les Canadiens avec un moteur GMC Diesel en remplacement du six-cylindres AEC et une mitrailleuse Browning à la place de la Besa. Comme bon nombre de chars britanniques, il reçut ensuite un canon de 6 livres (57 mm), mais sa tourelle trop petite et son châssis ne pouvaient s'accommoder d'une arme d'un calibre supérieur. Un canon de 75 mm fut toutefois monté sur le Valentine XI, mais le blindage et la mobilité du char étaient trop faibles pour lutter contre les plus récents panzers. (Archives of Canada)

Ces chars Valentine sont destinés à l'Union soviétique au nom de la loi du prêt-bail. L'Armée rouge apprécia peu ces engins mal armés et à la tourelle très exiguë. (Library of Congress, FSA-OWI)

Américains, puisqu'ils avaient, dès la Première Guerre mondiale, mis sur pied une arme blindée. Mais l'entre-deux-guerres vit une réduction drastique des budgets militaires. Néanmoins, plusieurs projets voient le jour. Il s'agit essentiellement de blindés dédiés à l'accompagnement de l'infanterie afin de leur fournir un appui-feu. Cette vision de l'arme blindée a comme corollaire le sacrifice volontaire de la mobilité au profit de la protection, et elle donne naissance au char Churchill. D'autres engins chenillés sont réalisés pour répondre à une tout autre stratégie : celle de l'arme capable d'enfoncer les lignes ennemies et de rompre les communications entre elles, voire de les contourner pour leur porter un coup fatal. Ces tanks seront les Cruiser, engins rapides, bien armés, mais inévitablement moins blindés que les chars de type Infantry (ce sont les Centaur et autres Cromwell). L'idée n'est en soi pas mauvaise, mais elle ne tient pas vraiment compte d'un éventuel engagement avec d'autres chars ennemis. Une telle rencontre nécessite en effet de produire un engin rapide, bien armé, mais aussi suffisamment blindé pour survivre sur le champ de bataille. Finalement, les chars britanniques engagés en Europe en 1944 seront les héritiers de ceux mis en service dès 1939. On retrouvera ainsi les Cruiser rapides comme le Centaur, le Cromwell ou l'efficace mais tardif Comet aux côtés des lents mais robustes Churchill, seuls descendants des tanks d'accompagnement de l'infanterie. Et, pour combler le vide existant entre ces deux extrêmes, l'universel M4 Sherman américain. Lors de la campagne d'Europe, la majorité des blindés américains est équipée du canon de 75 mm à l'efficacité limitée. Mais, contrairement aux Américains, les Britanniques disposent d'un canon antichar redoutable, l'Ordnance QF 75 mm, qui remplace l'ancien 6 livres de 57 mm, dont il est dérivé par réalésage du fût. Malheureusement, l'arme tire un obus dont les capacités de pénétration sont faibles, à cause d'une vélocité réduite (620 m/s), ce qui sera un réel problème lors de la campagne de Normandie lorsque les Churchill et autres Cromwell feront face aux blindés allemands. En revanche, les obus explosifs sont très efficaces contre l'infanterie. Mais la meilleure arme antichar dont disposeront les Anglais à partir de 1943 est le 17 livres (76,2 mm). L'obus est en effet capable de percer presque 125 mm de blindage à 1 000 mètres. Arme antichar par excellence, le 17 livres va être monté dans une tourelle de Sherman qu'il a fallu modifier en conséquence pour pouvoir loger l'importante culasse. La bouche à feu a elle-même été repensée pour réduire son recul tout en demeurant correctement stabilisée. Ce type de Sherman, uniquement utilisé par les Britanniques, est le Firefly, un blindé très efficace, mais distribué au compte-gouttes (un char sur quatre) dans les unités afin de leur donner le punch qui leur faisait souvent défaut. D'un point de vue purement stratégique, les unités blindées britanniques souffriront de davantage de pertes que les unités américaines, car les Anglo-Canadiens vont retenir et fixer autour de Caen l'essentiel des divisions de panzers pendant la bataille de Normandie. Du 6 juin à la mi-août, ils perdent ainsi mille six cents chars.

Les Sherman Firefly ont été uniquement utilisés par les troops anglo-canadiennes. Le canon de 17 livres (76,2 mm), une arme antichar remarquable, fut monté (difficilement) dans une tourelle de char américain pour accroître la puissance de feu des unités blindées britanniques. La conversion prenait toutefois un certain temps et les Firefly sont distribués au compte-gouttes en juin 1944. Après la bataille de Normandie, les livraisons s'accélèrent. La photo nous montre ici des soldats canadiens venant de toucher leur nouveau blindé en mars 1945. (Archives of Canada)

L'armée britannique utilisa aussi des chars américains type M10. Ces Tank Destroyers furent pour la plupart réarmés avec le canon de 17 livres, devenant ainsi M10 Achilles. (Archives of Canada)

Un Stuart franchit un village de la Manche en juillet 1944. Le mur de la bâtisse au premier plan est constellé de traces de balles. La poupée abandonnée, peut-être disposée là par le photographe, rappelle que les villages normands étaient occupés par des civils. Près de 20 000 d'entre-eux ont perdu la vie pendant ces combats acharnés. (NARA).

Le chasseur de char

Si les Britanniques développent plusieurs gammes de chars, les Américains, après les offensives éclair des Panzerdivisionen en 1940, vont mettre sur pied des unités antichars chenillées. Après les offensives nazies de 1939 et 1940, tous les stratèges se rendent compte que l'arme blindée peut être une arme autonome et offensive, capable de porter la première les coups, avec le soutien d'unités d'assaut aériennes. L'infanterie peut ensuite exploiter ces opérations coup de poing en nettoyant le terrain. Cette stratégie se révèle payante si l'ennemi ne dispose pas d'armes antichars ou de blindés susceptibles d'arrêter les vagues de blindés. Dans cette optique, cette stratégie n'est pas très éloignée de la mission qu'est censé remplir le char britannique type Cruiser. Afin de contrecarrer cette doctrine, les Alliés cherchent à développer un véhicule uniquement dédié à la destruction de blindés. Ce sera le chasseur de char. Avec l'arrivée des nouveaux panzers type Panther et Tigre, très bien armés et blindés, il devient de plus en plus urgent pour les Américains de se doter d'un véritable chasseur de char, le M4 Sherman ayant de réelles difficultés, avec son canon de 75 mm, à percer la cuirasse des blindés nazis. La première réponse américaine passe par la création de bataillons antitanks dotés de canons de 37 tractés et de 75 mm montés sur des châssis de half-track. Ces premiers "Tank Destroyer Battalions", hâtivement organisés, sont jugés peu efficaces, car le half-track s'avère trop faiblement blindé et la doctrine d'emploi des armes antichars va diviser l'état-major américain pendant de longs mois. Dans la précipitation, mais aussi afin de standardiser la production, les ingénieurs américains vont mettre au point un TD (*Tank Destroyer*) sur la base d'un châssis de M4A2 Sherman dont il partage le moteur et le train de roulement. La tourelle est de type ouvert et présente de larges pans inclinés pour minimiser les effets des impacts d'obus ennemis. L'armement principal est composé d'un canon long de 3 inches (76,2 mm). Cette arme n'est pas nouvelle puisqu'elle remonte à la Première Guerre mondiale, mais elle a sensiblement été améliorée dans sa version M7. Elle tire des munitions perforantes de plusieurs types. Sur le champ de bataille, le M10 Destroyer Wolverine s'avère plus efficace contre les tanks allemands que le Sherman, mais les Britanniques, qui reçoivent bon nombre de ces M10, préfèrent une fois de plus lui adapter le canon de 17 livres, donnant naissance au redoutable TD Achilles.

GROS PLAN

LE STUART

La charge de la brigade légère

Lors de l'invasion de l'Europe en 1944, le char léger Stuart est totalement dépassé. Il est faiblement blindé et armé d'un canon de petit calibre qui le rend inapte au combat antitank. Pourtant, il est en dotation en très grande quantité au sein des forces alliées, car il s'avère mobile et fiable.

CADILLAC M5A1
LIGHT TANK, M5A1

Moteur : deux Cadillac type 42, huit cylindres en V, quatre temps, à soupapes latérales de 5 672 cm^3, développant 125 ch chacun à 3 500 tr/min
Transmission : automatique Hydramatic avec boîte de transfert et différentiels
Freinage : mécanique
Suspensions : ressort central vertical hélicoïdal monté au centre de chaque bogie, roue tendeuse à bras tirée avec ressort vertical
Poids à vide : 14 650 kg
Poids total : 15 380 kg
Autonomie : 210 km
Réservoir : 335 litres
Vitesse maximale : 60 km/h
Armement : un canon de 37 mm gyrostabilisé M6 avec cent vingt-trois à cent quarante-cinq obus, une mitrailleuse de 0,30 coaxiale, une mitrailleuse de 0,30 de caisse, une mitrailleuse de 0,30 antiaérienne, six mille cinquante cartouches de 0,30, douze grenades à main.
Blindage : de 12 mm à 67 mm

C'est à partir de l'obsolète char M2 que va naître le futur M3, deuxième du nom, qui va constituer l'épine dorsale des blindés légers alliés. Le M2 reste en effet la véritable "matrice" des chars de combat américains. La dernière version du M2, le M2A4 de 1940, est armée du nouveau canon de 37 mm qui lui donne enfin de réelles capacités antichars. Mais la protection du véhicule est insuffisante pour en faire un véritable engin de combat. Un nouveau projet est donc élaboré, le char léger M3. Il s'agit ni plus ni moins d'un M2 doté d'un blindage

Le char léger M3 Stuart est la fierté des unités de cavalerie américaine en 1940. Il est pratiquement le seul char en service avec un autre M3 plus imposant, le char moyen Lee. Très vite, lorsqu'il combat avec les Britanniques en Afrique du Nord, il s'avère inadapté à la lutte antichar avec son canon de 37 mm et son blindage trop peu épais. Il restera toutefois en dotation dans les unités de reconnaissance. Le modèle visible ici est un M3 avec caisse et tourelle soudées, sans rivets. Les mitrailleuses de sabord ont été obturées par des rondelles d'acier. (Library of Congress, FSA-OWI)

supplémentaire et de suspensions améliorées. Il est toujours propulsé par un moteur radial Continental. L'arme principale retenue est le canon de 37 mm en tourelle, mais on compte près de cinq mitrailleuses de 7,7 mm. Il conserve un tourelleau d'observation sur la tourelle principale. Une fois de plus, ce sont les Britanniques qui vont emmener au combat les M3. Ceux-ci sont baptisés Stuart I et participent aux combats d'Afrique du Nord durant l'hiver 1941. Les équipages anglais surnommeront le plus souvent le Stuart du sobriquet "Honey", "Chérie" en français. Outre le moteur radial Continental, certaines versions anglaises ont reçu un Guiberson Diesel. Le M3A1 qui est produit ensuite se distingue par sa tourelle dépourvue de tourelleau supérieur et par un nouveau dessin de la partie arrière. L'armement se réduit à trois mitrailleuses et le 37 mm est doté d'un stabilisateur dans le plan vertical. Le M3A3 (Stuart V chez les Anglais) accroît davantage la protection avec une tourelle soudée dotée d'un masque de canon différent et agrandie pour emporter un poste de radio. La caisse ayant perdu ses peu pratiques mitrailleuses de sabord, elle est aussi entièrement "refondue", ce qui permet entre autres d'augmenter l'emport de carburant et de réaménager complètement les postes avant. Dans le même temps, le M3A3 est pourvu de garde-boue enveloppants. Les derniers Stuart produits sont ceux de la gamme baptisée M5. Il ne s'agit pas véritablement d'un nouveau véhicule, mais il fait l'objet d'une référence spécifique dans la nomenclature américaine. Ce M5 combine les dernières évolutions du M3A1 avec de nouveaux moteurs V8 Cadillac logés par paires dans le compartiment arrière

Coll. Big-Block

Tous les chars légers en service à partir de 1944 sont des M5 produits par Cadillac. Celui-ci s'est adapté à ses conditions de combats. La caisse est protégée par des sacs de sable pour faire exploser prématurément les charges creuses et les patins de chenilles fixés à même la tourelle renforcent le blindage. À l'avant, un soc soudé sur le terrain, le hedgerow cutter, a été monté pour arracher les haies du bocage normand. (NARA)

(ce qui a nécessité de rehausser un peu les capots arrière). La production des M3 cesse en octobre 1943, et les M5 et M5A1 sont donc en 1944 les blindés légers les plus courants dans les unités de l'armée de terre américaine et britannique. Les Américains prirent conscience de la faiblesse du 37 mm assez tardivement, vers 1943, lors de la bataille de Kasserine en Tunisie. Les forces antichars étaient alors composées de bataillons de chars légers et de bataillons de chars moyens. Les premiers, essentiellement des Stuart, furent sévèrement étrillés. Cela conduisit l'état-major américain à revoir complètement l'organisation de ses unités blindées et à dissoudre les bataillons de chars

Un M5 Stuart négocie un virage dans un village français. La circulation est assurée par un MP. Comme la plupart des chars américains, le moteur est à l'arrière, mais la transmission se fait par un arbre jusqu'à une boîte de vitesses à l'avant, entraînant à son tour les barbotins avant. Les tanks britanniques ont adopté pour la plupart une transmission arrière. (NARA)

Ce groupe de reconstitution manœuvre un M5A1. Il s'agit d'un des derniers modèles avec des garde-boue enveloppants et une protection supplémentaire pour le tireur de la mitrailleuse. (Big-Block)

légers, bien trop vulnérables, puis de répartir ces blindés dans des bataillons de chars moyens pour en faire des éclaireurs, rôle dans lequel le Stuart fut nettement plus à son aise… Les faiblesses du M5 poussèrent les Alliés à déclassifier le Stuart puisque, dès juillet 1944, il est référencé "substituate Standard", c'est-à-dire qu'il est toujours inventorié dans l'arsenal, mais comme blindé de substitution, le M24 Chaffee qui vient d'entrer en production devant normalement le remplacer. L'armée américaine utilisera toutefois de nombreuses sous-variantes : blindé de commandement M5 Command Tank dépourvu de tourelle, M5A1 lance-flammes type E7, M5 avec lame de bulldozer, etc., ainsi que le canon léger de campagne de 75 mm monté sur un châssis M5 (donnant naissance au "Howitzer, Motor Carriage M8"). Les Britanniques reçurent eux aussi des versions de commandement, de reconnaissance ou de transport de troupes, baptisées "Kangaroo" (cette appellation n'est pas spécifique au M5A1 transformé puisque tous les chars modifiés pour le transport de troupes sont des Kangaroo). La production de M3 a atteint cinq mille huit cent onze exemplaires, suivis de quatre mille six cent vingt et un M3A1 et de trois mille quatre cent vingt-sept M3A3. Quant au M5, il a été assemblé par Cadillac, American Car & Foundry et Massey-Harris à raison de deux mille soixante-quinze M5 et six mille huit cent dix M5A1.

Ce M5A1 Stuart qui évolue dans Saint-Lô en ruines, le 19 juillet 1944, est doté de sacs de sable sur la face avant. Tous les hommes, excepté le conducteur, portent un casque de combat. (NARA)

CADILLAC M24 CHAFFEE
LIGHT TANK, M24

Moteur : deux Cadillac type 42, huit cylindres en V, quatre temps, à soupapes latérales, 5 672 cm^3, développant 125 ch chacun à 3 500 tr/min
Transmission : automatique Hydramatic avec boîte de transfert et différentiels
Freinage : mécanique
Suspensions : ressort central vertical hélicoïdal monté au centre de chaque bogie, roue tendeuse à bras tirée avec ressort vertical
Poids à vide : 14 650 kg
Poids total : 15 380 kg
Autonomie : 155 km
Réservoir : 335 litres
Vitesse maximale : 60 km/h
Armement : un canon de 37 mm gyrostabilisé M6 avec cent vingt-trois à cent quarante-cinq obus, une mitrailleuse de 0,30 coaxiale, une mitrailleuse de 0,30 de caisse, une mitrailleuse de 0,30 coaxiale antiaérienne, six mille cinquante cartouches de 0,30, douze grenades à main
Blindage : de 12 mm à 67 mm

À droite, le Chaffee équipa de nombreuses armées après la guerre, notamment la France. Il fut en effet déployé tardivement à la fin de l'année 1944 au sein des bataillons américains. (Big-Block)

La firme Cadillac assura la production du Chaffee. C'était déjà cette filiale de la General Motors qui avait assemblé les M5 Stuart. (General Motors, collection Big-Block)

Le canon de 37 mm du M5 s'avère totalement inadapté à la lutte antichar. Dès 1943, un canon de 75 mm est monté sur un châssis de M5 Howitzer appelé M8. Mais le canon est volumineux, et le châssis trop peu blindé pour en faire un char léger efficace. Cadillac et l'Ordnance Corps décident de retravailler complètement le concept, se contentant de conserver la motorisation à double moteur V8 du M5 et du M5A1, qui apporte toute satisfaction. Afin de conserver un poids raisonnable (l'objectif est de rester sous les 20 tonnes), le blindage maximal n'excède pas 25 mm, mais la caisse et la tourelle présentent de nombreuses facettes pour faire ricocher les obus. Par rapport au M5, le train de roulement du futur blindé léger est composé de roues galet bandagées avec des suspensions par barre de torsion. Un homme d'équipage supplémentaire prend place à bord (le chargeur). Le canon est un 75 mm M6 gyrostabilisé avec un mécanisme de recul concentrique peu volumineux, identique à celui des canons antinavires embarqués sur les bombardiers moyens B-25H Mitchell. Un peu plus volumineux que le M5, le T24 fait très vite forte impression. La production débute en mars 1944 et le T24, devenu M24 en mai 1944, remplace le M5 sur les chaînes de production de Cadillac et de Massey-Harris. Les premiers blindés sont livrés fin 1944, mais les quantités délivrées furent trop peu importantes pour supplanter définitivement le M5 avant la fin de la guerre (quatre mille quatre cent quinze exemplaires furent assemblés, y compris les variantes de canons de campagne autopropulsées M37 et M41 fournies en très petite quantité à la fin de la guerre). Malgré un blindage encore trop faible, la pièce de 75 mm s'avéra beaucoup plus efficace et permettait, sinon de détruire un blindé allemand, au moins de l'immobiliser.

LE SHERMAN M4

Un medium devenu standard

Avec plus de quarante-neuf mille exemplaires construits, tous types confondus, le Sherman est le char de combat standard de l'armée américaine pendant la Seconde Guerre mondiale. Il a aussi largement été distribué aux forces anglo-canadiennes et aux autres alliés combattant à leur côté. Ce blindé moyen est loin de rivaliser avec les productions allemandes, mais il est fiable et particulièrement polyvalent puisqu'on ne compte plus le nombre de versions qui en ont été dérivées.

Big-Block

SHERMAN M4
MEDIUM TANK, M4A2

Moteur : deux GM 6046 séries 71 Diesel, 2 x six cylindres en ligne, deux temps, 13 935 cm^3, développant 375 ch à 2 100 tr/min
Transmission : boîte à cinq rapports avant, plus une marche arrière
Freinage : mécanique
Suspensions : ressort central vertical hélicoïdal monté au centre de chaque bogie
Poids à vide : nc
Poids total : 31 800 kg
Autonomie : 240 km
Réservoir : 560 litres
Vitesse maximale : 48 km/h
Armement : un canon de 75 mm M3 gyrostabilisé avec quatre-vingt-dix-sept obus, une mitrailleuse de 0,30 coaxiale, une mitrailleuse de 0,30 de caisse, quatre mille sept cent cinquante cartouches de 0,30, une mitrailleuse antiaérienne de 0,50 avec trois cents cartouches, douze grenades à main
Blindage : de 13 mm à 64 mm (89 mm sur le masque du canon)

La production des chars M3 Lee et M3 Grant bat son plein lorsque le projet du char moyen T6 (futur M4 Sherman) est déjà sur la planche à dessins. Nous sommes alors au printemps 1941 et le M3, avec son canon de 75 mm en casemate et son 37 mm en tourelle, inspiré par les chars moyens et lourds britanniques et français, est déjà obsolète. L'avenir appartient en effet au blindé doté d'une arme antichar efficace montée dans une tourelle blindée rotative et, cela, toutes les têtes pensantes de la force blindée américaine le savent pertinemment. Le M3 est donc perçu comme un modèle de transition, en attendant mieux… Mais pour ne pas perdre de temps et surtout pour ne pas bouleverser un outil industriel déjà en place, l'arsenal de Rock Island, qui dessine les blindés américains, réutilise un maximum d'éléments déjà présents sur le M3, à commencer par la plate-forme, le train de roulement, les suspensions, le moteur et sa chaîne cinématique avec des barbotins d'entraînement à l'avant. La motorisation est

L'équipage de ce M4 Sherman américain s'entraîne à Fort Knox, dans le Kentucky, en juin 1942. À cette époque, le char moyen entre tout juste en dotation dans les unités blindées. Il ne connaîtra le baptême du feu que quelques mois plus tard à El Alamein. (Library of Congress, FSA-OWI)

L'Ile-de-France est un Sherman M4A2 de la 2e DB qui débarque le 2 août 1944 à Saint-Martin-de-Varreville (secteur d'Utah Beach). Ce tank sera perdu dix jours plus tard. (Photo National Archives)

confiée à un moteur en étoile, chose peu commune, mais qui va s'avérer une bonne idée. Il s'agit d'un Continental R-975, un moteur à neuf cylindres, refroidi par air forcé issu de l'aéronautique (licence Wright) et développant environ 450 ch. Le canon de 75 mm est un M2 gyrostablisé, mais, étant assez court, ce canon comporte un contrepoids à l'avant afin de conserver la stabilisation gyroscopique. Il est monté dans une tourelle moulée. Pour alléger la structure, le canon de 37 mm, à l'efficacité antichar plus que limitée, est enlevé, mais une mitrailleuse prend place dans un tourelleau. Des portes latérales sont prévues pour faciliter l'évacuation du conducteur et du mitrailleur, mais elles ne seront pas retenues lors de la fabrication en grande série du M4. La production démarre sur des chapeaux de roue depuis que l'Allemagne nazie a envahi la Russie et aussi parce que la Maison-Blanche demande de doubler la production mensuelle de tanks, en faisant passer le chiffre de mille à deux mille blindés ! L'arsenal de Rock Island n'est naturellement pas capable d'absorber cette production et, une fois de plus, ce sont les sociétés privées qui vont s'en charger. L'industrie automobile sera appelée à la rescousse avec Ford et Fisher, mais elle ne sera pas la seule. La Pacific Car & Foundry, la Federal Machine & Welder, la Lima Locomotive Company ou encore Pressed Steel s'atelleront aussi à la tâche.

Les modèles

Ces premiers M4 sont des modèles à caisse soudée, armés d'un canon de 75 mm gyrostabilisé M2 (puis M3) capable de tirer des obus explosifs et perforants. À peine sorties des usines, les premières tranches de M4 sont expédiées entre les mains des soldats britanniques qui, en octobre, participent à la bataille d'El Alamein. À cette date, le Sherman procure aux Britanniques un très net avantage. Son canon est supérieur à celui des blindés allemands, mais cet avantage ne va pas durer avec la mise en service des Panzer IV à canon long, des Panther et autres Tigre. Le M4A1 connaît quelques améliorations, la plus visible étant la coquille de nez inférieure avant qui n'est plus composée de trois pièces boulonnées, mais d'une simple pièce moulée. Les versions qui suivent ne correspondent pas à des modèles construits dans un ordre chronologique. Elles se réfèrent essentiellement à un type de motorisation et une variante ne chasse pas l'autre sur les sites de production. La plupart des modèles sont en effet construits parallèlement sur plusieurs sites. La firme American Loco ou la Baldwin Company se joignent ainsi aux autres constructeurs pour assembler les Sherman. Le M4A1 est lui-même produit de juillet 1942 à janvier 1944 à raison de six mille sept cent quarante-huit exemplaires. D'autres blindés passent d'un site à un autre, en incorporant des évolutions au fil des semaines, un M4A2 de 1942 est ainsi différent d'un M4A2 de 1944. Le M4A2 est produit tout d'abord chez Fisher (groupe General Motors) d'avril 1942 à mai 1944, mais seulement d'octobre 1942 à novembre 1942 chez Baldwin. Il est donc produit conjointement avec le M4A3 ou le M4A4. Ce "A2" se distingue ainsi par ses moteurs Diesel General Motors Detroit-Diesel 6-71 adoptés pour remédier au manque chronique de moteurs radiaux Continental, et

Ce Sherman V de la 4th Troop du 29th Reconnaissance Regiment a été détruit à Saint-Lambert-sur-Dive en août 1944. Le Sherman a longtemps eu la réputation de prendre feu assez vite, contrairement à un char comme le Churchill. (Archives of Canada)

Hurricane est un Sherman équipé du système lui permettant de "respirer" dans plusieurs centimètres d'eau. L'une de ces manches à air est fixée sur l'admission, l'autre sur l'échappement. Ces éléments en tôle étaient ensuite démontés. Il ne s'agit pas d'un char amphibie. (NARA et Archives of Canada)

la ligne est plus anguleuse avec l'adoption d'une caisse soudée. C'est aussi sur ce modèle que furent ajoutées par la suite des plaques de blindage supplémentaires pour pallier la faiblesse du blindage des flancs. La plupart des huit mille cinquante-trois M4A2 furent versés à l'USMC (*United States Marine Corps*) ou aux forces alliées dans le cadre de la loi prêt-bail. Le M4A3 à caisse soudée est un Sherman à moteur Ford GAA type V8 de 500 ch, un propulseur propre au Sherman, qui devait le motoriser depuis ses débuts, mais dont la mise au point fut plus longue que prévu. La caisse avant présente une inclinaison de 47° (au lieu de 56° précédemment), ce qui a conduit à l'adoption d'un épiscope au niveau du poste de conduite et du mitrailleur. Ce fut le M4 le plus populaire au sein des forces américaines, qui se le réservèrent. Il a été assemblé à raison de mille six cent quatre-vingt-dix exemplaires par Ford de juin 1942 à septembre 1943, avant que la ligne d'assemblage soit transférée chez Fisher de février 1944 à mars 1945. Ces trois mille soixante et onze M4A3 estampillés "Fisher" reçurent bon nombre d'améliorations comme un tourelleau de vision pour le chef de char et des caissons à munitions remplis d'eau pour minimiser les risques de feux à bord. Le M4A4 est produit uniquement par l'arsenal de Detroit (groupe Chrysler) de juillet 1942 à septembre 1943 (sept mille quatre cent quatre-vingt-dix-neuf exemplaires). Il présente la particularité d'être motorisé par rien moins que cinq mécaniques automobiles couplées entre elles, ce qui nécessita d'agrandir le compartiment moteur. Enfin, le M4A6 est une version peu produite, sensiblement identique au M4A4, mais animé par un moteur radial Diesel Caterpillar.

Deux Sherman appuient l'infanterie à Falaise. L'écoutille du chef de char du tank n° 14 est restée ouverte, sûrement pour faciliter l'évacuation du blindé au cas où… (Archives of Canada)

L'évolution permanente

Comme nous l'avons précisé, les M4A1 à M4A4 (le M4A6 n'est pas comptabilisé, sa production étant limitée à soixante-quinze exemplaires) connaissent maintes évolutions au cours de la guerre. Ces évolutions portent surtout sur la protection, puis sur l'armement. Si le 75 mm dépourvu de frein de bouche va rester l'arme la plus commune, son affût et le masque du canon évoluent. L'affût M34 est remplacé par le M34A1, plus large, protégeant mieux les optiques de visée et la mitrailleuse coaxiale. À la lueur des combats, la plupart des engins visibles lors de la Libération sont pourvus de plaques de blindage supplémentaires sur les flancs, là où se

Un Sherman avec un canon long de 76,2 mm s'est embusqué dans le bocage normand. La pièce est beaucoup plus longue que le classique 75 mm. Le masque est aussi totalement différent tout comme la tourelle, qui est celle d'un char moyen prototype, le T23. (NARA)

trouvent les casiers à munitions ou les réservoirs de carburant. Le Sherman a, en effet, une fâcheuse tendance à prendre feu rapidement lorsqu'il est touché, à tel point que les équipages le surnomment "Ronson", du nom d'une publicité américaine vantant les mérites d'un briquet très populaire qui "s'allume toujours du premier coup" ! Pour éviter que le blindé ne se transforme rapidement en torche, les casiers à munitions seront remplis d'un mélange d'eau et de glycérine. Mais le blindage du Sherman restera toujours un poids faible et l'on ne compte plus les expédients utilisés par les GI : sacs de sable en quantité impressionnante sur la face avant pour faire exploser les charges creuses avant qu'elles ne pénètrent dans le blindage, patins de chenilles en quantité, rondins de bois... Certains iront même jusqu'à enrober les zones "tendres" avec du béton... L'accroissement de ces protections mit à mal les suspensions, conduisant tout d'abord à modifier les chenilles avec des guides placés au centre, puis à adopter une suspension totalement différente, avec des ressorts horizontaux (HVSS) travaillant de concert avec trois bogies de deux galets et des poulies de retour fixées à même la caisse. Plus larges, les chenilles étaient désormais protégées par des garde-boue qui débordaient de la caisse. L'arme de 75 mm s'avérant finalement trop peu efficace pour engager les chars allemands à longue distance, un fût de 76,2 mm M1 fut essayé. Il fallut changer la tourelle pour adopter ce canon à obus à haute vélocité, plus performant que le classique 75 mm. Ce canon entra en dotation tardivement, vers février 1944. Il recevra par la suite un frein de bouche augmentant le porte-à-faux du char moyen. Les blindés ainsi armés sont alors désignés par le suffixe "76 mm". Pour appuyer l'infanterie, certains Sherman furent armés avec un 105 mm. La production de ces Howitzer aux capacités antichars des plus limitées débuta en septembre 1943.

"Virgin" est un Sherman d'observation d'une brigade blindée indépendante britannique. Il est ici en cours de débarquement depuis un LST dans le secteur de Gold Beach faisant face à Arromanches le 6 juin 1944 en tout début d'après-midi. Le char se positionne sur une barge flottante dite Rhino Ferry avant son transbordement final vers la plage. (NARA)

Enfin, une version surblindée du M4A3 fut mise en service, le M4A3E3 Assault Tank, alias "Jumbo", fut produit à deux cent cinquante-quatre exemplaires. Le Sherman ne fut sûrement pas le meilleur char de la Seconde Guerre mondiale. Il ne fut peut-être pas le char allié le plus performant non plus, mais, comme tous les véhicules blindés ou pas d'origine américaine, sa conception misait sur la fiabilité et la simplicité. Il pouvait être fabriqué en très grande série et à un coût raisonnable. Contrairement à beaucoup de tanks allemands très complexes, il pardonnait les erreurs de pilotage de la part de jeunes équipages peu expérimentés et, surtout, il était disponible en très grand nombre. Et cette disponibilité permanente lui conféra un net avantage durant toute la reconquête de l'Europe.

Des Sherman américains attendent quelques minutes avant d'avancer plus en avant. On remarque toutes les musettes personnelles fixées à l'extérieur, la place étant comptée à bord. Au-dessus du compartiment moteur ont été étalées des bandes de tissus colorées servant à l'identification aérienne. (NARA)

Des soldats canadiens du 29th Reconnaissance Regiment (South Alberta Regiment) et de la 4th Canadian Armoured Division prennent la pause quelque part au sud de Caen. On remarque les patins de chenilles et les roues, placés à l'avant, afin d'améliorer un peu la protection frontale. Ce M4A4 (Sherman V) à caisse soudée et "menton" boulonné en trois parties a aussi reçu des plaques de blindage latérales, au niveau des caissons à munitions. (Archives of Canada)

Ces Sherman du 12e régiment de chasseurs d'Afrique de la 2e DB sont rassemblés et se préparent visiblement à faire mouvement. Les chars n'ont pas encore subi d'affrontements. L'image est intéressante, car on note au premier plan les deux masques de l'affût de canon qui ont équipé le Sherman, le premier type M34 (à gauche) et le M34A1 (à droite). Dans le second cas, la mitrailleuse coaxiale est fixe, sans débattement dans le sens vertical. Les chars semblent tous être des M4A2 tardifs. Celui de droite, au premier plan, dévoile un blindage supplémentaire sur les côtés de la tourelle. (NARA)

Le Sherman au premier plan est un M4A3E2 Jumbo. Si le canon est toujours le 75 mm, la caisse et la tourelle ont été modifiées pour recevoir un surblindage. Celui-ci atteint en effet 150 mm au niveau du masque du canon. Avec cette carapace, le Sherman atteint 42 tonnes et ses chenilles sont munies d'extensions pour augmenter la surface au sol. (NARA)

En bas à gauche, un Sherman canadien d'observation d'artillerie entre dans Caen. La poussière oblige les équipages à porter en permanence des lunettes de protection. Le conducteur a d'ailleurs monté un accessoire devant son poste : il s'agit d'un petit pare-brise avec essuie-glace se prolongeant normalement par une housse venant se fixer au niveau du trou d'homme de l'écoutille.

À droite, un autre Sherman protège des fusiliers du Mont-Royal lors de la progression dans Falaise. Le groupe est en train d'attaquer l'École supérieure de jeunes filles, où sont retranchés des éléments de la XIIe SS HitlerJugend. (Archives of Canada).

LE TANK DESTROYER M10

Le tueur de char

Né dans la précipitation pour contrer les nouveaux tanks allemands en 1942, le Tank Destroyer était un blindé purement tourné vers la recherche et la destruction des blindés ennemis. C'était tout de même beaucoup lui demander, son canon s'avérant un peu juste pour percer les carapaces des panzers…

FISHER (GM) M10 TANK DESTROYER CARRIAGE, MOTOR, 3-IN. GUN, M10

Moteur : deux GM 6046 séries 71 Diesel, 2 x 6 cylindres en ligne deux temps de 13 935 cm^3 et 375 ch à 2 900 tr/min
Transmission : boîte à cinq rapports avant plus une marche arrière
Freinage : mécanique
Suspensions : ressort central vertical hélicoïdal monté au centre de chaque boggie.
Poids à vide : nc
Poids total : 29 600 kg
Autonomie : 320 km
Réservoir : 565 litres
Armement : un canon de 76,2 mm M7 avec cinquante-quatre obus, une mitrailleuse de 0.50 sur pivot alimentée par mille cartouches, six grenades à fragmentation, six grenades fumigène.
Blindage : de 13 mm à 57 mm
Vitesse maximale : 52 km/h

Ce TD M10 est particulièrement bien camouflé, mais il a plus à craindre des canons antitanks allemands que d'une quelconque menace aérienne. (NARA)

Le concept du Tank Destroyer, le chasseur de char, naît aux États-Unis sous la forme d'unités spécialisées dans la lutte antichar. La pièce de 37 mm est tout d'abord privilégiée, mais elle est rapidement obsolète. Pour accroître la mobilité, les unités de TD vont ensuite être dotées de matériel semi-chenillé half-track, mais l'engin est bien trop vulnérable. L'introduction du char moyen M4 ne change guère la donne. Son 75 mm manque de mordant face aux panzers. L'idée est donc de concevoir un chasseur : un blindé armé d'un canon tirant des obus perforants à haut pouvoir pénétrant, pas trop lourd pour être mobile et dont l'équipage soit à l'air libre pour mieux observer et être plus réactif. Après quelques corrections au printemps 1942, le concept du prototype T35 prend la forme d'un châssis de char moyen M4A2 sur lequel est posée une nouvelle tourelle peu blindée, mais caractérisée par des facettes. L'arme choisie est le canon M7 de 76,2 mm (il est différent du même calibre dont sont dotés certains Sherman). Ce canon, extrapolé d'un canon antiaérien, tire des obus perforants AP (*Armor Piercing*) capables de transpercer une

Un M10 fait feu lors de l'attaque de Saint-Lô. Le blindé a conservé la partie basse de la hotte de franchissement. Au sol gisent les étuis cartonnés de stockage des munitions. (NARA)

cuirasse de 76,2 mm à presque 1 000 mètres sous un angle de 30°. Le T35 est standardisé en juin 1942 et le blindé devient alors le M10 (Wolverine, pour les Britanniques). La production est répartie chez la Fisher Tank (division du groupe General Motors), mais aussi chez Ford qui fait appel à un châssis de M4A3, les M10 devenant alors des M10A1 (ils sont propulsés par des moteur V8 à essence Ford). Les lots de TD sont produits de septembre 1942 à décembre 1943 à raison de six mille sept cent six exemplaires. Incontestablement, le M10 apporte le punch qui manque aux Sherman lors des combats

Big-Block

Le M10 est loin d'être le chasseur de char idéal et, malgré une artillerie meilleure que celle d'un Sherman classique, il a du mal à rivaliser avec les dernières productions germaniques. Le M36 Jackson est alors mis en chantier. Il est armé d'un canon de 90 mm nettement plus performant, mais il est toujours handicapé par l'absence d'armes en défense rapprochée et par un manque de protection de son équipage. (Big-Block)

Big-Block

Un M10 progresse à pas de loup dans une ruelle de Saint-Fromond (à mi-chemin entre les plages et Saint-Lô) dans la Manche. L'engin est particulièrement vulnérable en zone urbaine. La moindre attaque venant du haut d'un immeuble peut décimer entièrement l'équipage, celui-ci n'étant pas protégé. (NARA)

contre les chars allemands, mais il souffre de plusieurs tares : la survie de son équipage est limitée à cause d'un blindage trop mince, d'une tourelle ouverte et aussi de l'absence de mitrailleuse de caisse, ou coaxiale. Certes, la plupart des TD reçoivent une arme de 0,50 sur pivot, mais elle oblige le tireur à s'exposer au feu de l'ennemi. En outre, le châssis du Sherman n'offre pas une mobilité exceptionnelle et la taille du blindé n'en fait pas non plus un modèle de furtivité, deux éléments qui sont indispensables pour un blindé amené à s'embusquer, à faire feu et à se replier rapidement. Ajoutons à cela que le canon M7, s'il fait mieux que le 75 mm du Sherman, n'est pas non plus le canon antichar le plus performant. Il peine à entamer les cuirasses des blindés allemands qui, eux, ont souvent plus d'allonge. Les Anglais ne s'y trompent pas et modifient les M10 avec leur propre canon de 17 livres beaucoup plus performant, le blindé prenant alors la dénomination "M10 Achilles". Les Américains vont réagir assez tardivement avec un canon de 90 mm monté, toujours pour des raisons pratiques, sur un châssis de Sherman. Ce sera le M36 Jackson, sorte de M10 replâtré avant l'arrivée du plus réussi M18 Hellcat, un vrai chasseur de char rapide et efficace, mais arrivé trop tardivement pour réellement faire ses preuves pendant la Seconde Guerre mondiale.

À Saint-Lô, un canon de 88 mm a détruit ce M10 Destroyer de la B Company du 803rd Tank Destroyer Battalion. Un autre blindé du même type a été aussi mis hors d'usage et plusieurs soldats ont été tués. (NARA)

CADILLAC HOWITZER M8
CARRIAGE, MOTOR, 75-MM, HOWITZER M8

Moteur : deux Cadillac type 42, huit cylindres en V quatre temps à soupapes latérales de 5 672cm^3 et 125 ch chacun à 3 500 tr/min
Transmission : automatique Hydramatic avec boîte de transfert et différentiels
Freinage : mécanique
Suspensions : ressort central vertical hélicoïdal monté au centre de chaque bogie, roue tendeuse à bras tirée avec ressort vertical
Poids à vide : 14 910 kg
Poids total : 15 690 kg
Autonomie : 210 km
Réservoir : 335 litres
Armement : un canon Howitzer de 105 mm avec quarante-six obus, une mitrailleuse de 0,30 ou de 0,50 anti-aérienne, deux grenades fumigène, deux grenades incendiaires, deux grenades à fragmentation.
Blindage : de 13 mm à 44,5 mm
Vitesse maxi : 56 km/h

Le M8 est né de la nécessité de fournir rapidement un appui-feu à l'infanterie. L'adaptation d'une pièce légère d'artillerie sur un engin motorisé débute avec la conversion de châssis de Half-Track mais lorsque les blindés légers M5 produits par Cadillac sont disponibles en quantités suffisantes, il est décidé de concevoir une tourelle blindée mais ouverte capable d'accueillir le canon. La caisse est redessinée à l'avant avec des trappes placées sur la partie frontale plutôt que sur le dessus. Le concept est approuvé en avril 1942 sous la dénomination M8 Howitzer Motor Carriage. 1 778 exemplaires sont produits au total de septembre 1942 à janvier 1944. Ces blindés d'appui-feu sont peu à peu remplacés par des Sherman à canon Howitzer de 105 mm mais ils sont présents lors de la campagne de Normandie.

Le M8 est une des nombreuses conversions du châssis du Stuart. Cet obusier léger était destiné à appuyer les unités de reconnaissance. Ses capacités antichars étaient faibles. (NARA)

Big-Block

SHERMAN M4A3 105-MM
MEDIUM TANK, HOWITZER, M4A3 (105 MM)

Moteur : Ford GAA, huit cylindres en V à soupapes en tête de 18 000 cm^3 et 450 ch à 2 600 tr/min
Transmission : boîte à cinq rapports avant plus une marche arrière
Freinage : mécanique
Suspensions : ressort central vertical hélicoïdal monté au centre de chaque bogie.
Poids à vide : nc
Poids total : 31 730 kg
Autonomie : 160 km
Réservoir : 651 litres
Armement : un canon de 105 mm M4 avec soixante-six obus, une mitrailleuse de 0,30 coaxiale, une mitrailleuse de 0,30 de caisse, quatre mille cartouches de 0.30, 1 mitrailleusse anti-aérienne de 0,50 avec six cents cartouches, trois pots fumigènes
Blindage : de 13 mm à 51 mm (114 mm sur le masque du canon)
Vitesse maximale : 40 km/h

Pour soutenir les unités d'infanterie, l'obusier de 105 mm fut logé dans la tourelle d'un Sherman M4A3. Cette conversion était réalisée par l'arsenal de Detroit d'avril à août 1943 en utilisant un châssis standard de M4A3. Tous les Sherman à pièce de 105 mm ont une caisse soudée et se distinguent par une chaise permettant de fixer le canon de 105 mm lors du transport afin de soulager l'affût. La tourelle a aussi reçu quelques modifications. Cinq cents exemplaires sont sortis de ces chaînes de production. Le 105 mm étant notablement plus lourd que le classique 75 mm, le train de roulement standard souffrait beaucoup, aussi à partir d'août 1944, les Sherman M4A3 (105 mm) reçoivent-ils la nouvelle suspension par barres de torsion HVSS. Cette version sera plus réussie avec 2 539 exemplaires fabriqués jusqu'en mai 1945.

NARA

AMERICAN LOCOMOTIVE M7 PRIEST
CARRIAGE, MOTOR, 105-MM HOWITZER, M7

Moteur : Continental R 975C1, neuf cylindres, radial, à soupapes en tête de 15 950 cm^3 et 350 ch à 2 400 tr/min
Transmission : boîte à cinq rapports avant plus une marche arrière
Freinage : mécanique
Suspensions : ressort central vertical hélicoïdal monté au centre de chaque boggie.
Poids à vide : nc
Poids total : 22 650 kg
Autonomie : 265 km
Réservoir : 660 litres
Armement : un canon de 105 mm M7 avec soixante-neuf obus, une mitrailleuse de 0,50 alimentée par trois cents cartouches, deux grenades à fragmentation, six grenades fumigène.
Blindage : de 13 mm à 51 mm
Vitesse maximale : 40 km/h

Une fois de plus, ce fut le châssis du "vieux" char M3 qui servit de base à ce canon autopropulsé. À la fin de 1941, un Howitzer de 105 mm type M1A2 fut monté sur un châssis de M3 pour donner naissance au prototype T32. L'ensemble est accepté par l'Ordance corps en février 1942 sous la dénomination M7. La firme American Locomotive en produisit 2 028. À partir de 1943, le châssis du M3 n'étant plus produit, le Howitzer de 105 mm est monté sur celui d'un Sherman M4A3. Le blindé devient le M7B1 et est cette fois propulsé par un moteur V-8 Ford. 957 autres exemplaires seront produits. Ce canon autopropulsé débuta sa carrière sous l'uniforme britannique. Les "Priest" ("Prêcheurs", ainsi nommés à cause du poste de tir circulaire sur la droite, ressemblant à une chaire) furent dépêchés en Afrique du Nord juste à temps pour participer à la bataille d'El-Alamein. Ils eurent un rôle important au sein de la 8e Armée et les Priest restèrent en dotation jusqu'en 1944. Toutefois, après cette date, la muniton de 105 mm d'origine américaine posa des problèmes de logistique et les Anglais portèrent finalement leur choix sur une version "britannique" du Priest, baptiés Sexton. Le châssis était à peu de chose le même, mais le canon était un 25 pounder *made in England*.

Ce Priest et son équipage se préparent à embarquer à bord d'un LST. Le chenillé est un M7 sur châssis de M3, reconnaissable à des poulies de retour placées juste au-dessus des bogies et à sa structure avant boulonnée. Ce véhicule est muni aussi d'une rehausse sur la caisse servant à "étanchéifier" l'intérieur au cas où le Priest débarquerait dans l'eau. À l'avant est lové le filet de camouflage servant à dissimuler l'engin lors des tirs. (NARA)

GROS PLAN

LE CHURCHILL MK IV

Le cuirassé du bocage

Le char Churchill est le fruit d'une doctrine militaire héritée de la Première Guerre mondiale. Son utilisation devait en effet se cantonner à accompagner l'infanterie en lui fournissant un appui-feu tout en résistant aux armes antichars. En 1944, cette doctrine est dépassée, mais le Churchill est toujours là...

Les chars Churchill en état de fonctionner sont des raretés, contrairement aux Sherman qui ont été plus longtemps utilisés. Celui-ci est un type Mk VII avec des portes d'évacuation latérales circulaires. (Big-Block)

VAUXHALL CHURCHILL MK IV
TANK, INFANTRY, MK IV (A22F)

Moteur : Bedford Twin Six, 2 x 6-cylindres en ligne à soupde 12 litres et 2 x 350 ch à 3000 tr/mn
Transmission : boîte à 5 rapports avant plus 1 marche arrière
Freinage : mécanique
Suspensions : ressort central vertical hélicoïdal monté au centre de chaque boggie.
Poids à vide : nc
Poids total : 22650 kg
Autonomie : 265 km
Réservoir: 660 litres
Armement: un canon Vickers de 75 mm avec obus,1 mitrailleuse de 0.50 alimentée par 300 cartouches, 2 grenades à fragmentation, 6 grenades fumigène.
Blindage : de 13 mm à 51 mm
Vitesse maxi : 40 km/h

Le concept de char d'accompagnement de l'infanterie s'apparente à une forteresse roulante, capable de pulvériser des défenses pour permettre aux fantassins de s'engouffrer dans des brèches. Particulièrement exposé, le char se doit donc d'être correctement blindé et armé, au détriment de la vitesse et de la maniabilité. Les premières ébauches du A20 proposées par Harland & Wolff (un important groupe sidérurgique, très connu, qui a construit le paquebot Titanic) dévoilent un imposant engin armé de deux canons de 2 livres (40 mm) et de plusieurs mitrailleuses. Le repli du corps expéditionnaire britannique à Dunkerque et la capitulation de la France remettent en cause le projet A20. Il faut désormais faire vite. Il se trouve que la Vauxhall Company (filiale britannique de la General Motors américaine) était pressentie pour fournir les moteurs du A20, aussi le projet lui est-il remis entre les mains. Il faut toutefois revoir complètement l'architecture et l'armement du tank et résoudre des problèmes de fiabilité de la mécanique. Le projet A20 devient alors A22. Les premiers Churchill I se distinguent par une tourelle armée d'un canon de 2 livres antichar et un obusier de 3 inches planté à l'avant dans la caisse. Ce blindé subit son baptême du feu lors du raid de Dieppe, le 19 août 1942, et s'avère peu performant. L'obusier étant difficile à pointer, il est démonté, remplacé par une mitrailleuse Besa sur le Churchill II. La troisième version reçoit un canon plus performant de 6 livres (57 mm) avec une nouvelle tourelle et d'imposants garde-boue protecteurs. Malgré ces améliorations, le Churchill a du mal à faire ses preuves. C'est la bataille d'El Alamein qui va le sauver. Plusieurs tanks sont en effet expédiés au sein de la 8e armée et leur résistance aux coups des antichars allemands est telle que l'état-major décide de poursuivre la production. Le Churchill IV apparaît durant l'été 1942. Il se distingue du Mk III par une tourelle moulée. Début 1943, les unités blindées de la 1re armée engagées en Tunisie décident de récupérer des canons de 75 mm provenant de Sherman endommagés et de les monter dans cent vingt tourelles de Churchill IV. Cette greffe réussit pleinement à tel point qu'à partir de la fin de l'année 1943 les Britanniques obtiennent la licence de fabrication du canon américain de 75 mm. Cette pièce sera montée de série sur le Churchill Mk VII qui sera la version la plus répandue en Normandie. Ce Mk VII possède une tourelle soudée surmontée d'un tourelleau pour le chef de char, des trappes d'évacuation latérales circulaires et un blindage amélioré. Il s'agit là d'un blindé largement

Le train de roulement du Churchill est assez étonnant avec ses nombreuses roues. L'avantage était que, malgré la perte d'une ou deux de ses roues au combat, le blindé pouvait continuer à avancer. (Archives of Canada)

repensé, à tel point qu'on lui attribue une nouvelle désignation A22F (mille six cents engins construits). Le Churchill était incontestablement un des chars les plus sûrs. Dans sa partie la plus épaisse, la cuirasse du Mk VII atteignait 152 mm, un record que même le char allemand Tigre n'égalait pas. Malheureusement, le dessin de la caisse comme de la tourelle, tout en angles droits, n'était pas des plus heureux, les obus antichars ayant peu de chance de ricocher. L'autre avantage du Churchill était qu'en cas de coups directs destructeurs il se consumait lentement, laissant le temps à son équipage de l'évacuer. À cet égard, les trappes d'évacuation latérales étaient unanimement appréciées, car elles permettaient de sortir du côté non exposé au feu de l'ennemi. Si le canon de 75 mm était tout juste assez performant pour percer la coque des blindés allemands, le Churchill avait sur le Sherman un net avantage puisque, correctement blindé, il pouvait davantage s'avancer afin de porter le coup décisif. Revers de la médaille, l'engin était particulièrement lent, dépassant rarement 20 à 25 km/h, ce qui rendait les déplacements et les formations sur les lignes de départ plutôt longues. De par sa conception, avec des chenilles largement dimensionnées et des angles d'attaque et de fuite importants, le Churchill passait facilement les obstacles verticaux. Ces caractéristiques furent jugées essentielles lorsque sir Percy Cleghorn Stanley Hobart dut concevoir une "ménagerie" de véhicules spéciaux pour le débarquement.

Les premiers Churchill sont des tanks d'infanterie trop légèrement armés avec leur canon de 2 livres en tourelle. En tant que char d'accompagnement, ils ont toutefois un obusier placé à l'avant dans la caisse qui, devant son peu d'utilité, sera finalement remplacé par une mitrailleuse de caisse Besa. (Archives of Canada)

LES SURPRISES DE L'ONCLE HOBART

Dans le cadre de l'assaut sur les plages le jour J, des véhicules spéciaux vont être mis au point pour pouvoir efficacement permettre, d'une part, un soutien à l'infanterie et, d'autre part, de percer les défenses afin de faciliter l'avancée des autres blindés à l'intérieur des terres. Ces engins ont été pensés et élaborés par un ingénieux officier, Percy Hobart.

Percy Hobart est celui qui commande la 79e DB, une division constituée (mais pas uniquement) de véhicules spéciaux baptisés "Funnies". (IWM)

Si les Américains sont sceptiques quant à l'emploi de blindés lors de la première phase du débarquement, le sanglant échec de Dieppe en 1942 est dans toutes les mémoires de l'état-major britannique. Pour ces stratèges, il est indispensable d'appuyer les fantassins et de réduire au silence les bunkers allemands. Normalement, la destruction des points fortifiés et le balisage des zones de passage reviennent au génie. C'est pourquoi une division blindée spéciale va devoir gérer un parc de matériel assez spécial, que l'on baptisera les "Funnies". La 79e DB est créée dès le 14 août 1942, mais il s'agit alors d'une division blindée normale. Elle développe les chars spéciaux à partir du printemps 1943. Elle va synthétiser et concrétiser tout ce qui a été testé avec plus ou moins de succès depuis les campagnes précédentes, notamment celles d'Afrique du Nord où des chars "fléau" anti mines avaient déjà été opérationnels. Une grande quantité de matériel avait déjà été mise au point pendant la Première Guerre mondiale et durant l'entre-deux-guerres. Des dizaines de blindés anti-mines poseurs de pont seront testés et beaucoup resteront au stade de prototypes. La 79e DB est placée sous les ordres de Percy Hobart, malgré ses idées jugées un peu trop novatrices durant l'entre-deux-guerres. Hobart – qui a aussi commandé un temps la 7e DB, "les Rats du désert", en Libye – va travailler durement pour mettre au point des engins aussi pratiques que destructeurs, voués à des tâches bien précises et dont les équipages seront particulièrement bien entraînés, ceux-ci n'ayant pas droit à l'erreur. Deux véhicules seront retenus : l'inévitable char Sherman et le robuste Churchill. Les équipements porteront sur l'un ou l'autre véhicule. On ne verra

ainsi pas en Normandie de Churchill DD ou de Sherman AVRE Petard. La majorité de ces engins sera dévolue au secteur britannique, au sein de la 79e DB qui comporte plusieurs unités de Funnies : la *27th Armoured Brigade* qui est finalement rattachée à la 3e division d'infanterie pour le D-day (chars DD), la *1st Assault Brigade* (avec les Churchill AVRE), la 30th Armoured Brigade (dotée des Sherman Crab et des Churchill Crocodile) et la 1st Tank Brigade (équipée de chars projecteurs qui ne participent pas au débarquement proprement dit). En fait, la division n'est pas une seule et unique entité. Ses éléments sont ventilés au sein d'unités d'infanterie en fonction des besoins. Montgomery approuva même le "don" de ces matériels aux forces américaines, mais, excepté une poignée de chars amphibies DD, l'état-major américain ne semblait guère convaincu. Il est vrai qu'il était difficile, début 1944, d'entraîner en un temps record de nouveaux équipages américains à manier des tanks Churchill. Cette décision est sans aucun doute regrettable, d'autant que les Sherman DD provenant des Tank Battalions chargés de soutenir les régiments d'assaut américains face à Omaha Beach seront perdus en pleine mer, largués beaucoup trop loin dans une mer houleuse, et aucun ne pourra efficacement soutenir l'infanterie. Il en sera tout autrement dans le secteur britannique. Voyons maintenant quels étaient ces principaux chars et quels étaient leurs rôles. Nous n'avons retenu que les engins effectivement utilisés à partir du D-day.

Le Sherman Duplex Drive

Le plus connu des chars Funnies (les "Drôles") est le Sherman amphibie DD (pour *Duplex Drive*, en raison de sa propulsion double par hélice et par chenilles). Les premiers DD ont été des chars légers Tetrarch testés à partir de juin 1941, puis des Valentine III et VIII opérationnels à partir de juin 1942, mais jamais utilisés en condition réelle. L'idée n'émane pas de Hobart, mais d'un émigré hongrois, Nicholas Straussler, ingénieur de son état. Il s'agit d'un blindé moyen Sherman doté, tout autour de son glacis, d'une jupe étanche qui est totalement relevée lorsque l'engin s'élance dans l'eau à 2 kilomètres du rivage, amené par un LCT (*Landing Craft Tank*) dont la rampe est abaissée en pleine mer. Dans cette configuration, toute la superstructure du blindé est cachée, ce qui peut occasionner un réel effet de surprise, l'ennemi ne distinguant normalement pas la silhouette d'un char de combat. Faire flotter un blindé de 32 tonnes n'est pas une mince affaire. La jupe en caoutchouc doit être bien sûr entièrement étanche. Elle se gonfle à l'aide de deux bouteilles d'air comprimé, puis elle est "raidie" grâce à une ossature tubulaire. Il faut environ quinze minutes pour préparer l'ensemble. Une fois dans l'eau, l'armement est naturellement inutilisable et le chef de char doit demeurer à moitié sorti dans son tourelleau pour guider le conducteur, totalement aveugle. Sur l'eau, un Sherman entièrement équipé s'enfonce profondément, ne laissant qu'un franc-bord (partie émergée de la jupe) de 20 cm. En clair, le char est sous la ligne d'eau ! Si la mer est forte, il y a de grandes chances pour que des paquets d'eau passent par-dessus. Malgré la présence d'une pompe de cale, une fois plusieurs litres d'eau embarqués, le Sherman coule à pic... c'est ce qui se passera à Omaha Beach. Les équipages sont toutefois munis d'un appareil respiratoire d'origine britannique qui est censé leur permettre de respirer sous l'eau, mais il semble que peu l'ont porté, car il gêne grandement les mouvements et ne facilite pas l'extraction des hommes qui, en temps normal, ont déjà du mal à sortir de leurs écoutilles. La propulsion est assurée par deux hélices entraînées directement par la boîte de vitesses, qui permettent par mer calme une vitesse de 4 nœuds environ. Une fois que les chenilles mordent la terre ferme, la jupe est abaissée et le char redevient un blindé de combat. Il perd toutefois l'usage de sa mitrailleuse de caisse, celle-ci ne pouvant tirer à cause de la présence de ladite jupe.

Le char Valentine a été l'un des premiers chars amphibies. Il ne vit pas le combat, mais servit à l'entraînement des équipages. On note la proue assez prononcée et le repliage de la jupe étanche. (Big-Block)

Le Sherman DD nécessite une mer très calme. C'est pourquoi son usage, le 6 juin 1944, fut finalement limité. En revanche, il servit encore efficacement lors du passage de fleuves comme le Rhin en 1945. (NARA)

Le Sherman Crab [(1)]

Le Crab est un char standard M4 équipé à l'avant d'un imposant cylindre rotatif motorisé, doté de chaînes frappant le sol à grande vitesse afin de faire exploser les mines. En matière de détection et de destruction de mines, on ne compte plus les essais réalisés. On essaya différents rouleaux compresseurs, des sortes de soc de charrue creusant le sol et repoussant les mines enterrées sur le côté ou encore des armements et des munitions spéciales tirant sur des zones minées afin de faire exploser les charges. Le fléau fut intensivement utilisé dès l'Afrique du Nord sur divers blindés, dont le Matilda Scorpion I et Baron, ainsi que le M3 Grant équipé d'un fléau assez semblable à celui du Matilda. Le Sherman améliora le principe du fléau avec, à partir de l'été 1943, les Crab I et II. Le fléau était porté tout au bout de bras articulés et son tambour comportait quarante-trois chaînes. Il était entraîné par le moteur et tournait au régime de 142 tr/min. Le blindé conservait son armement principal, mais, lorsque le fléau entrait en action, la tourelle était tournée à 180° pour éviter d'endommager à la fois le canon et les optiques de visée. Au fur et à mesure de son avance, le Crab lâchait des marqueurs et de la poudre de craie pour clairement délimiter la zone déminée. L'engin dégageait tellement de poussière qu'il fallait que les véhicules qui le suivaient puissent clairement repérer sa silhouette sans s'écarter du chemin. Pour faciliter le repérage, le Sherman Crab disposait à l'arrière d'un mât lumineux. Les épiscopes du conducteur et du mitrailleur (qui aidait en fait à la navigation) étaient surélevés et protégés. Les Sherman Crab avançaient à une vitesse très réduite et, une fois leur tourelle retournée, ils étaient sans défense. En revanche, ce Funny s'avéra indispensable le 6 juin et pendant toute la campagne de Normandie.

(1)

IWM

(2)

D.R.

Le Churchill Crocodile [(2)]

Très impressionnant, le jet de liquide enflammé craché par le Churchill Crocodile pouvait être projeté entre 70 et 120 mètres. Le blindé s'avéra aussi efficace que démoralisant pour l'ennemi, mais ce dernier était souvent impitoyable avec les équipages capturés… Le Crocodile était un Churchill Mk VII qui conservait son arme principale de 75 mm, mais dont la mitrailleuse de caisse avait été démontée, remplacée par un lance-flammes. Le liquide était embarqué dans une remorque tractée par le char et mis sous pression par de l'azote. La pression était suffisante pour 81 secondes de tir, le temps d'épuiser les 1 800 litres de liquide. Toutefois, à l'usage, la pression risquant de baisser trop rapidement, les tankistes procédaient par des jets de quelques secondes seulement. Une fois les réserves épuisées, ou si elle était touchée, la remorque pouvait être larguée rapidement. Le Churchill Crocodile redevenait alors un char de combat classique. Près de huit cents de ces chars lance-flammes furent produits, mais tous ne servirent pas uniquement au sein de la 79e DB.

Le Churchill AVRE (*Armoured Vehicle Royal Engineers*)

La désignation "AVRE" s'applique à des blindés transformés pour les besoins des Royal Engineers, le génie militaire britannique. Elle est toujours utilisée pour désigner les véhicules blindés spéciaux.

Le AVRE Petard [(3)]

Destinés à briser ou à passer les défenses du mur de l'Atlantique, les AVRE constituent une famille de Churchill modifiés pour le jour J, mais bon nombre servirent encore bien après le 6 juin. Les Churchill AVRE furent modifiés pour pouvoir s'accommoder de plusieurs accessoires. Le premier Churchill AVRE était

(3)
D.R.

(5)
IWM

un Churchill III ou IV dont la tourelle était débarrassée du canon de 75 mm au profit d'un gros mortier de 290 mm baptisé "Pétard". Cette arme tirait une charge hautement explosive de 18 kg (la "poubelle volante") jusqu'à 120 mètres environ. Pour la recharger, le mortier étant dépourvu de culasse, il fallait faire pivoter le fût à 90° vers le haut, sortir par l'écoutille supérieure de la tourelle, placer la "poubelle volante" dans le tube avant de remettre ce dernier dans sa position de tir. Normalement, tous les AVRE ont conservé la tourelle avec mortier, si l'on excepte bien sûr les variantes dont la tourelle a été déposée.

Le AVRE Fascine (4)

Il s'agissait cette fois d'un char AVRE portant une imposante fascine de bois, maintenue par un support lui aussi en bois et qui était simplement jetée dans un fossé antichar pour permettre le passage d'autres blindés face à un mur antichar. L'idée remontait à la Première Guerre mondiale. Puisqu'il conservait son mortier de 290 mm (sur les photos montrant ces véhicules à l'entraînement, la tourelle n'est armée que de l'unique mitrailleuse Besa), le AVRE Fascine devait faire pivoter sa tourelle à 90° pour que l'arme ne soit pas endommagée. De même, la visibilité quasi nulle vers l'avant obligeait bien souvent le chef de char à descendre pour diriger l'engin.

Le AVRE Bobbin (5)

Ce type de AVRE était équipé d'un portique avec une imposante bobine de 3 mètres de large qui se déroulait au fur et à mesure de l'avancée du véhicule. Cette toile renforcée évitait aux autres engins roulant derrière le Bobbin de s'ensabler. Le Churchill déroulait devant lui un véritable tapis. Lorsqu'il n'y avait plus de toile, une petite charge explosive permettait de se débarrasser de l'encombrant portique. Ce type de Funny eut un rôle non négligeable à Gold Beach en permettant aux véhicules de désengorger rapidement les plages.

(4)

IWM

(6)

D.R.

Le AVRE ARK Mk I et ARK Mk II [6]

Ce blindé porte-ponton (*Armoured Ramp Karrier*) est un pont automoteur. Dépourvu de tourelle, le Churchill dispose à l'avant et à l'arrière de rampes articulées manuellement (une rampe d'accès à l'arrière et deux très courtes à l'avant, dépassant tout juste le porte-à-faux de l'engin). Le dessus de la caisse supporte aussi une structure simplifiée, en bois, permettant le passage de véhicules. Ce type de véhicule permettait des franchissements de 8,50 mètres. Après une première tranche de cinquante AVRE ARK I sur châssis de Churchill II et IV, une autre série est présentée en juillet 1944. L'ARK II se distinguait par des rampes plus larges et pouvant être rallongées pour permettre des franchissements allant jusqu'à 14,50 mètres. Ces rampes plus longues nécessitaient l'adjonction de chèvres de levage et de câbles. Enfin, l'ARK MK II (*Italian Pattern*) était assez semblable, mais dépourvu de chemin de roulement et doté de rampes d'origine américaine. Ils sont référencés *Italian Pattern*, car ils furent modifiés par les ateliers du génie lors de la campagne d'Italie.

(7)

IWM

Churchill Bridgelayer [7]

Le blindé est cette fois transformé en véritable poseur de pont. Il dispose dans le compartiment de combat d'un système hydraulique de relevage avec un bras articulé relié à une structure ponton. Lorsque le bras était replié, cette structure reposait directement sur la caisse du Churchill III ou IV. Lorsque le bras se déployait, la structure était projetée vers l'avant, toujours dans sa position horizontale, et posée sur le fossé ou l'obstacle à franchir, le tout en 1 minute 30 secondes seulement. Cette opération était assurée par le conducteur. L'autre membre d'équipage était le commandant du char. Le pont métallique était capable de supporter des charges de 60 tonnes.

ChurchillL SBG (*Small Box Girder*) [8]

Ce Churchill standard comportait à l'avant une longue rampe inclinée à 45° et retenue par un bâti muni de charnières. Un câble évitait que la rampe ne s'abaisse lors du déplacement du char. Cette rampe permettait de franchir des fossés, mais aussi des obstacles verticaux comme un mur antichar. Face à l'obstacle, la rampe se désolidarisait du char.

(8)

IWM

Les Sherman Tank Dozer » munis d'une lame de déblaiement ont été intensivement utilisés pendant toute la Bataille de Normandie. Par rapport à un bulldozer classique, ces tanks avaient un net avantage puisqu'ils conservaient leur blindage et leur armement. (NARA)

SHERMAN MK VC FIREFLY TANK, SHERMAN VC

Moteur : Chrysler A57, 5 x six cylindres en ligne, à soupapes en tête, 20 540 cm^3 (total), développant 370 ch à 2 400 tr/min
Transmission : boîte à cinq rapports avant, plus une marche arrière
Freinage : mécanique
Suspensions : ressort central vertical hélicoïdal monté au centre de chaque bogie
Poids à vide : nc
Poids total : 32 200 kg
Autonomie : 160 km
Réservoir : 636 litres
Armement : un canon OQF de 17 livres L/60 Mk IV (76,2 mm) avec soixante-dix-huit obus, une mitrailleuse de 0,30 coaxiale avec cinq mille cartouches, une mitrailleuse antiaérienne de 0,50 avec cinq cents cartouches
Blindage : de 13 mm à 51 mm (76 mm sur le masque du canon)
Vitesse maximale : 45 km/h

L'armée britannique fut la première à mettre en service le char Sherman et c'est elle qui baptise le char M4 du nom du général nordiste de la guerre de Sécession. Ce blindé est d'ailleurs celui qui est le plus largement utilisé et son canon de 75 mm est, en 1942 et 1943, le plus performant. Le Churchill Mk VII et le Cromwell IV recevront par la suite la même arme, mais ils n'entreront en service qu'à la fin de l'année 1943. La plupart des Sherman perçus sont des M4A4 (Sherman V dans la nomenclature britannique) et des M4A2 (Sherman III), mais, en fait, toutes les séries seront adoptées, même si le M4A3 reste le plus souvent le modèle réservé aux troupes américaines. À l'issue des nombreux combats menés en Afrique du Nord, puis en Italie, le ministère de la Guerre souhaite tenter la greffe d'un canon antichar de 17 livres sur un châssis de Sherman. Le ministère des Approvisionnements refuse de donner son feu vert, attendant beaucoup du prototype du Comet à canon de 77 mm et du A30 Challenger doté justement du 17 livres. Mais ces blindés n'en sont qu'au stade des essais et, finalement, un premier essai est rapidement réalisé, car depuis plusieurs semaines un officier anglais, le Major Brighty a déjà pris le taureau par les cornes et cherché des solutions pour adapter le volumineux canon de 17 livres et son mécanisme de recul dans l'étroite tourelle du Sherman. Lors du tir, le recul est en effet de plus d'un mètre, ce qui est énorme. Et il faut aussi remanier un grand nombre de pièces pour s'accommoder de l'exiguïté des lieux et repenser l'emplacement de la trappe du chef de char. La mitrailleuse de caisse fut supprimée pour pouvoir loger davantage de munitions, celles-ci étant de taille supérieure. L'équipage fut réduit à quatre hommes au lieu de cinq dans un Sherman standard et la radio fut déplacée vers l'arrière, la tourelle présentant une nuque plus proéminente afin de loger le poste. Les travaux avancèrent très vite et le Firefly était opérationnel début 1944, prêt pour le D-day. Plusieurs châssis furent utilisés, mais le plus courant fut le M4A4 (Sherman VC Firefly). La production resta dans un premier temps limitée, les blindés étant distribués au compte-gouttes à raison d'un Firefly par troop (une troop comptant quatre Sherman). À partir de septembre 1944, le chiffre passa à deux Firefly par troop. Ce Sherman modifié fut sans nul doute l'un des meilleurs chars alliés de la Seconde Guerre mondiale. Il était le seul à pouvoir engager un Panther ou un Tigre à une distance raisonnable en ayant de grandes chances de pouvoir le détruire. Au total, environ deux mille deux cents de ces Sherman à canon de 17 livres ont été fabriqués.

Un Sherman VC Firefly du Fort Gary Horse en Belgique. Le frein de bouche est caractéristique de ces Sherman. (Archives of Canada)

LEYLAND CENTAUR III CRUISER TANK, MK VIII, CENTAUR (A27L)

D.R.

Moteur : Liberty, douze cylindres en V, à soupapes en tête, 27 040 cm^3, développant 395 ch à 2 000 tr/min
Transmission : boîte Merritt-Brown à cinq rapports avant, plus une marche arrière
Freinage : hydraulique agissant sur la direction
Suspensions : indépendantes type Christie, bras oscillant tiré avec ressort hydraulique
Poids à vide : nc
Poids total : 28 850 kg
Autonomie : 265 km
Réservoir : nc
Vitesse maximale : 48 km/h
Armement : un canon OQF de 6 livres (57 mm) (Centaur I) ou un canon de 75 mm (Centaur III) avec soixante-quatre obus, une mitrailleuse Besa de 7,92 mm coaxiale, une mitrailleuse Besa de 7,92 mm de caisse, quatre mille neuf cent cinquante cartouches de 7,92 mm
Blindage : de 20 mm à 76 mm

Le moteur Rolls-Royce Merlin qui propulse toute unc gamme d'appareils de la RAF, à commencer par le mythique Spitfire, donne naissance pendant la Seconde Guerre mondiale à un propulseur pour char de combat. Ce V12 refroidi par liquide, baptisé Meteor, a naturellement un taux de compression rabaissé pour s'accommoder de carburant à indice d'octane moins élevé, mais il est tout de même capable de délivrer une belle puissance de 600 ch. C'est plus qu'il n'en faut pour un char moyen de type Cruiser, et cela augure des performances peu ordinaires. Malheureusement, le V12 Rolls-Royce n'est pas immédiatement disponible (la production du Meteor sera confiée à Rover) et il faut impérativement trouver un successeur au vieillissant Crusader, à bout de potentiel. Dans un premier temps, il est donc décidé de conserver le moteur Liberty du Crusader (un autre moteur d'origine aéronautique), ainsi que les principaux organes du châssis, et de remanier la tourelle pour qu'elle offre davantage de protection. Ce blindé armé d'un canon de 6 livres devient le Cavalier (A24), mais ses performances sont inférieures au Crusader. En attendant le moteur Rolls-Royce du futur A27, le Cavalier est à nouveau modifié. On conservera donc le V12 Liberty, mais tout sera prééquipé en vue de recevoir le douze-cylindres Meteor. Il suffira juste de démonter le Liberty lors d'une grande révision et de le remplacer par le Meteor. Cet A27L (L pour Liberty) opte toutefois pour une transmission Merritt-Brown, déjà utilisée sur le Churchill et qu'il est prévu d'accoler au Rolls-Royce, et les radiateurs migrent tout à l'arrière du compartiment moteur. En juin 1942, cet A27L est fin prêt et reçoit la dénomination Centaur. Seuls neuf cent cinquante exemplaires seront construits, dont quatre-vingts Centaur IV armés d'un obusier de 95 mm destiné aux Royal Marines, qui débarqueront le 6 juin 1944. La plupart des autres Centaur I à canon de 6 livres recevront par la suite le canon de 75 mm du Cromwell IV. Quelques variantes d'observation (avec un faux canon, l'espace de la tourelle étant occupé par des radios supplémentaires) ou de blindés antiaériens seront aussi produites en complément de quelques "tank-dozers" ou de dépannage.

Ci-dessous, de haut en bas :
- Le Centaur antiaérien a été développé pour protéger les unités motorisées en déplacement. Ils auront peu l'occasion d'intervenir lors de la bataille de Normandie, la Luftwaffe étant assez peu présente.
Il existait aussi un Crusader antiaérien.
Les deux châssis possédaient la même tourelle, mais celle du Centaur était armée de deux canons Polsten à la place des Oerlikon de 20 mm.
(Archives of Canada)
- Deux Centaur (ou des Cromwell) font mouvement en Normandie. (Archives of Canada)
- Un Centaur tracte une remorque porte-munitions sur Juno Beach. (Archives of Canada)

LEYLAND CROMWELL MK IV CRUISER TANK, MK VIII, CROMWELL (A27M)

Moteur : Rolls-Royce Meteor, douze cylindres en V, à soupapes en tête, 27 027 cm^3, développant 600 ch à 2 550 tr/min
Transmission : boîte Merritt-Brown à cinq rapports avant, plus une marche arrière
Freinage : hydraulique agissant sur la direction
Suspensions : indépendantes type Christie, bras oscillant tiré avec ressort hydraulique
Poids à vide : nc
Poids total : 27 950 kg
Autonomie : 280 km
Réservoir : nc
Vitesse maximale : 65 km/h (50 km/h à partir du Cromwell Mk IV)
Armement : un canon OQF de 6 livres (57 mm) (Cromwell I à III) ou un canon de 75 mm (Cromwell IV, V et VII) avec soixante-quatre obus, une mitrailleuse Besa de 7,92 mm coaxiale, une mitrailleuse Besa de 7,92 mm de caisse, quatre mille neuf cent cinquante cartouches de 7,92 mm, mortier à fumigène
Blindage : de 18 mm à 76 mm (101 mm avec surblindage soudé)

Le Cromwell (A27M, M pour Meteor) est l'aboutissement du Cruiser, un blindé rapide, capable d'enfoncer les lignes ennemies et de rompre les voies de communication. Ce concept datant de l'entre-deux-guerres donne naissance à de nombreux chars britanniques comme le Crusader. Mais la gestation de son successeur, le Cromwell, est plutôt longue, la faute revenant à la lente mise en production de son moteur Rolls-Royce Meteor. Avec ce V12, le char est capable d'atteindre 65 km/h, ce qui est une vitesse exceptionnelle pour l'époque, mais qui met à mal les suspensions, obligeant à limiter la vitesse à 50 km/h. La production débute en janvier 1943 et, très vite, le Cromwell troque son canon de 6 livres pour un 6 livres réalésé à 75 mm afin de tirer les munitions explosives ou perforantes du même calibre que celles du 75 américain. La fiabilisation de cette nouvelle arme perdure jusqu'à la fin de l'année 1943 et tous les Cromwell qui débarquent le 6 juin 1944 disposent de cette arme ou de l'obusier de 95 mm (Cromwell VI). Comme le Centaur, le Cromwell se singularise par sa tourelle en forme de boîte avec des blindages extérieurs rivés sur les flancs (sauf sur les tout derniers modèles dont les blindages sont soudés). Sa silhouette est plus discrète que le Sherman, son canon fait aussi bien et il se déplace plus rapidement, mais, bien que son blindage soit aussi épais que celui du char américain, ses lignes à angles vifs sont autant de pièges à obus allemands. Le Cromwell équipe entièrement une seule division en Normandie (la 7th Armoured Division), mais sa mobilité lui permet d'être très fréquemment utilisé au sein des unités de reconnaissance. Leyland, qui supervise tout le programme A27M, a produit trois mille soixante-six Cromwell.

Archives of Canada

MONTREAL LOCOMOTIVE WORKS SEXTON II 25-PR, SELF PROPELLED, TRACKED, SEXTON

Moteur : Continental R 975C1, neuf cylindres, radial, à soupapes en tête, 15 950 cm³, développant 350 ch à 2 400 tr/min
Transmission : boîte à cinq rapports avant, plus une marche arrière
Freinage : mécanique
Suspensions : ressort central vertical hélicoïdal monté au centre de chaque bogie
Poids à vide : nc
Poids total : 25 850 kg
Autonomie : 265 km
Réservoir : 660 litres
Vitesse maximale : 40 km/h
Armement : un canon QF 25 livres (87,8 mm) Mk II avec cent douze obus, deux fusils-mitrailleurs Bren de calibre 0,303
Blindage : de 13 mm à 32 mm

Très satisfaits des obusiers à moteur M7 Priest utilisés lors des campagnes d'Afrique du Nord, les Britanniques sont toutefois tributaires d'une munition de 105 mm d'origine américaine. De plus, il s'avère que les troupes américaines elles-mêmes souhaitent conserver ces Priest. L'idée est donc de monter un canon de campagne anglais, le 25 livres, sur un châssis quasi identique à celui du Priest. Ne pouvant eux-mêmes réaliser cette conversion, les Anglais se tournent vers l'industrie canadienne. Le châssis retenu n'est pas vraiment celui du M3 américain, mais dans un premier temps celui du char Ram, une adaptation canadienne du M3. Les Canadiens passent leur première commande, mais les Britanniques préfèrent un châssis légèrement différent, celui du Sherman canadien (dénommé Grizzly). Le premier modèle est le Sexton I et le second, attribué aux Anglais, le Sexton II. Près de deux

mille cent cinquante de ces canons automoteurs seront produits à partir de 1943 par la Montreal Locomotive Works. Très efficace malgré ses apparentes origines hétéroclites, le Sexton fut le principal obusier automoteur britannique.

Des Sexton font feu au petit matin lors d'une offensive sur Caen. Le Sexton était très apprécié, car il alliait mobilité et puissance de feu. (Archives of Canada)

LES VÉHICULES SPÉCIAUX

Les troupes alliées utilisent aussi un grand nombre de véhicules spéciaux au rang desquels figurent les bulldozers et les engins de terrassement. Ces engins ont été occultés par les Jeep, les GMC ou les Sherman, mais ils ont joué un très grand rôle dès le jour J, ces "bull" débarquant avec les premières vagues du génie pour déblayer les plages. La plupart des constructeurs américains furent mis à contribution, comme Clark qui avait conçu un petit chenillé aérotransportable ou Allis-Chalmer avec les HD7 et les HD10, tandis qu'International Harvester disposait des TD9, TD14 et TD 18. Mais c'est surtout la firme Caterpillar qui est la plus mise à contribution. Caterpillar est un peu l'inventeur du tracteur chenillé et la marque a déjà une renommée internationale avant la guerre. Les lames droites étaient pour la plupart produites par Le Tourneau, qui fabriqua ainsi quatorze mille de ces plaques d'acier au profit de l'armée. Les bulldozers étaient aussi utilisés comme tracteurs de scrapers pour niveler les routes. Là encore, ce fut Le Tourneau qui devint le fournisseur officiel de scrapers tractés (dix mille unités produites). Les bulldozers recevaient aussi de puissants treuils Hyster qui leur permettaient de s'adapter à différentes applications, se transformant, en cas de besoin, en dépanneuses de fortune pour désembourber d'autres véhicules lourds. Tous ces bulldozers ne fonctionnaient pas via des commandes hydrauliques (excepté le petit Clark), mais grâce à des commandes par câbles avec renvois d'angle, mis en mouvement par un tambour arrière. Ces équipements étaient fournis par l'inévitable firme Le Tourneau ou bien issus de la firme La Plan Choatte. Dans le bocage, le bulldozer servit aussi à défoncer les haies pour permettre le passage d'autres engins. Les engins exposés

International Harvester a été moins mis à contribution que Caterpillar, mais il n'en demeure pas moins que ces tracteurs Tractractor, dessinés par le designer Raymond Loewy, ont été d'importants engins. La gamme lourde TD18 à moteur Diesel était initialement destinée à la traction de pièces d'artillerie, mais dans la pratique, ces chenillés furent surtout utilisés chez les Engineers comme bouteurs avec lames à commande par câble de chez Adams & Heil ou à vérins hydrauliques Bullgrader. (Collection Big-Block)

À droite, un Caterpillar D7 bouteur à câbles Letourneau rebouche des trous d'obus sur une route menant à Saint-Lô. Amélioré au fil des ans, le D7 est toujours en service dans les unités du génie américain ! (NARA)

au feu ont même été équipés d'un blindage : environ cinq cents Caterpillar D7 ont ainsi reçu un blindage intégral pour le 6 juin 1944. Il s'avérait en effet que les conducteurs de ces engins étaient des cibles privilégiées des snipers allemands. Afin d'en faire aussi une arme offensive, il ne fut pas rare de doter certains chars d'assaut d'une lame à l'avant, le blindé conservait ainsi son armement principal. Les bulldozers servirent aussi activement pour déblayer les gravats et combler les cratères d'obus après les combats et on les vit partout en action en Normandie, à Caen, Saint-Lô ou Le Havre.

À gauche, les conducteurs des engins de déblaiement risquant d'être exposés lors du débarquement, des Caterpillar D7 furent blindés. Ces engins recevaient un équipement hydraulique. Leur production fut toutefois limitée. Il ne semble pas qu'il y eut de Caterpillar D8 blindés en usine, les D8 étant visiblement blindés par les ateliers britanniques du REME. (NARA)

Ci-dessus et à droite, les grues mobiles sont, elles aussi, très présentes dès le jour J. Elles sont utilisées aussi bien pour déplacer les obstacles sur les plages une fois la zone sécurisée que pour les opérations classiques de manutention. Des tracteurs chenillés peuvent aussi être associés à une grue dépourvue de moteur. Ce sont alors les treuils tambour arrière du tracteur qui sont utilisés. Sur la photo couleur, on peut observer un tel ensemble en train de déplacer une barge de débarquement détruite lors de l'assaut du D-day en secteur canadien. (Collection Big-Block et archives of Canada)

À gauche, le BARV est bâti autour d'un châssis de Sherman M4A2 (avec caisse soudée et motorisation Diesel). Cet engin réalisé par le REME britannique est rehaussé de superstructures ressemblant à celles d'un navire. Le Beach Armoured Recovery Vehicle est en effet un engin étanche, capable d'opérer dans 2,70 mètres d'eau pour dépanner aussi bien des véhicules terrestres en difficulté que des barges de débarquement. Il emporte à son bord un plongeur, chargé de fixer les élingues et autres câbles de remorquage. Une cinquantaine de BARV furent construits pour le D-day. (Big-Block)

L'ARMEMENT ANTICHAR DES CHARS DE COMBAT ALLIÉS

LEXIQUE

AP : *Armour Piercing*. Ce terme désigne un obus perforant avec une ogive très effilée.
APC : *Armour Piercing Capped*. Idem que ci-dessus, mais l'obus est coiffé d'un alliage "mou"
APCR : *Armour Piercing Composite Rigid*. Un obus composite avec noyau en tungstène et enveloppe en alliage léger.
APDS : *Armour Piercing Discarding Sabot*. Obus "sabot" avec noyau en tungstène et enveloppe se séparant juste après le tir.
HE : *High Explosive*. Obus explosif classique, inefficace contre des tanks, mais pouvant occasionner des dégâts contre des points fortifiés, des concentrations de troupes, etc.
HEAT : *High Explosive Anti Tank*. Il s'agit de l'obus à charge creuse, qui va provoquer une onde de choc et la fusion d'un des composants de l'obus (généralement du cuivre)
HVAP : *High Velocity Armor Piercing*. D'origine américaine, il est sensiblement équivalent à l'APCR britannique.

Big-Block

37 MM, GUN M6

Le canon de 37 mm qui arme les véhicules légers américains et britanniques est le 37 mm Gun M6. Il s'agit d'une arme produite assez tardivement (1938) et elle est tout d'abord utilisée en tant que canon tracté (37 mm M3), mais aussi pour être montée dans une tourelle de char. Le premier du genre est le 37 mm M5. Son canon a été raccourci d'une douzaine de centimètres, puis il retrouve sa taille initiale sur le 37 mm Gun M6 qui est équipé d'un système de stabilisation gyroscopique lui permettant de tirer même lorsque le blindé est en mouvement.

Calibre : 37 mm
Longueur du tube : 185 cm
Poids de l'arme seule : 84 kg
Cadence de tir maximale : 30 coups/mn
Type d'obus : explosif (HE) Mk II ou M63 ou perforant APC M51B2
Vitesse de l'obus perforant : 899 m/s
Portée maximale : 11 750 m
Perforation : 60 mm à 455 m sous un angle de 20° et 53 mm à 910 m sous un angle de 20°

Big-Block

75 MM, GUN M3

Lorsque la guerre débute en Europe, les Américains se rendent compte qu'il va devenir indispensable de disposer d'un canon antichar nettement plus performant que le "petit" 37 mm. Le choix se porte sur un 75 mm, descendant direct de feu le "75" français. Le char M3 est conçu autour de cette arme montée en casemate, mais c'est sur le M4 Sherman que le 75 mm est le plus performant. Le canon M3 diffère du M2 par la longueur totale du tube, allongé de 67,5 cm pour augmenter la portée et accroître la vitesse de l'obus. Le canon est couplé à un périscope M10 ou M4A1, un télescope M38A1 et un indicateur de relevé de l'azimut type M19. Le chargement est manuel et le canon tire des munitions explosives ou perforantes de plusieurs types.

Calibre : 75 mm
Longueur du tube : 281 cm
Poids de l'arme seule : 412 kg
Cadence de tir maximale : 20 coups/mn
Type d'obus : explosif (HE) M48 ou perforant APC M61 et M72
Vitesse de l'obus perforant : 619 m/s
Portée maximale : 12 800 m
Perforation : 76 mm à 455 m sous un angle de 30°

LES MUNITIONS

Un obus a normalement un pouvoir perforant proportionnel à sa vitesse. Plus il va vite, plus il est censé pénétrer l'épaisseur de blindage. Toutefois, à partir d'une certaine vitesse approchant 850 m/s, un classique obus en acier finit par se réduire en miettes à l'impact. On imagina donc d'utiliser d'autres alliages plus mous au niveau de la tête de l'obus, afin d'éviter la désintégration de l'acier. Ce furent les obus APC. Ce "chapeau" plus mou permettait ainsi de conserver toute l'homogénéité de la charge au moment de l'impact. Afin d'augmenter la capacité de pénétration des obus perforants, on pensa ensuite à utiliser un matériau très dense comme le tungstène, mais celui-ci étant très lourd (et très cher) il fallait qu'il soit "enveloppé" d'un alliage très léger pour conserver une vitesse initiale équivalente à un obus en acier. Les Britanniques nommèrent ces obus APCR (*Armour Piercing Composite Rigid*). Et les Américains HVAP (*High Velocity Armor Piercing*). L'étape suivante consista à conserver un noyau très dense en tungstène, mais à lui donner une vitesse beaucoup plus élevée. Ce fut l'obus APDS ou "sabot" qui fit son apparition en août 1944 dans l'arsenal anglo-canadien. L'idée fut donc de réduire la taille de l'obus au tungstène lorsqu'il sort de la bouche à feu. Cette réduction de taille permettait en effet de réduire d'autant la résistance aérodynamique. Mais, comme il fallait s'accommoder des calibres des armes existantes, il fallut au préalable encartoucher le noyau au tungstène dans une "coquille" correspondant au calibre du canon. Cette enveloppe était en deux parties. Lorsque la charge était tirée, les deux pièces se séparaient et le noyau continuait seul sa trajectoire. Le pouvoir perforant de ces obus était sans commune mesure avec les premières munitions.

76 MM, GUN M1 ET M1A1

Le 76 mm a été conçu pour améliorer le pouvoir perforant du canon de 75 mm. Il n'en est pas directement dérivé, car il a été conçu pour tirer une munition à haute vitesse initiale de 76,2 mm. Il partage sa culasse avec le 75 mm M3 et tire une munition de même calibre que le canon équipant le Tank Destroyer M10, mais les deux munitions n'ont pas la même douille et sont donc différentes. Bien que l'arme ait été testée avec succès dès le milieu de l'année 1942, elle n'entre en service que tardivement sur les Sherman M4. Afin de s'adapter à plusieurs tourelles, le canon M1 devient le M1A1, puis M1A2 avec un frein de bouche. Il tire des obus explosifs comme le 75 mm, mais les obus perforants ont une vitesse initiale beaucoup plus élevée et donc une capacité de perforation supérieure.

Calibre : 76,2 mm
Longueur du tube : 396,25 cm
Poids de l'arme seule : 546 kg
Cadence de tir maximale : 22 coups/mn
Type d'obus : explosif (HE) M42A1 ou M48A1 ou perforant APC M62 ou M66A1 ou perforant HVAP M66
Vitesse de l'obus perforant : 868 m/s
Portée maximale : 13 515 m
Perforation : 88 mm à 915 m sous un angle de 30° (APC), 133 mm à 915 m sous un angle de 30° (HVAP)

3-INCH M7

Ce canon a équipé essentiellement le chasseur de char TD M10 Wolverine. L'arme est extrapolée d'un canon antiaérien de 1918, le 3-inch (76,2 mm) M1918 Gun. Pour l'adapter en 1940 à un char d'assaut, la culasse, l'affût et le mécanisme de recul sont empruntés à un autre canon, un Howitzer de 105 mm type M2 (celui du M4 Sherman dans sa version 105 mm). Sous cette forme modifiée, la pièce devient alors 3-inch M5, puis M6, et enfin M7 avec des modifications mineures. Le terme 3-inch est employé pour ne pas confondre cette arme avec l'autre canon de 76,2 mm, le M1A1 qui est chambré de façon différente.

Calibre : 76,2 mm
Longueur du tube : 396,25 cm
Poids de l'arme seule : 546 kg
Cadence de tir maximale : 22 coups/mn
Type d'obus : explosif (HE) M42A1 ou M48A1 ou perforant APC M62 ou M66A1 ou perforant HAVP M93
Vitesse de l'obus perforant : nc
Portée maximale : 13 515 m
Perforation : 88 mm à 915 m sous un angle de 30° (APC), 133 mm à 915 m sous un angle de 30° (HVAP)

ORDNANCE QUICK FIRING 17-POUNDER

Conçu tout d'abord comme un canon antichar tracté pour répondre à la menace des panzers de la nouvelle génération, le 17-pounder fut l'une des armes les plus efficaces dans la lutte antichar. Mais il s'agissait d'une arme présentant un important porte-à-faux et un mécanisme de recul de taille tout aussi imposante. Pour l'adapter aux chars anglais existants, il fallait revoir complètement l'aménagement des tourelles, ce qui retarda sa mise en service sur le nouveau Black Prince (un Churchill modifié), des séries Archer, Challenger, Avenger ou celle du char Comet (qui, de surcroît, tirait une munition dont la douille était raccourcie, car il avait fallu réduire la taille de la culasse). Deux chars ont toutefois été produits en série avec ce canon : le Sherman Firefly et le chasseur de char Achilles (un M10 Wolverine à canon de 17 livres).

Calibre : 76,2 mm
Longueur du tube : 420 cm
Poids de l'arme seule : 855 à 922 kg
Cadence de tir maximale : nc
Type d'obus : explosif (HE) M42A1 ou M48A1 ou perforant APC M62 ou M66A1 ou perforant HAVP M93
Vitesse de l'obus perforant : 900 m/s (AP), 1 204 m/s (APDS)
Portée maximale : 13 515 m
Perforation : 120 mm à 457 m sous un angle de 30° (APC), 186 mm à 457 m sous un angle de 30° (APDS)

REMERCIEMENTS

J'adresse un grand remerciement aux très nombreux collectionneur
particulièrement ceux présents lors des différentes éditions de
Locomotion en Fête (www.locomotion-en-fete.com) et de l'incontournab
rassemblement du *War & Peace Show* (www.thewarandpeaceshow.con
de Beltring (Royaume-Uni).
Un merci à l'ex MVCG Ile de France (www.univem-paris.com) et à tou
les passionnés qui préservent et entretiennent ces mécaniques ancienne
Merci aussi à l'infatigable "Greg" et ses appareils photo en bandoulie
et à "Oliver" pour ses précieux conseils historiques.

E-T-A-I
20, rue de la Saussière
92641 Boulogne-Billancourt Cedex, France
Téléphone : 01 46 99 24 24
Télécopie : 01 46 99 31 55
www.groupe-etai.com

Conception graphique : Thierry Pierre

Dépôt légal 1er semestre 2009
Imprimé et relié en Chine
ISBN : 978-2-7268-8875-9